Shenglingqijing

Quanmeiti
Yousheng Duwu Yanjiu
Zonglun

声领其境

全媒体有声读物研究综论

曾志华/主编　卢 彬/副主编

中国传媒大学出版社
·北京·

写在前面的话

2014年，“基于新媒体背景下有声读物播读评价体系研究”获得文化部2014年度科技创新项目的立项批准(项目编号:2014KJCXXM01)，于2014年9月正式启动。

本课题历时三年多的时间，课题组成员在教学、求学之余，挤出时间，积极投入；精诚团结，殚精竭虑。说实话，身为老师，教学任务繁重；身为博士生、硕士生，学业负担不轻(大多数博士生还是在职的)。但是，在做课题的过程中，我们目睹了中国有声读物市场蓬勃发展快速推进的过程。在一线调研时，从北到南，我们也亲耳听到了对有声读物声音质量亟须标准亟待评价的呼声。这些都成为我们研究的动力和支撑！同时，在研究、调研过程中，有声读物生产者敢于创新的理念姿态、扎实努力的工作状态以及敢于试错的职业精神，总是感动着我们，也激励着我们：即便有再多的困难，也要把有声读物的现状和问题整理出来，把有声读物评价体系的框架搭建起来，只为中国有声读物市场良性健康发展。所以——

我们利用双休日或是假期，辗转于从北到南，进行一线的调研走访、专访、研讨。

我们调研走访了国内8家有声读物生产、推广平台，包括传统媒体、新媒体以及民间组织机构，都是在国内具有代表性的有声读物生产、推广平台；

我们专访了10位有声读物声音创作者(大师)和内容编辑专家；

我们在一南一北两个城市分别召开了两场专题研讨会；

我们在北京举行了全国首届全媒体有声读物互联网应用高峰论坛。

可以说收获颇丰，心得满满！

在专程调研、专访前，课题组多次开会研讨，制定出调研目的、调研重点和访谈提纲。我们收获了长达近1,000分钟的访谈录音，整理出实录文字10.97万字。

在拟定调查问卷，发放、回收问卷，分析、研究问卷上，我们依靠集体智慧，多次开会讨论，并在回收问卷后运用专业技术分析整理，得出分析报告；

在搭建研究报告的框架之后，课题组成员分头撰写，经历了无数个不眠之夜；

初稿完成后，我们又三次修改，历经初审、统稿、修改；再审稿、再修改、再统稿等各个程序。

值得一提的是,筹备首届有声读物互联网应用高峰论坛,我们花费了近半年的时间。这是我们第一次组织全国性的大型论坛,我们的初衷是“搭建学界和业界对话沟通的平台”。为了使论坛的主旨更加鲜明,我们在设置议程、聘请嘉宾、组织论题以及论坛的现场设计等每一个环节上,认真严谨,周密细致,倾尽心血。令人欣喜的是,我们的倡议不仅引起了所在单位——中国传媒大学的高度重视,也得到了来自全国广播电台龙头老大——北京人民广播电台和用户规模超过3亿、国内有声阅读行业的领军品牌——阅文集团·懒人听书的热烈响应,与我们联手合力共同主办论坛。论坛于2017年12月2日如期举行并取得圆满成功,在国内激起各方强烈反响。

当莅临现场的各界领导、专家致辞、宣讲的时候;

当学界和业界的嘉宾在圆桌论坛激烈讨论的时候;

当来自全国的传统媒体、新媒体、高校、出版社等机构的朋友齐聚北京共襄盛举的时候;

当各大媒体争相报道论坛盛况并予以高度评价的时候;

——我们心潮澎湃,倍感欣慰:在节目与产品的内容生产上,我们关注有声读物在表达上的变与不变;在创声与创新的行业发展上,我们关注有声读物互联网应用的现状与未来。正是因为有了这么多包括全媒体、学界、出版界人士的共同努力,我们有理由相信,“好声音”一定会大量涌现,有声读物的春天正在到来!

三年多的时间,转瞬即逝,到了结项的时候。

我们深知,由于诸多客观原因和研究能力所限,我们的研究报告还存在诸多不足与不当。一方面,我们力图以脚踏实地的研究态度将我们数年的课题研究成果真实呈现;另一方面,我们将持续关注有声读物的走势与发展,在总结经验教训的基础上,作出下一步研究计划。

敬请各位专家和读者多多指正!

课题研究组

目 录
contents

立言——有声读物播读评价体系研究报告

论道——全媒体有声读物互联网应用高峰论坛

汇思——课题调研访谈实录

（以访谈时间为序）

Shenglingqijing

Quanmeiti
Yousheng Duwu Yanjiu
Zonglun

立言

有声读物播读评价体系研究报告

一、课题概述、工作内容及信息来源

(一)课题概述

2014年,“基于新媒体背景下有声读物播读评价体系研究”获得文化部2014年度科技创新项目的立项批准(项目编号:2014KJCXXM01),于2014年9月正式启动。

本课题以近年来国内风起云涌的有声读物现状为研究对象,主要选取懒人听书、喜马拉雅、咪咕阅读、北京人民广播电台、深圳人民广播电台、为你读诗、重庆醇色电台等国内知名有声读物生产和播出平台为关注对象,从有声阅读用户和市场规模入手,重点聚焦有声读物的内容和播读质量。在一线走访调研、专家访谈、多地举行研讨会以及问卷调查的基础上,结合目前有声读物的实际状况,我们对有声读物的播读评价体系提出了具有开创性、建设性的构想,并在首届全媒体有声读物互联网应用高峰论坛上作主旨报告,呼吁由政府主管部门牵头组织行业协会,通过学界业界专家共同研讨、评选,将评价体系的结构、功能、层次、标准、目标等进行统筹考虑和明确界定,建立有声读物播读评价体系。

我们的出发点是——

1.有声阅读与国家文化发展和文化建设工程密切相关

包括有声阅读在内的阅读,对于人类文化的传承与发展至关重要,与国家的文化发展和文化建设工程密切相关。

2016年12月,我国制定的首个国家级全民阅读规划《全民阅读“十三五”时期发展规划》正式印发,将全民阅读工程列为“十三五”时期重大文化工程之一,将全民阅读提升到国家战略高度。作为阅读在新时代的一种重要形式,有声读物的“耳朵阅读”,意义显而易见。

阅读,是读者与作者的一种特殊对话。读者与作者通过读物交流思想感情,获得对于世界、对于人类自身的认识。同理,有声阅读,便是听者与作者和播读者的一种特殊对话。和作者对话——任何作品都是现实生活的记录,不但记录了个人对自然、社会、思维三大科学领域的反映形态,也记录了人类在这三大科学领域的认识过程;和播读者对话——有声语言创作是融入播读者“感知于外,受之于心”的艺术创作,不但带有个人的印记,更带有时代的烙印。

2.有声读物的播读质量关系全民族的阅读水平

一个人的精神发育史,应该是一个人的阅读史;一个民族的精神境界,在很大程度上取决于全民族的阅读水平。而全民族的阅读水平,往往与有声读物的播读质量密切相关。

20 世纪 90 年代,有声读物在中国正式出版。20 多年来,尽管我国有声读物市场有了长足的发展,但尚存诸多问题与不成熟之处。宏观上,大环境的不成熟包括国民阅读习惯较差、网络监管不力、渠道不成体系、国家支持较少、融资环境较差等;微观上,包括内容编排混杂、播读从业人员良莠不齐等。

我们认为,要想做好新媒体背景下的有声读物事业,最关键的是提高有声读物的内容质量,这与播读者的水平和能力息息相关,同时也与时代的声音审美潮流有很大关联。因此,研究并构建一个相对完备恰切的有声读物播读评价体系显得尤为迫切。

在新媒体背景下,通过对有声读物播读评价体系的研究和构建,既可以实现有声读物资源的优质整合,促进相关产品整体水平的提高,还能够为传播者和受众提供互动交流的渠道,进一步刺激人们对于阅读的兴趣,更好地发展全民阅读事业。

3.科学合理的评价体系是产业良性发展的保证

新媒体背景下的有声读物产业风生水起,各路人马竞相进入。而付费时代的到来势必引起产业的重组、洗牌。因此,有声读物播读评价体系的缺失,势必导致行业的迷茫。

调研中我们发现,不少类似懒人听书 App 这样市场份额巨大的运营商,在制作产品时,对播读者的选拔与任用也心存茫然:不知道在把握市场需求的前提下,什么样的声音才算是符合当下大多数用户欣赏水平的声音。

4.播读评价体系的建设为教学一线人才培养提供积极指导

课题组成员多为高校教师,从事播音与主持艺术专业的教学工作。有声读物播读评价体系的建立,将在人才培养"一专多能"的宗旨下,使教学目标更加明确,人才培养模式更加清晰,有利于专业教学的深化改革,做好与业界人才需求的对接。

必须说明的是:有声读物播读评价标准和体系的建立不是我们的最终目的,我们的最终目的是在有声读物领域内生产更多的"好声音"!让"好声音"引导、引领文化建设,让"好声音"培育、提升人们的审美感受,让"好声音"在国家文化发展的战略工程中助力!

习近平在党的十九大报告中说:"中华民族迎来了从站起来、富起来到强起来的伟大飞跃。"的确如此,作为中华民族文化产业的一部分,中国的有声读物从 20 世纪 90 年代开始,从无到有,"有了";现在蓬勃发展,"多了";接下来,应该是"强了"。这正是个伟大的飞跃!

(二)研究范围

1.相关概念:有声读物和有声阅读

(1)有声读物

有声读物是有声阅读的载体。

有声读物在辞海中的概念为录制在磁带中的出版物,也就是人们常说的可发音的“电子书”。

有声读物从诞生之日起,就不断发展壮大,题材不断拓宽,形式越发多样,内容日益丰富,因此对有声读物的定义也不断发生变化。近年,美国有声读物协会公布其定义:“有声读物是包含不低于51%的文字内容,以复制和包装盒式磁带、高密度光盘或单纯数字文件等形式进行销售的录音产品。”

综合各方观点,我们认为:

有声读物是可以听的“书”,作品内容主要包含以有声语言为主要表现形式的知识性文字作品和文学性、艺术性较强的文学作品。

有声读物定义中的两个关键词是:作品内容和声音形式。作品内容是有声读物得以存在的基础,声音形式是有声读物艺术魅力得以彰显的关键。

(2)有声阅读

有声阅读是阅读的一种方式,也是阅读在新时代的一种变革。

有声阅读是指基于录音带、光盘、音频制作、网页或客户端等技术,借助智能手机、平板电脑、PC、车载音响等阅读载体而产生的一种阅读方式。内容涵盖小说、电台广播、相声评书、影视原音、百科知识、教育培训、新闻资讯等。

2.国内外现状

从严格意义上来说,有声读物是舶来品。世界上第一部有声读物《语言教学唱片》1934年在美国诞生,从此打开了全球有声读物的发展和销售渠道。目前,全球有声书市场价值已经超过28亿美元,新书发行量达到4.3万种。

20世纪90年代,有声读物正式在中国出版发行。

我们认为,电子媒介时代出现的具有中国特色的“小说连播”,作为有声读物的代表形式,是中国有声读物的起源,更可作为当下有声读物播读评价标准的重要参照。因此,对国内有声读物的市场调研,除了互联网平台以外,对广播电台的有声文学节目的现状梳理,也是不可或缺的重要内容。

3.有声读物播读评价体系建立的必要性和可行性

有声读物产生的初衷是为有视力障碍的特殊群体服务,在国内较早出现于图书馆机构,营利性质不强,因此对于产品的质量没有特别高的标准。而随着网络新媒体的发展和人们阅读兴趣和形式的转变，激烈的市场竞争导致内容提供者开始注意有声读物的播读水平。加上一些网站开始尝试有偿提供有声读物，人们对有声读物产品的质量有了新的要求。但由于网络的低门槛和公开性，任何对录音感兴趣的人都可以把自己的作品发布到网上，加之播读水平、录音设备等原因导致这些作品质量参差不齐、鱼龙混杂。

2017 年 7 月，课题组从“满足用户需求，提升文化与审美影响力，促进良性发展”出发，以“内容与播读者”为考察重点，在全国各地展开了多地、多媒体、多层次的调研和专访，并开展调查问卷活动。

调研发现，行业的快速发展与用户需求已经形成巨大的矛盾——众多播出平台与海量作品，看似繁荣，实则内容单一、品质粗糙，与“内容精良、播读专业”的用户需求相差甚远，建立一套完备的有声读物播读评价体系迫在眉睫。

我们认为，建立有声读物播读评价体系的可行性充足、显性——

一是政府对全民阅读的大力提倡，对国家文化建设工程的宏伟规划，是建立有声读物播读评价体系的理论指导；

二是有声阅读行业对播读评价体系的渴望，用户对播读“好声音”的需求，是建立有声读物播读评价体系的积极动力；

三是由学界和业界共同组成的团队成员，均为相关专业的有志之士，是建立有声读物播读评价体系的操作保障。

4.有声读物播读评价体系中的评价指标

在日常传播场景中，有声读物的传播、影响较为广泛，其所受到的评价主要有以下几种：

来自创作者（作者、编辑）的自我评价；

来自受众（用户）在赏鉴过程中的自觉评价；

来自学者（专家）批评性较强的专业评价。

虽然这些评价能够从某一个或几个侧面反映出作品的创作质量和艺术水准，但所涉及的评价要素往往是分散的、表层的，所得到的评价结论也较为直观、朴素，缺乏系统性、客观性、专业性与全面性。

因此，从理论和实践的角度对有声读物，尤其对有声读物的播读进行观照，梳理出全面、有效的评价维度，归纳出准确、细致的评价要素，是构建有声读物播读评价体系的重要内容。

我们认为，有声读物是兼具物质性、文化性、知识性、艺术性、传播性的综合体：从物质层面看，它是可以听到、感受到的客观存在；

从内容上看，它是一种文化知识产品；

从创作手段上看，它是有声语言艺术作品；

从传播的角度看,它是一种可以在全媒体进行传播的有声内容;

从接受的角度看,它是可供知识学习、休闲放松、听觉阅读的声音消费产品。

有声读物的多重属性决定了它的评价标准和指标也必然是多重的。

课题组在调研、问卷调查、多地研讨的基础上认为,有声读物播读评价体系中的评价指标可以分为一级指标和二级指标(见表1)。

表1 有声读物播读评价体系中的评价指标

一级指标	二级指标
价值维度	思想性
	知识性
	艺术性
规范维度	声音与语音
	语流与情感
	正确的话筒前状态
审美维度	语意与情感
	风格与神采
影响维度	点击率
	收听率
	播出美誉度

有声读物播读评价体系应该是关联政府、业界、学界等多方面共同构建的一个科学化、规范化的有机整体。评价指标则是这个评价体系当中最核心、关键的部分,表明评价主体重视的焦点和衡量的尺度,对评价客体有着重要的引导作用。

有声读物播读评价体系包括:评价主体、评价客体、评价标准、评价方法、评价目的、评价制度。我们主张——

评价主体多元化,包括专家、学者、平台、用户、主管部门等。

评价客体差异化,包括不同的平台、不同的用户、不同的内容,分类别予以差异化评价。

评价标准科学化,在评价标准的制定上,我们应该要求高一些,因为"取法乎上,得乎其中;取法乎中,仅得其下";在实施的路径上,我们可以采用差异化、分阶段、分平台的方法。

评价方法综合化,包括自我评价、专家评价、用户评价、管理者评价、收听率评价、点击率评价、系统分析评价、分层评价等,也就是定性评价和定量评价。我们认为,因为有声语言表达的特殊性,在播读评价中,应该采取以定性评价为主,以定量评价为辅的综合评价方法。

评价目的是在中国的有声读物领域，产生更多的“好声音”。

习近平在中国文联第十次全国代表大会、中国作协第九次全国代表大会开幕式上强调：“坚定不移用中国人独特的思想、情感、审美去创作属于这个时代、又有鲜明中国风格的优秀作品。”有声读物的“好声音”就是为“创作属于这个时代、又有鲜明中国风格的优秀作品”服务的！

（三）工作内容和方式

1.平台走访、调研

按时间顺序，我们到以下有声读物生产与推广平台进行走访、调研：

（1）2016 年 6 月，为你读诗（北京）；

（2）2016 年 6 月，喜马拉雅（北京）；

（3）2016 年 7 月，醇色电台（重庆）；

（4）2016 年 9 月，深圳广播电台新媒体（深圳）；

（5）2017 年 6 月，咪咕阅读（杭州）；

（6）2017 年 6 月，网易新媒体（杭州）；

（7）2017 年 6 月，懒人听书（深圳）；

（8）2017 年 12 月，懒人听书（深圳）；

（9）2014 年 9 月至今，北京电台故事广播（北京）（本课题负责人为该频率专家评委，多年持续关注）。

2.有声读物播读者专访、访谈

我们对以下 10 位有声读物播读和内容编辑专业人士进行了专访、访谈：王刚、李野墨、王波、王明军、白钢、查谦、韩涛、叶咏梅、吕鲁波、麦恬。

3.问卷调查

我们在多方求证、问询、讨论的基础上，设计了一套有关“建立新媒体有声读物播读评价体系”的调查问卷，调查范围涵盖 31 个省、市、自治区，香港特别行政区、中国台湾地区及国外。本次调查共回收问卷 1,679 份，其中有效问卷 1,679 份，有效率达 100%。

问卷内容包括用户进行有声阅读时的主要内容、收听时长、收听平台、收听目的问询，对目前播读水平的具体感官评价，以及用户是否愿意与平台互动、是否愿意为优质内容（包括播读）付费、是否有兴趣录制有声文字等。

具体情况详见附件《建立新媒体有声读物播读评价体系调查问卷分析报告》。

特别说明：对于每一位帮助问卷发放与回收的朋友，我们表示深深的谢意！

4.有声读物学术论文征集、出版

为了课题研究的丰富性,也希冀为2017年12月2日的论坛作铺垫,我们于2017年暑假开始,面向全国进行有声读物创作及教学的论文征集活动。几经筛选,6篇论文被选入论坛作为主题发言;13篇论文辑入《声领其境——全媒体有声读物研究综论》一书。

《声领其境——全媒体有声读物研究综论》一书将于2019年6月由中国传媒大学出版社正式出版。

5.专题研讨会和论坛

(1)"互联网+"时代有声读物创作现状及发展趋势研讨会

时间:2016年7月8日。

地点:重庆。

研讨会由课题组发起,由新华网重庆频道(公司)主办,重庆电影集团·醇色电台、重庆交通广播、书香重庆等单位承办,新华网、华龙网、大渝网、重庆电视台文娱频道、重庆交通广播、上游新闻等多家媒体到场采访并予以报道。

"互联网+"时代有声读物创作现状及发展趋势研讨会综述

一、研讨会内容概述

2016年7月8日(星期五)下午14点,"互联网+"时代有声读物创作现状及发展趋势研讨会在重庆星汇当代美术馆三楼会议室举行。本次研讨会由文化部科技创新项目"基于新媒体背景下有声读物播读评价体系研究"课题组发起,在重庆市文化委员会指导下,由新华网重庆频道(公司)主办,重庆电影集团·醇色电台、重庆交通广播、书香重庆等单位承办,新华网、华龙网、大渝网、重庆电视台文娱频道、重庆交通广播、上游新闻等多家媒体到场采访并予以报道。研讨会由重庆电影集团·醇色电台艺术总监、重庆电视台新闻频道节目主持人陈力主持。

中国传媒大学播音主持学院教授、博士生导师、文化部科技创新项目"基于新媒体背景下有声读物播读评价体系研究"主持人曾志华对该项目进行了介绍。曾老师结合声音的传承性,从课题的缘起谈起,并对课题的前景进行了展望。曾老师通过对电影《归来》与有声小说《陆犯焉识》进行对比,谈到有声小说有别于其他艺术形式的独特魅力和价值所在。曾老师还结合现状谈到,由于有声读物获取的便捷性,使得其质量、内容生产和评价体系在市场机制中出现了一些混乱现象。谈到课题的意义,曾老师借用"一个人的精神发育史,应该是一个人的阅读史。一个民族的精神境界,在很大程度上取决于全民族的阅读水平"两句话来概括总结,最后对此次研讨会的举办方表示感谢。

中国传媒大学中国播音学博士研究生卢彬对“互联网+”时代有声读物播读现状进行了陈述。卢彬认为,从有声读物的诞生到现在的蓬勃发展,互联网给了有声读物第二个春天。卢彬着重描述了现代有声读物 App 使得有声读物深入普通百姓的生活当中,门槛更低,使用更加方便。但这也导致有声读物的质量参差不齐。卢彬对有声读物进行了分类,分别阐述了演播艺术家、专业主播和有声小说爱好者的定义,提出了新兴的语音智能主播的概念,并分别对这四种分类进行了利弊分析。他认为,为了促进有声读物市场的规范和繁荣,更好地服务听众,建立有声读物播读评价体系势在必行。

微信公众号“为你读诗”创始人、美国哈佛大学 HKS 中国校友会执行主席潘杰客介绍了“为你读诗”在内容生产与版权维护方面的经验;通过展示“为你读诗”的宣传片,使我们了解到“为你读诗”致力于推动诗歌跳出小众圈层重归大众视野和日常生活,更着力于发现、分享、践行诗意美学的生活方式。“为你读诗”通过每晚十点播出一首诗歌的方式,带给人们连绵的诗意。在上千期节目的持续推送中,提升其价值和影响。截至目前,“为你读诗”已经在中央人民广播电台、中国国际广播电台、深圳音乐广播及天津小说广播播出了《为你读诗》节目。“为你读诗”从内容到运作,为我们展示了有声读物在“互联网+”时代的新的运作形式。

冰心文学奖获得者、重庆作家协会散文创委会主任、著名作家吴景娅发言:文学是躺着的,但声音是飞翔的,声音可以带给人想象力。作家需要想象力支撑。90后年轻一代受到声音的影响、对声音的依赖不如前几代人强烈,可见有声读物的发展具有时代性。但是,“为你读诗”这样的有声平台让诗歌这种文体重新回归大众视野,就是有声读物发展的时代变化。当文学成为有声读物时,必须注重其经典性,播读者应该选择一些经典作品。同时,我们还应该注意作品的生命力。当前,一些“心灵鸡汤”类的读物很多,但是理解太浅,对读者、听众更多的是一种戕害。有声读物的文本要注重通俗性和画面感,要抓住人心,而有声读物的播读需要把人带到一种情绪、情境中去。

重庆师范大学新闻传媒学院讲师、重庆电影集团·醇色电台教学总监高家慧结合分答 App 上对几位演播艺术家的提问和自己的思考,提出了对有声读物信息流限制的担忧。从版权角度考虑,他认为在当下,人人可以通过先进的技术成为艺术家是一种进步,并不是一种乱象。高老师的发言引起了在座各位对于版权问题的讨论。

国家一级导演、重庆女性文化促进会副会长、重庆电影集团·醇色电台创始人麦恬女士介绍了醇色电台的发起初衷与发展现状。

重庆黄玫瑰音乐制作有限公司总经理、著名广告配音人、重庆电影集团·醇色电台艺术总监李阿文结合醇色电台的发展谈了自身对于有声读物发展趋势的理解:更便捷、发展更快、覆盖面更大。

重庆电影集团、醇色电台艺术总监、重庆电视台新闻频道节目主持人陈力指出,有声读物评价体系可以是“软标准”与“硬标准”的结合。

重庆出版集团副总裁邱正帮指出,厘清版权问题对有声读物的播读有重大意义,很多好书由于版权问题没有解决,并不能做成“有声书”,这在某种程度上影响了有声读物的发展。

二、研讨会给予课题研究的几点启示

(1)有声读物“播读”的评价标准与“内容”的评价标准密切相关。仅仅就“播读”进行研究不能很好地说明问题。在课题研究中,应该将有声读物的“内容”现状与标准也纳入研究范围。

(2)有声读物的版权问题限制着有声读物的播读、传播和欣赏,只有版权问题得到有效解决,才能使更多内容好的作品满足广大听众的需要。

(3)针对不同的人群和不同的作品,是否可以有不同的播读评价标准?因为虽然高超的艺术表现是有声语言的高端追求,但在“互联网+”时代,有声读物的听众数量巨大,他们的喜好和欣赏水平不同。有些作品虽然艺术性较低,但有一定的听众基础。所以有声读物的播读是否可以存在多重空间?如“生存空间、规范空间、审美空间”等。

(4)有声读物的播读标准可以有“软标准”与“硬标准”之分,比如语言要求可以是硬性的,有规范层面的硬性考量;但是演播风格等就可以是软性的,以满足不同人群的需求。

三、研讨会及“醇色电台”调研的几点感触

这次重庆研讨会对有声读物的讨论比较深入,既有对“互联网+”时代有声读物创作现状的阐述、分析,还有“为你读诗”成功案例的经验分享,而醇色电台及醇色声音雕塑艺术工作室的经验则让我们看到了“互联网+”时代有声读物的发展空间和潜力。“出版机构+播出平台+作家+播读者+学者+经营者+媒体”的多元视角使我们较为立体地看到了有声读物事业的发展态势。这次研讨令人感到有声读物是一个发展潜力巨大的事业。

今后拟举办的几场研讨会可以汲取重庆研讨会的成功经验,是否可以做成“学术研讨会+问题分析会+合作洽谈会”的模式?为不同地区的有声读物市场或机构把脉并进行分析,既从学理层面分析问题,又为各地区有发展愿望的机构、平台提供智力支持,还可以借机促进平台方与出版方、制作方的合作,一举多得。

（2）“互联网+”背景下有声读物的传播现状及发展趋势研讨会

时间：2016年9月9日。

地点：深圳。

研讨会由课题组发起，在深圳市文化局的指导下，由中国传媒大学、深圳广播电影电视集团主办，深圳出版发行集团、深圳大学承办，深圳电视台、深圳广播电台、中央人民广播电台华夏之声、人民网、央广网、深圳新闻网等多家媒体到场采访并予以报道。

“互联网+”背景下有声读物的传播现状及发展趋势研讨会综述

一、研讨会内容概述

2016年9月9日，由中国传媒大学、深圳广播电影电视集团主办，深圳广播电影电视集团媒体运营中心和文化部“基于新媒体背景下有声读物播读评价体系研究”项目组共同承办的“互联网+”背景下有声读物的传播现状及发展趋势研讨会在深圳文航酒店二楼会议厅举行。本次研讨会由全国金话筒奖得主、深圳市朗诵家协会主席、深圳卫视首席新闻主播吴庆捷主持。

深圳广播电影电视集团刘瑋飚总经理出席研讨会，并在开场时进行了热情洋溢的讲话。

中国传媒大学播音主持学院教授、博士生导师、文化部科技创新项目“基于新媒体背景下有声读物播读评价体系研究”主持人曾志华对文化部项目进行了介绍。曾志华指出，解放双手，解放双眼，是有声读物最大的价值。但是在解放用户手眼的同时也带来了一些弊端，比如：耐心阅读的人越来越少了，青灯黄卷这样的场景越来越少了，碎片化的阅读越来越多了。不容忽视的是，有声读物巨大的经济价值已经逐步显现：2015年全球有声阅读市场的价值超过28亿美元，中国有声阅读市场的规模2016年预计将超过22亿元人民币。曾志华进一步指出，中国有声读物在大力发展的同时，目前已经进入瓶颈期，数量虽多，但乱象丛生。比如：内容制作没有形成全行业通用的制作流程，处于内容生产核心环节的专业播读者人才缺乏，有声读物的作品水平良莠不齐，优质内容资源缺乏，制作门槛低，等等。

曾志华在发言中重点阐述了课题的意义：一是文化建设，二是美育建设。文化建设在有声读物上的体现即“声引力”。有声阅读是一种对话的形式，它是听者与作者和播读者的一种特殊的对话。有声读物应该有好的声音，好的声音才可以形成一种“声引力”，引领读者进入一所精神家园。美育建设在有声读物上的体现即“声育力”。人的全面发展离不开美感教育，美感教育离不开好声音对耳朵的“声育力”;人的全面发展也离不开文化教育,文化教育离不开好声音对精神的“声育力”。

深圳出版发行集团副总经理、海天出版社社长聂雄前作了关于《深圳出版发行集团有声读物的出版现状及趋势》的演讲。他指出,当数字型信息出来之后,传统的以光盘和U盘为载体的出版物面临很大的危机。然而,随着有声读物网站、App等媒介的出现,实际上也是一种承载声音的介质的改变,无论是市场还是听众群体,都出现了几何倍数的增长。

“为你读诗”公众号联合创始人张炫女士作了关于《为你读诗的内容选择和语言表达的要求》的演讲。张炫首先提出一个问题:这个时代,时间这么快,究竟什么可以留下来?她的回答是“诗歌和诗意”。张炫对“为你读诗”公众号的创始原因、发展历程进行了回顾与介绍,并通过视频的方式将1,166期“为你读诗”的节目内容进行了精编版播放,研讨会现场反响热烈。

“懒人听书”创始人、CEO宋斌的主题演讲主要围绕“当有声读物遇到互联网——‘懒人听书’的内容路线与发展思路”展开。他从“懒人听书”的运作模式谈到未来的发展趋势。他指出,“懒人听书”现在能得到很多出版社的纸质出版物的版权,但缺少优秀的播读者,尤其是严肃出版物的播读者极其缺乏,公司也很难找到这方面人才。目前,大多数播读者出身草根,特色就是不专业,但也各有各的特色。宋斌提出他们的愿景就是把“懒人听书”打造成中国最大的有声阅读生态圈。

深圳知否读剧社社长李绍琴为大家带来了题为《读剧表演与声音艺术》的演讲。她先后介绍了读剧的起源、读剧的魅力、读剧的由来等。她指出,读剧就是通过朗读剧本来展现剧情,用语言塑造形象,用声音诠释作品的一种艺术表现形式。读剧主要依靠的是声音的魅力和有声语言艺术,用高水准的艺术语言去打动人、影响人、塑造人。

深圳本土著名作家、《青春读书课》的创制人、编纂人严凌君先生作了题为《青春作伴好读书——青春读本的编选理念与音声化情感》的演讲。他指出,读书的文本选择非常重要,《青春读书课》选择的是世界名著名篇,跟中学生的成长和生活有关,并将其融入课堂,帮助学生建立自己的精神家园。

深圳大学传播学院副院长王婷教授的演讲题目是《唤醒耳朵,有声阅读与话语能力》。王教授认为,有声阅读有两个非常重要的平台:一个是学校,一个是家庭。她指出,有声阅读的目的是唤醒耳朵,而这个唤醒耳朵后面有一个很重要的价值就是提升话语主体的话语能力。

中国传媒大学博士研究生孙良的演讲题目是《对我国有声读物播读的几点认识》。他从三个维度进行了阐述:“声”态环境、“声”产现状、“声”价规范。“声”态环境包括:门户与垂直共存、业余向专业看齐、长尾与头部互搏、内容向场景靠拢。“声”产现状则有两方面表现:IP化生产机制和融合化生产方式。孙良认为,“声”态环境欣欣向荣,“声”产方式有待突破,“声”价规范势在必行。

在自由问答环节,深圳电视台首席新闻主播吴庆捷、深圳广播电影电视集团运营总监潘迪、“为你读诗”公众号创始人潘杰客、新华社主持人赖东阳、广州大学新闻传播学院副教授苏凡博等都进行了精彩的发言。

二、研讨会给予课题研究的几点启示

(1)中国有声读物在大力发展的同时,目前已经进入瓶颈期,数量虽多,但乱象丛生。有声读物应该加强内容生产建设,提升整体制作水平。内容制作应该形成全行业通用的制作流程,增强专业播读的比重。

(2)有声读物应该有好声音,好声音才可能形成一种“声引力”,引领读者进入一所精神家园。同时,好声音、具有美感的声音其实是用户所需要的,人的全面发展离不开美感教育,而美感教育离不开专业的好声音。

(3)专业的有声读物网站、App等现在得到很多出版社纸质出版物的版权,但缺乏优秀的播读者。目前大多数主播出身草根,各有各的特色,但专业好的极少。尤其是严肃出版物的播读者极其缺乏。

(4)有声读物播读评价标准的价值导向,毫无疑问是真善美,标准内容包括语言规范、嗓音条件、表达技巧和播读者的人格展示、风格呈现以及具有美学特质,等等。

(5)在互联网背景之下,有声读物的一个重要发展趋势,就是由单向传播变成互动传播,包括制作方和声音的传播者、听众、评价和批评的人……全都在闭环的体系里进行互动。

(3)首届全媒体有声读物互联网应用高峰论坛

时间:2017年12月2日。

地点:北京。

论坛由课题组发起,中国传媒大学、北京人民广播电台、阅文集团·懒人听书共同主办,中央电视台、中国国际广播电台、新华社、人民网、中国网、北京青年报、中国文化报、中国知识产权报、中国新闻出版广电报、中国出版传媒商报、《出版人》杂志、北京时间、一直播、东方网、解放网、中国日报等媒体到场采访并予以报道。

首届全媒体有声读物互联网应用高峰论坛举行

(通讯员 李楠)12月2日,由中国传媒大学、北京人民广播电台、阅文集团·懒人听书共同主办的首届全媒体有声读物互联网应用高峰论坛在北京广播大厦举行。本次论坛以"有声读物互联网应用"为主题，旨在打造学界业界交流合作平台，推动有声读物播读评价体系建设，整合各方优质资源渠道，促进有声读物应用研究。来自政府部门、行业协会、业界精英、高校知名专家学者等二百多位各界代表参会，共商有声读物互联网应用的现状与发展趋势，为有声读物互联网应用的发展建言献策。

图1 论坛现场嘉宾云集

时任中国传媒大学副校长廖祥忠首先代表主办方中国传媒大学致欢迎辞并宣布论坛开幕。文化部文化科技司司长孙若风，文化部文化艺术人才中心党委书记张希光，中国广播电影电视社会组织联合会副会长李京盛，时任中国传媒大学副校长廖祥忠，中国城市文化产业发展联盟执行主席张斌，北京广播电视台总编辑、北京人民广播电台台长赵卫东，北京人民广播电台总编辑王秋，北京市互联网信息办公室副主任陈华，北京人民广播电台故事广播台长孟庆煜，中国传媒大学科技处处长王永滨，中国传媒大学教授、文化部首席科技专家蒋伟，中国传媒大学科技处副处长李绍彬等出席论坛。论坛还邀请到中央人民广播电台资深编辑叶咏梅，演播艺术家王刚、李立宏、王明军，凯叔讲故事创始人王凯，深圳市懒人在线科技有限公司(懒人听书)CEO 宋斌，中广影音(北京)文化传媒有限公司创始人兼董事长孙雨，蜻蜓 FM 总裁钟文明，腾讯智能创新事业部总经理吴丹，科大讯飞副总裁章继东，湛庐文化创始人陈晓晖，北京电台悦库时光文化传媒总经理张蓉，知乎网总编辑丁洋洋等业界翘楚以及来自新华社、中央电视台、中央人民广播电台、北京人民广播电台、上海东方广播中心、天津人民广播电台、河北人民广播电台、黑龙江人民广播电台、辽宁人民广播电台、中国出版集团、高等教育出版社、北京师范大学出版社、中国人民大学出版社、外语教学与研究出版社、九州音像出版公司以及中国传媒大学、中国人民大学、清华大学、上海戏剧学院、浙江传媒学院、广州大学、山东师范大学、上海师范大学、江西师范大学、河北大学等数十家媒体、出版社和高校的行业精英，就有声读物播读评价体系、有声读物内容选择与语言表达、有声读物用户收听及消费习惯、有声读物音频生产与制作等议题作了主题发言和圆桌讨论。

图 2　时任中国传媒大学副校长廖祥忠致欢迎辞

时任中国传媒大学廖祥忠副校长在欢迎辞中说：移动互联的飞速发展为有声读物的强势崛起加持，将读者从大部头的严肃阅读带入扁平化的碎片阅读，而用耳朵阅读的"听书"方式更是为我们解放了双眼，也为更多人跨越知识鸿沟搭起了桥梁。作为中国培养传媒人才的最高学府，中国传媒大学向来不惧挑战、敢为人先。越是身处变革的迷雾之中，越是要理清头脑、看清形势。作为本届论坛的牵头主办单位，我们正是看到了有声读物行业巨大的市场前景和发展潜力，同时也看到了这一领域在文化风尚、行业监管、版权意识、有声播读等方面存在的不足和种种未知，才主动作为，联手北京人民广播电台、阅文集团·懒人听书共同发起了举办本届论坛的倡议。可喜的是，这一倡议得到了政府领导、行业同仁、学界专家的大力支持和热情回应，让这次盛会从理想走入现实。

图 3　文化部文化科技司司长孙若风讲话

文化部文化科技司司长孙若风、文化部文化艺术人才中心党委书记张希光、中国广播电影电视社会组织联合会副会长李京盛、中国城市文化产业发展联盟执行主席张斌、北京人民广播电台总编辑王秋先后讲话并对首届全媒体有声读物互联网应用高峰论坛的召开表示祝贺。

图 4　文化部文化艺术人才中心党委书记张希光讲话

图 5　中国广播电影电视社会组织联合会副会长李京盛讲话

图 6　中国城市文化发展联盟执行主席张斌讲话

图 7　北京人民广播电台总编辑王秋讲话

随后，国家一级演员、表演艺术家、演播艺术家王刚代表演播艺术家发言。王刚以三四十年前的一叠当时在广播电台录制小说时的旧材料为引子，回忆自己与有声读物一路走来的点滴，并当场朗诵了一首原创诗歌，现场反响热烈。

中国传媒大学播音主持艺术学院、教授、博士生导师曾志华代表文化部“基于新媒体背景下有声读物播读评价体系研究”课题组作的《有声读物播读评价体系报告》引人关注。报告以《“好声音”为国家文化建设工程助力——有声读物播读评价体系建立刍议》为题，从“‘声’态环境——有喜有忧”“‘声’产标准——亟待建立”“‘声’引文化——任重道远”三个层面对如何建立有声读物播读评价体系作出分析。这是曾志华教授团队多年从事中国有声读物内容研究与人才培养、聚焦有声读物播读

图 8　国家一级演员、表演艺术家、演播艺术家王刚发言

图 9 中国传媒大学博士、教授、博士生导师曾志华作报告

评价体系与应用研究的最新成果。

懒人听书 CEO 宋斌和北京人民广播电台故事广播台长孟庆煜分别作了《有声读物付费发展趋势报告》和《故事广播与有声读物》报告。易观副总裁李智也在现场发布了《透过产业及用户需求洞见声音价值》报告。

下午的论坛从对中国小说连播作出卓越贡献的中央人民广播电台资深编辑叶咏梅的主题发言《传统媒体进入新时代的特殊分享:输赢得失成败——历史与未来的对话,有声读物的现实读解》开始。随后,中国出版传媒股份有限公司科技与数字出版部主任、中版集团数字传媒有限公司总经理赖雪梅作了《让创作更有意义:从文字出版到互联网有声》报告,上海故事会文化传媒有限公司董事长兼总经理、上海文化出版社社长冯杰作了《传统媒体对新媒体的认识》报告,上海师范大学谢晋影视艺术学院院长赵炳翔作了《有声读物在教学中的应用》报告,北京人民广播电台播音指导、北京故事广播节目管理部主任白钢作了主题发言《讲故事,我们是认真的》报告。课题组成员、中国传媒大学播音主持艺术学院潘洁、汪海燕以及清华大学、中国人民大学、浙江传媒学院、中央电视台的专家学者也在论坛现场发布了自己的最新研究成果。

两场重量级的圆桌论坛也是本届论坛的一大亮点。第一场圆桌论坛以“节目与产品——有声读物内容表达的变与不变”为主题,演播艺术家李野墨,中国传媒大学副教授、演播艺术家李立宏,中国传媒大学副教授、演播艺术家王明军,北京人民广播电台播音指导、演播艺术家梁言等悉数发言,以有声读物内容创作进行观点交锋;第二场圆桌论坛则由凯叔讲故事创始人王凯、中广影音(北京)文化传媒有限公司创始人兼董事长孙雨、蜻蜓 FM 总裁钟文明、车语传媒(考拉 FM)董事长兼 CEO 俞清木、懒人听书 CEO 宋斌、腾讯智能创新事业部总经理吴丹、科大讯飞副总裁章继东、北京电台悦库时光文化传媒总经理张蓉等嘉宾就“创声与创新——有声读物互联网应用现状与趋势”发表见解,现场气氛热烈。

本届论坛的成功举办,大力推动了我国有声读物互联网应用的发展,也为落实全民阅读从活动到战略、从理念到实践、从量变到质变的中央部署,激发国民的文化凝聚力,提升国家文化软实力作出贡献。

(编辑:陈艺文)

6.相关资料的采集

(1)音频

①调研、专访音频以及相关研讨会、论坛的实况录音资料。

②互联网、广播电台的有声读物音频资料。

(2)文字

①多个平台(广播电台、互联网)关于声音生产制作的相关条例、规定。

②学术网站、专业期刊以及有声读物平台关于有声读物方面的报道、研究文章等。

③根据本课题调研、专访成果以及相关研讨会、论坛的实况录音整理出来的文字。

7.撰写研究报告

在以上研究工作的基础上,课题组成员开始撰写研究报告。

具体分工如下:

第一部分	课题概述、工作内容及信息来源	曾志华
第二部分	有声读物的概念、沿革及发展现状	刘　超
第三部分	建立有声读物播读评价体系的必要性	潘　洁
第四部分	建立有声读物播读评价体系的可行性	汪海燕
第五部分	有声读物播读评价体系的评价维度及构成要素	卢　彬
第六部分	有声读物播读评价体系的实施路径	苏凡博
问卷设计		潘洁、苏凡博
统稿		孔　亮
框架设定、审稿、定稿		曾志华

中国传媒大学播音主持艺术学院博士苏凡博、卢彬、张庆,博士研究生孙良、刘超、赖冬阳、李峻岭、孔亮;中国传媒大学播音主持艺术学院 2015 级硕士研究生胡子豪、周思涵、胡津瑞、张馨予,2016 级硕士研究生许成龙,2017 级硕士研究生夏帅、宋梓棉、曲洪圆、王瑞鹏、纪懋雷等同学为本课题的研究付出了大量的时间和心血。他们认真努力,任劳任怨,在研究中付出,也在每一个环节的工作中收获良多!

感谢这些年轻学者、学子的有力加盟!

8.课题所用信息来源

(1)各媒体官方网站;

(2)各类有声语言专业期刊;

(3)相关书籍;

(4)CNKI 中国知网;

(5)调研中的各类音频及文字资料。

在此,一并表示真挚的感谢!

9.特别鸣谢

深圳广播电影电视集团总经理刘瑋飚先生,

深圳广播电影电视集团运营总监潘迪先生,

北京人民广播电台总编辑王秋女士,

北京人民广播电台故事广播台长孟庆煜先生,

北京人民广播电台播音指导、北京故事广播节目管理部主任白钢先生,

“为你读诗”创始人潘杰客先生、张炫女士,

重庆电影集团·醇色电台创始人麦恬女士,

“懒人听书”创始人、CEO 宋斌先生,

“懒人听书”运营总监郭宇先生,

著名作家、重庆作家协会散文创委会主任吴景娅女士,

著名作家、《青春读书课》创制人、编纂人严凌君先生,

深圳大学传播学院副院长、博士、教授王婷女士,

“金话筒”奖得主、重庆电视台新闻主播陈力先生,

“金话筒”奖得主、深圳卫视首席主播吴庆捷先生,

中央电视台新闻主播郭志坚先生。

感谢文化部文化科技司、文化艺术人才中心的专业指导!

感谢新华网重庆频道、重庆电影集团·醇色电台、深圳广电集团的大力支持!

二、有声读物的概念、沿革及发展现状

有声读物,英文名称为 spoken words 或 audio books,辞海的解释为“录制在磁带中的出版物”,也就是人们常说的可发音的“电子书”。有声读物从诞生之日起,就不断发展壮大,题材不断拓宽,形式越发多样,内容日益丰富,因此对有声读物的定义也不断发生变化。近年,美国有声读物协会公布其定义:“有声读物是包含不低于 51%的文字内容,以复制和包装盒式磁带、高密度光盘或单纯数字文件等形式进行销售的录音产品。”

目前,全球有声读物市场价值已经超过 28 亿美元,新书发行量达到 4.3 万种。根据美国有声书出版商协会发布的 2016 年度销售报告显示,2015 年有声书销量同比增长 33.6%,销售总额达到 21 亿美元,连续三年以近 20%的速度快速增长。美国出版商协会发布 2017 年第一季度产业报告显示,2017 年,美国前三个月有声书销售收入同比上升 28.8%,实现连续三年两位数增长。而图书整体销售收入只上

升4.9%。

当今,全媒体时代,数字化出版技术日新月异,这种技术的发展也改变了受众的消费习惯和消费需求。碎片化的阅读方式影响着有声读物的内容与形式。从盲人读物到有声书,从磁带到CD光盘,从MP3到手机App,有声读物受众群不断扩大,有声读物的发展呈现出风起云涌的状态。

(一)国外有声读物发展

第一次世界大战之后,广播业在西方得到迅速发展。1934年,美国国会推出了世界上第一部有声读物,名为《语言教学唱片》,从此打开了全球有声读物的发展和销售渠道。

20世纪60年代,为满足盲人、视障人士以及伤残官兵的阅读需要,美国相关专业人士将文字信息进行朗读并录制成磁带,提供给有需要的人士,因此有声读物被称为"可以听的书",英译为audio book。①

如今,美国成为全世界最大的有声读物市场,拥有100多家具有一流水平的有声读物生产商,还拥有许多一流有声读物网上书店。目前,美国出版市场大约有75%的文字读物都有其对应的有声读物。

美国有声读物出版商协会将每年的7月定为有声读物数字出版物的促销月。在这期间,出版商将最新的有声读物产品提供给评论家、经销商,并共同研讨有声读物的后期开发、推广以及新产品的研发。

在美国,有声读物的发展速度已经超过图书整体的发展速度,其主导内容为虚构类小说,68%的读者会选择未删减版,17.4%的受众选择删减版。销售方面,有声读物仍在实体书店进行销售,近年来,电子渠道也在不断发展。亚马逊公司的Audible是目前世界上下载量和销售额增长最快的公司。

2001年,苹果iTunes软件的开发与应用掀起新一轮有声读物热潮。

国外有声读物的受众很大一部分为汽车用户,因此有声读物的发展与车载有声读物的发展齐头并进。在美国,汽车的普及率达到90%,车载有声读物的普及率已经达到8,000万。美国有许多车载有声读物的生产商,比如Free Audio Books、Audible等。早期的车载有声读物形态是磁带和CD,市场占有率达到72%。美国车载有声读物的主要内容为小说,在实体书店进行销售。每部有声小说的价格约为纸质书的两倍。另外,德国、英国也有车载有声读物产品的市场,但没有美国市场那么成熟。

德国在第二次世界大战之后就出现了有声读物。最初的形式是广播电台的短

---

① 关强.基于移动终端平台的有声读物数字出版物之设计研究[D].北京:北京工业大学,2014.

波教学，用于公众教育。2006 年，广播电台的短波教学转变为有声读物。目前，德国 85%的纸质出版物都拥有有声数字版。德国为了鼓励生产者制作出优秀的有声读物，专门设立了“WDR 德国有声读物年度奖项”，最高奖项获得者能获得 23 万欧元奖金。从世界范围来看，德国的有声读物普及率是最高的。在德国，青少年是有声读物的主要消费群体，25—30 岁利用移动通信设备的用户是热衷者，占德国总人口的 7%—10%。在德国，到处都能买到有声读物，销售渠道很广泛，约有 400 个供货渠道。在众多的有声读物中，文学类作品排名第一，少年儿童读物占销售总额的四分之一。

法国在 40 年前开始进行有声读物的出版和发行。起初，法国有声读物的形式为 MPS 和 CD。艺术类出版物在法国非常受欢迎，每个出版社都增加了精品图书的有声转换，扩大了有声读物的读者群体。法国出版社与各大博物馆合作，进行有声读物的展览，以方便读者能够买到自己喜爱的有声读物。

据英国尼尔森图书公司调查，非虚拟类有声读物市场份额在英国最大。英国有声读物的受众主要为 40 岁以下的读者，而有声读物的出版市场则比较分散。英国各地均设有听书专柜，将有声读物市场细化。此外，英国还有网络听书供应商 Audible。2008 年，Audible 被亚马逊公司收购，资源互补，共同促进英国有声读物的发展。2015 年英国电子书市场 7 年来首次出现下跌，销售额为 5.54 亿英镑，较去年下降 1.6%，但有声读物销售额却大幅上涨 29%，达 1,200 万英镑。①

（二）国内有声读物发展

1.按有声读物的传播平台划分

（1）广播有声读物

1923 年 1 月，美国人奥斯邦在上海创立的中国境内最早的广播电台开播，当时的主要节目有国内新闻（以上海为主）以及文学、娱乐节目。中国第一座官办广播电台是 1926 年 10 月 1 日创办的哈尔滨官办无线电台，播出的主要是新闻、音乐、演讲等。1927 年 3 月 18 日，我国第一座私营商业广播电台——上海新新公司广播电台成立，主要播出商业行情、新闻和娱乐节目。1940 年 12 月 30 日，中国共产党领导下的人民广播在延安创立。

广播电台从诞生之时起就设有文学节目，这是广播有声读物的雏形。

中华人民共和国成立后，中央人民广播电台在 20 世纪 60 年代播出过一档文学节目《阅读与欣赏》。节目中，著名播音员不仅朗读诗词、散文，还播送赏析与介绍，这个节目被誉为“看不见”的老师。

---

① 2015 英国电子书和有声读物市场此降彼涨[EB/OL].[2017-04-23].www.sohu.com/a/76723220_362133.

《今晚八点半》在每周二也会固定播出文学作品，播出的内容以诗歌、散文为主。

《小说连播》是中央人民广播电台生命力最为旺盛的节目之一，开播至今已有70多年的历史，除了新闻节目之外，是唯一未被中断的节目类型。

(2)电视有声读物

《电视诗歌散文》是中央电视台的一档读书节目。这个节目播出了“名家名作”系列、“中国古诗词欣赏”系列、“当代名家”系列，将电视手段运用到有声读物的制作中，演播、电视画面、字幕及配乐充分结合，使有声读物具备更多的可视性。

《电视书场》是20世纪90年代中央电视台的一档电视评书节目。该节目将演播者的评书表演全程录像，通过电视画面展现出来。播出过的电视评书包括田连元的《杨家将》《水浒传》，刘兰芳的《朱元璋演义》《岳飞传》，袁阔成的《三国演义》，单田芳的《封神演义》《曾国藩》《林则徐》，刘立福的《聊斋志异》，王林茂的《罗汉擂》等。

《子午书简》是中央电视台制作的读书节目。该节目邀请演播名家对中外经典诗歌散文进行现场朗读，并对作品进行介绍。参与的朗读者有：李毅、陆洋、杨立新、严燕生、姚雪松、任志宏、王欢、王颢桦、王晓骞、鞠萍、白燕升、周启勋、张家声等。播出了余光中、傅雷、林徽因、老舍、巴金、贾平凹、毕淑敏、茅盾、夏衍、刘心武、韩静霆、安徒生、格林兄弟、苏霍姆林斯基、泰戈尔、查斯特、爱默生、库泊等中外名家的作品。

目前，中央电视台《电视诗歌散文》《电视书场》《子午书简》《读书时间》均已停播。但中央电视台2017年2月18日首播的《朗读者》、黑龙江卫视2016年12月31日首播的《见字如面》等节目又将有声读物重新引入电视语境。

(3)车载有声读物

中国的汽车产业发展迅速，7,000万汽车用户是一个巨大的消费群，在交通时间变长的情况下，车载有声读物进入汽车用户中。车载有声读物是以汽车用户为受众群，依赖车载播放设备播出的有声读物。其特征为：第一，与其他有声读物一致，包含至少51%的文字内容；第二，以车载CD、车载听书机、车载USB等为播放设备；第三，受众群体为职业司机、私家车主、部分乘客等汽车用户；第四，与笑话、相声、小品等不同，车载有声读物有文本来源，是以演播为表达方式的录音制品。

我国的车载有声读物处于发展初期，直到2005年，我国第一家专门进行车载有声读物开发的媒体——一路听天下(On Road Media)才开始出现。[①] 一路听天下通过全国中石油、中石化的加油站渠道定点发行,每周定时将有声读物 CD 送达到车主手中,再通过站点的高速扩张和高效的发行队伍覆盖全国 20 个主要城市、10,000座加油站、1,500 万高端车主群体。产品是一张包装精美的碟片,但作者与出版商之间没有形成统一合作,关系较为疏远。出版商将版权卖给生产商,生产商再利用媒体资源进行录制。演播人员大多比较专业,为职业演播者或电台播音员,演播质量较高。

一路听天下发行的有声读物有《鬼吹灯》《东北往事——黑道风云 20 年》《大漠苍狼》《血族新娘》《解读三字经》《把吃出来的病吃回去》《发财日记》《好妈妈胜过好老师》《货币战争》《做单》等。

(4)数字有声图书馆

2004 年我国首家专业数字有声图书馆"佳佳听书"开通,将有声图书通过网络发布给受众。之后,盛大有声图书馆、云图有声图书馆、书香校园数字图书馆也陆续问世。这些数字图书馆内容为历史、文学、哲学、经济、管理、军事、艺术等。

盛大有声数字图书馆是最早获得国家新闻出版广电总局认可,颁发了节目许可证的多媒体数字图书馆,并得到了作者与出版社的授权。

此外,云南大学图书馆引进了"书香校园"听书资源,将十多万册社科图书进行有声化处理,师生可以在线或下载收听。

福建师范大学、四川师范大学等高校引进了"云图数字有声图书馆",内容涵盖文学、政治、法律、历史、哲学、艺术等多个领域,累计出版有声读物超过 55 万集、15 万小时,有声图书多为真人原声录制。

武昌理工学院图书馆与盛大天方公司合作推出了"读一百本好书"专栏,通过图书馆网站就可以收听与下载。

湖北大学图书馆自主开发了有声数字图书馆,为读者免费提供收听服务,有声图书达 15 万册,内容以人文社科为主。

湖南株洲图书馆、昆明呈贡图书馆都自主建设了有声读物阅读平台。

上海书城设有有声读物专柜,销售各种题材的有声读物。

(5)盲人图书馆

有声读物在美国最早是供盲人阅读的。中国盲文出版社、有声读物图书馆的有声读物内容较多,在我国各地的图书馆也都配有供盲人使用的听书机。

2008 年残奥会举办之时,中国残联联合科技部、工业和信息化部、央视国际、百度等国内有影响力的平台组成无障碍技术联盟,共同发起"北京 2008 年奥运会、

---

① 金强,贾晓婷.车载有声读物的发展状况与前景分析[J].出版科学,2012(9):61-67.

残奥会信息无障碍网站行动”。

2009 年国际盲人节前夕，中国残联与国家图书馆共同建设的中国盲人数字图书馆被授予文化部 2009 年度创新奖。

2010 年上海世博会期间，上海市人民政府对上海市各大政府门户网站陆续启动了信息无障碍改造工程，在全国率先实现了残疾人网上信息无障碍服务。

2010 年成都图书馆专门设立了盲人阅览室，该阅览室共收藏有声读物 400 多册、70 余套。

2015 年云南图书馆在 4 月 24 日世界读书日为老人与盲人免费提供听书机服务。

目前，全国各省市图书馆均设有盲人阅览室。

中国盲文图书馆的有声读物较多，有：按摩教材、小学到大学的教材教辅、课外读物、医学保健、军事历史、经济管理、国学经典、小说、纪实文学、散文诗歌、文艺欣赏、评书、相声、科技科普、人文社科等。

(6)互联网及手机客户端有声读物

2000 年以后，我国互联网发展迅猛，为有声读物的发展创造了新的契机，专门的听书网站应运而生。

2003 年宏达以太公司建设了国内首家听书网站 www.listenbook.com.cn，受众既可以在线收听，也可以下载储存后利用 MP3 播放器收听。网站汇集了国内外文学作品和其他书籍，并安排专业演播人员进行录制。

酷听网的有声作品涵盖小说、儿童读物、综艺娱乐、教育讲座、经管励志、相声小品、军事历史、外文原声、养生健康、生活两性等十余个类别的内容。其有声作品存量总时长超过 5 万小时，目前月产量 3,000 小时，并以 30%的月增长速度持续扩大。

天方听书网是中国最早正规化运作的听书网站，是国内唯一拥有信息网络视听节目传播许可证的听书网站，也是目前国内规模最大的有声读物研发平台。它是一座汇集古今中外文学的“有声数字图书馆”，内容囊括玄幻、武侠、都市、校园、灵异、穿越、古典、生活、理财、历史、职场、两性等近 60 种类别，现有总篇目接近 100,000篇。

幻听网是一家支持免费下载和在线收听各类有声小说、有声读物、儿童故事、广播剧、评书、相声的听书网站，是国内首家支持手机访问下载、收听的 3G 有声小说网站。该网站致力于为广大书友与视力障碍人士提供全面、快捷的有声服务。

静雅思听是国内专门提供知识类与思想类有声读物的网站，内容涉及历史、文化、环球、军事、生活、职场、经济等，为大中学生与城市白领提供了一个接受新知的方式。截至 2012 年，网站上线内容 20,000 篇以上，注册用户 50 万，日均下载量超过 10

万,并已稳居全球 iTune Store 中文 Podcast 节目第一名。

听书网是致力于推广有声读物,为广大用户提供有声服务的平台。用户可自己录制上传作品,丰富了网站平台内容。听书网为用户提供了很多优秀作品的有声版,为 MP3、MP4、PDA、手机、电子书等提供有声小说下载服务。听书网内容囊括玄幻、武侠、都市、校园、灵异、穿越、古典、生活、理财、历史、职场、恐怖、惊悚、评书、儿童读物、军事、刑侦反恐、两性等近 60 种类别。

懒人听书是由深圳市懒人在线科技有限公司开发运营的一款移动有声阅读应用,提供听书、听电台、听新闻等免费有声数字收听服务,用户规模上亿,是国内广受欢迎的有声阅读应用之一。

酷我听书,有 50,000 部有声小说,30,000 段相声小品,1,800 档电台栏目,数十万部儿童故事读物,还有新闻、脱口秀、笑话段子、评书、英语学习、培训、健康养生等有声内容。

听我想听,又名听我想听喜马拉雅,是一款中文版手机软件。喜马拉雅电台,可听音乐节目、新闻谈话、相声评书小品、教育培训、财经证券、健康养生、笑话大全等。

金庸听书,即《金庸作品集》汉语有声项目,由作家金庸授权,朗声图书出品,朗锐数字传媒全球推广发行。"飞雪连天射白鹿,笑书神侠倚碧鸳",再加一部"越女剑",金庸听书收录了这十五部金庸武侠经典。金庸听书的作品由职业有声小说演播人演播,除了普通话版外,还有广播剧版、方言版等。2014 年 7 月 18 日,金庸听书 App 全新发布,免费下载。

氧气听书是专业的听书软件,内容包括有声小说、文史经典、经管励志、育儿宝典、评书相声、综艺搞笑等,总时长超 20 万小时,共 5 万余部作品。

咪咕听书提供小说、评书、相声、少儿读物等免费有声资源。截至 2015 年,库内书籍总量达到 2 万多部,总计近 40 万集,还拥有 3,000 多家广播电台、2,000 位互联网主播,内容丰富多样,可以满足社会大众的多样化需求。

除了专门的听书网站,综合网络广播也是有声读物的一大阵地。

蜻蜓 FM 在 2011 年 9 月正式上线,获评 2011 年 App Store"收听广播电台的最佳工具"。2013 年,蜻蜓 FM 加入点播内容,除了收录全国 3,000 多个广播电台、1,000多家高校电台外,还新增主播电台、有声读物、各类播客等点播内容。2015 年,蜻蜓 FM 在行业首次提出 PUGC 战略(专业用户生产内容),大规模邀请传统电视、广播的主持人和时事军事、财经商业、人文历史等领域有专业建树的意见领袖和自媒体人入驻蜻蜓 FM 并制作发布音频节目。目前,蜻蜓 FM 共聚合超过 900 万小时的有声内容,为用户提供音乐、科技、新闻、财经、商业、小说等各种类型的有声内容。有声小说有《无尽天灯》《鬼吹灯》《盗墓笔记》《斗罗大陆》《九州缥缈录》

《平凡的世界》《预约死亡》《骆驼祥子》《正红旗下》《百年德性》《幸福的七种颜色》《我当算命先生的那几年》《权力巅峰》《茅山后裔》《超级贴身保镖》《少年药王》《修罗武神》《侯卫东官场笔记》《茅山宗师》等。评书有单田芳、袁阔成、田连元、刘兰芳等人的作品《乱世枭雄》《三国演义》《白眉大侠》《童林传》《水浒传》《龙虎风云会》《隋唐演义》《大明演义》《三侠五义》《岳飞传》《呼家将》等。此外,还有教育、历史等内容。

喜马拉雅是国内发展最快、规模最大的移动音频分享平台。内容包括:有声小说、新闻谈话、综艺节目、相声评书小品、音乐节目、教育培训、财经证券、儿童故事、笑话大全、健康养生、个性电台等。其中,畅销杂志《读者》的有声版较有特色。此外,还有《妈妈睡前故事》《每日美文推荐》《365 读书》《为你读名著》《名家散文》《阅读经典》《静读美文》等知名有声读物栏目。

考拉 FM 是免费的综合类手机电台,由网易公司开发。电台内有新闻、笑话、音乐、星座、相声、小说、军事、历史、儿童读物等内容。有声小说包括《盗墓笔记》《凡人修仙》《古剑奇谭》《诛仙》《鬼吹灯》等。《十点读书》是考拉比较有特色的有声读物栏目,由网络主播读名家名作,如钱钟书、朱光潜、梁实秋、鲁迅、陈丹青、林语堂等人的作品。《恐怖故事》栏目中包括《民间怪谈》《魑魅魍魉》《胖编怪谈》《奥秘全接触之外星人来了》《午夜惊悚》《午夜魅影》《凶宅》《彤掌柜讲鬼故事》《拓仙人鬼故事》《十宗罪》《鬼事》《古城疑案》《新诡案组》等。

优听 Radio 是优听无限传媒科技有限责任公司于 2012 年推出的一款免费网络收音机。用户可以随时收听来自国内外 2.2 万家电台的节目。优听 Radio 主要有相声、小品、脱口秀、小说、有声读物、儿童故事、新闻评论、CNN、百家讲坛、中国之声、海阳现场秀、CRI 国际频道、冬吴相对论、军情观察室、罗辑思维等内容。

荔枝 FM 由广州一把伞网络科技有限公司创办,主打平民主播特色,倡导“人人都能当主播”的理念。《王叔叔讲故事》是其中排行靠前的节目,英文有声读物《飘》《傲慢与偏见》也比较受欢迎。

2.按有声读物的类型划分

(1)评书

早在周朝,我国就出现了最早的评书形式。当时税赋严重,民不聊生。朝中四位大臣联名上书,请求周庄王减轻人民的负担。后来这四位大臣将周庄王仁政爱民的事迹编成故事,再请专门的说书人散播到百姓中去,让百姓都知道有一个施行仁政的皇帝。为了表彰这四位大臣,周庄王赐给他们一道圣旨、一把宝剑、一方堂印、一面堂鼓。之后这四件宝贝演变成今天说书人的折扇、惊堂木、扁骨和手帕。[①]

---

① 邬宵蕾.浅论广播电台有声读物的生存空间[D].上海:上海师范大学,2015.

1957年,在四川成都郊区,考古人员发掘了两件珍贵的文物 东汉时期的陶塑,这两尊陶塑被命名为说书俑。陶塑说书俑将说书人的形态、表情和工作特点活灵活现地展现出来,由此可见,说书是一种历史悠久的文化形式与符号。

1937年,北平广播电台第一次播出了评书节目。这是评书第一次通过电波传递到千家万户,也是我国"有声读物"的雏形。广播评书是将书本中的文字以口头表达的方式通过电波传递给听书人,内容多为历史、英雄、武侠等,篇幅多为长篇。说书人将故事内容进行二度创作时,融入了自己独特的表达和演绎方式,因此,评书更具个人特色和个性特征。

20世纪80年代,评书《百年风云》《白眉大侠》《木兰花》《保卫延安》《漩流》《长征回忆录》《康熙大帝》等在广播电台播出,广受听众欢迎。

单田芳是我国当代评书的代表人物之一,他从1956年就开始播讲评书,1979年与鞍山人民广播电台合作录制《隋唐演义》,之后又与全国几十家电台合作,进行评书的录制与传播。他的作品在全国500多家电台播出,听众多达6亿。

刘兰芳从1972年开始在鞍山人民广播电台播讲《海岛女民兵》《闪闪的红星》等作品。之后,录制了《岳飞传》《杨家将》《包公巧断螃蟹三》《三打乌龙镇》《白牡丹行动》《赵匡胤演义》《刘金定大战南唐》《小将岳云》等。其中,《岳飞传》在全国100多家电台播出,风靡全国。

袁阔成出身评书世家,1949年带头说新书《吕梁英雄传》《许云峰赴宴》《烈火金刚》等。《红岩》《赤胆忠心》《暴风骤雨》《林海雪原》《西楚霸王》《十二金钱镖》《李自成》《十三妹》《施公案》为其代表作。

田连元1959年开始在本溪曲艺团进行评书表演。1960年演出第一部长书《大隋唐》;1962年演出《虎穴锄奸》《三挡杨林》;1966年在辽宁人民广播电台录制播出《欧阳海之歌》。1981年开始,田连元先后录制了《孙膑与庞涓》《血溅津门》《徐海东将军传》《刘秀传》等评书作品。值得一提的是,田连元录制的《杨家将》开辟了长篇电视评书的先河。此后,《包公案》《施公案》先后在各电视台播出。另外,《小八义》《海青天》《双镖记》《辽沈战役》《楚汉争霸》《镜花缘》《瓦岗寨》《水浒人物传》《书剑恩仇录》等作品也都是以电视评书的形式播出。

(2)有声小说

小说连续广播,也叫长篇连播,是在广播电台播出的以长篇小说为主要内容,以个人或合作形式演播的文艺节目。

早在1945年秋,黑龙江人民广播电台的前身——哈尔滨广播电台就以连续播讲的形式播出了著名作家茅盾先生的长篇小说《子夜》。①

① 徐玫丽,洪云菊.长书连播为何失之东隅,而收之桑榆——有声书火爆背后的思考[J].视听,2014(1):18-20.

从新中国成立后到“文革”前,全国广播电台播出了一批优秀作品,如《新儿女英雄传》《吕梁英雄传》《青春之歌》《铁道游击队》《敌后武工队》《红日》《红岩》《红旗谱》《创业史》《苦菜花》《迎春花》《山菊花》《欧阳海之歌》《保卫延安》《暴风骤雨》《家》《烈火金刚》《三国演义》《水浒》《钢铁是怎样炼成的》《卓娅和舒拉的故事》等。但在这一时期,作品题材、演播形式和制作手段都比较简单、粗疏。①

“文革”期间,小说连续广播被迫停办。

十一届三中全会之后,小说连续广播恢复播出。起先,《红岩》《青春之歌》《牛虻》《钢铁是怎样炼成的》等作品得以重播。之后,《岳飞传》《杨家将》《隋唐演义》《三国演义》获得了极高的收听率,一部有声小说一经播出,往往达到轰动效应。这一时期有影响力的有声小说有《许茂和他的女儿们》《李自成》《将军吟》《芙蓉镇》《沉重的翅膀》《黄河东流去》《平凡的世界》《少年天子》《都市风流》《穆斯林的葬礼》《刑警队长》《四世同堂》《蹉跎岁月》《中国姑娘》《人生》《高山下的花环》《夜幕下的哈尔滨》《北国草》《故土》《新星》《寻找回来的世界》《今夜有暴风雪》《凯旋在子夜》《烟雨蒙蒙》《风流才女——石评梅传》《地球上的红飘带》《你为谁辩护》《上海的早晨》《超越自我》《复活》《红顶商人》《无极之路》等。

十一届三中全会之后到20世纪80年代中期,为小说连续广播发展的高峰期。然而,这一时期之后,“听书热”开始降温,但广播界仍然每年向听众推出50多部长篇小说。同时,编辑队伍不断充实、相对稳定,业务水平和理论水平不断提高、日趋成熟。这一时期的有声小说有《毛泽东的故事》《深圳的斯芬克斯之谜》《高原雪魂——孔繁森》《东非——半个月亮和半个太阳》《林则徐》《战争和人》《天狼星下》《陪读夫人》《大决堤》《孙武》《北京人在纽约》《他乡明月》《黄传贵——黄家医圈八代传人》《我的父亲邓小平》《西部歌王——王洛宾大写真》《我们曾经相爱》《白鹿原》《尘缘》《沂蒙九章》《曾国藩》《幻灭》《基督山恩仇记》等。

2000年,中央人民广播电台《长篇连播》栏目、中国广播电视学会小说连播研究会和保利文化艺术公司等单位联合举办了名家演诵会,主题为“永不消逝的电波”,引起了一定反响。

(3)故事

1949年4月25日,天津人民广播电台设置了《故事》节目,由播音员徐薇晔直播《吕梁英雄传》。

同年5月,上海人民广播电台在建台第二天就设置了《讲故事》节目,由郭冰直播《李勇大摆地雷阵》。

1950年4月,中央人民广播电台正式开播《故事讲书》节目,每天一次,每次30

---

① 叶咏梅.中国长篇连播历史档案[M].北京:中国广播电视出版社,2010:6.

分钟。①

"故事爷爷"孙敬修是在电台专门讲故事的播音员。他在中央人民广播电台讲了第一个故事《鸡毛信》。1951 年,中央人民广播电台开办少儿节目,孙敬修专门在少儿节目《小喇叭》中面向全国小朋友讲故事。退休后,孙敬修完成了《孙敬修演讲故事大全》《孙敬修爷爷讲的故事》《雷锋故事》等著作。

曹灿自 20 世纪 50 年代开始在中央人民广播电台《小喇叭》中给少年儿童讲故事,先后讲了几百个深受小朋友欢迎的故事,被亲切地称为曹灿叔叔。

《张震讲故事》是张震于 1997 年 3 月推出的广播节目,1999 年至今创作推出大量精品恐怖故事,故事大多来源于网络或改编于书籍。《张震讲故事》是目前国内最具影响力的恐怖有声读物品牌。同时,《张震讲故事》的声音作品还通过网络、手机增值业务、博客等途径向更多的听众传播。

2001 年,《张震讲故事》正式踏入音像界,《张震讲故事》第二辑在与首张专辑相距三年之后终于向全国发行。2002 年,张震在北京出版首张《张震讲故事》MP3,面向全国发行,一度位居卓越网销量榜榜首。该 MP3 故事包括:《骷髅别墅》《北京鬼楼》《临死之前》《零点尖叫》《楼道传说》《门帘儿》《末班车》《木栅墙的后面》《内衣》《那个人是谁》《你看见了什么》《千万别回头》《你看见我了吗》《请不要画我的脸》《三个人的庄园》《三个人的赌博》《杀猫》《杀人歌谣》《杀人计划》《山野情仇》等。

2005 年 3 月 27 日,经国家广电总局批准,安徽合肥电台故事广播正式开播,成为国内第一家故事广播。随后,各地电台纷纷开设故事广播频率,如今已经接近 50 家。②

"凯叔讲故事"是一个自媒体故事平台,在公众微信号、手机客户端、微信小程序同时发布适合儿童收听的童话、历史、科普等各种故事,内容包括《西方经典童话》《中国传统故事》《成语故事》《历史故事》《科学故事》等。

(4)诗歌散文

诗歌散文有声读物一直在广播电台文学节目中大受欢迎。

20 世纪 90 年代,中央电视台推出《电视诗歌散文》栏目。

1996 年,上海电影译制厂配音演员乔榛、丁建华录制了《朗诵经典——外国爱情诗配乐》磁带。这个磁带包括普希金的《我曾爱过你》、雪莱的《印度小夜曲》、安徒生的《茅屋》、拜伦的《雅典的少女》、海涅的《罗蕾莱》、普希金的《致凯恩》、夸西莫多的《海涛》、马克思的《给燕妮》、布朗宁夫人的《请再说一遍我爱你》、裴多菲的

---

① 叶咏梅.中国长篇连播历史档案[M].北京:中国广播电视出版社,2010:6.

② 曾志华.中国故事广播频率有声语言艺术创作现状与思考[J].现代传播,2016(1):93-97.

《我愿意是激流》、爱明内斯库的《假如》、雅各布的《磨房的轮子》、泰戈尔的《园丁集》、雨果的《我把唇儿》、雪尼埃的《心愿》、歌德的《野蔷薇》、叶芝的《当你老了》等作品。

互联网普及之后，出现了专门的以诗歌、散文为内容的微信公众号，如“为你读诗”。“为你读诗”于2013年6月1日正式上线，同时举办线下活动。微信公众号每天推出一首诗歌或散文作品，这些作品由具备一定朗读水平的人士提供，演艺明星、艺术家和热心听众都能够参与其中。为该微信公众号提供作品的艺术家有：周涛、韩磊、康辉、张英席、李凤绪、蒋勤勤、瞿弦和、李玉刚、段奕宏、温玉娟、杨洪基、龚琳娜等。“为你读诗”推出的作品有《青玉案·元夕》《西江月·夜行黄沙道中》《一剪梅·红藕香残玉簟秋》等中国古典诗词，也有《我的西藏》《我想和你虚度时光》《双桅船》等现代诗歌，还有《生如夏花》《当你老了》《假如生活欺骗了你》等外国诗歌。

3.按储存方式划分

(1)磁带有声读物

磁带是早期的有声读物储存材料。广播电台大多采用盘式录音带，这种录音带被称为开盘带；一般用户大多购买紧凑音频盒带，也就是卡式带。

1994年，高等教育出版社音像中心出版有声读物《世界名著半小时》，一共10盒卡式带，包括12部外国文学名著：莎士比亚的《威尼斯商人》、巴尔扎克的《高老头》、司汤达的《红与黑》、大仲马的《基督山伯爵》、小仲马的《茶花女》、罗曼·罗兰的《约翰·克利斯朵夫》、果戈理的《死魂灵》、列夫·托尔斯泰的《安娜·卡列尼娜》、梅里美的《卡门》、福楼拜的《包法利夫人》、斯托夫人的《汤姆叔叔的小屋》、莫泊桑的《羊脂球》。演播者为著名配音演员毕克、乔榛、丁建华、张欢、沈晓谦。中国社会科学院外国文学研究所所长吴元迈和《世界文学》主编金志平担任顾问和主审。这套有声读物还配有一本小册子，对文学作品的作家及其艺术成就、作品内容及历史地位做了简要介绍，还附有思考题。

之后，高等教育出版社又出版了《中国名著半小时》，包括古典文学和现代文学两部分。古代文学包含古代诗词、古代散文、古代戏曲。古代诗词精选了先秦两汉魏晋南北朝诗歌、隋唐五代诗歌、宋辽金元诗词、元明清诗词曲160首；古代散文共8篇，包括《出师表》《岳阳楼记》等名篇；古代戏曲选取了《窦娥冤》《西厢记》《牡丹亭》《桃花扇》4篇代表作。现代文学包含现代小说、现代诗歌。现代小说有鲁迅的《阿Q正传》《社戏》、老舍的《骆驼祥子》、曹禺的《雷雨》、茅盾的《子夜》、巴金的《家》、钱钟书的《围城》、沈从文的《边城》、林海音的《城南旧事》、杨沫的《青春之歌》、曲波的《林海雪原》；现代诗歌有郭沫若的《天上的街市》《炉中煤》、朱自清的《细雨》、穆旦的《春》、徐志摩的《再别康桥》、卞之琳的《断章》、戴望舒的《用我残损的手掌》、冯至的《蛇》、林徽因的《别丢掉》、冰心的《纸船》、艾青的《大堰河我的保姆》《我爱这土地》、绿原的《小时候》、殷夫的《别了哥哥》、余光中的《乡愁》、光未然的《黄水谣》《保卫黄河》、闻一多的《死水》《静夜》、田间的《假如我们不去打仗》、臧克家的《老马》《有的人》、贺敬之的《桂林山水歌》、郭小川的《甘蔗林》、公刘的《上海夜歌》、毛泽东的《七律·长征》《沁园春·雪》。演播及朗诵者为:张筠英、常亮、瞿弦和、林如、方明、雅坤、麻淑云等。

此外,上海也有专门的有声读物出版社,出版的有声读物为英语、日语、法语、德语等外语学习内容。

(2)CD 有声读物

CD 是高密度光盘 Compact Disc 的缩写,中国内地称为光盘,港台地区称为光碟。2001 年北京华邦开创科技发展有限公司和中国康艺音像出版社合作,联合出版《古今中外名家名著配音配乐图书馆》,共推出 366 张光盘、729 部作品,精选著名文学大师 153 位,经典文学作品 253 部。世界文学大师精选了莎士比亚、歌德、巴尔扎克、奥斯特洛夫斯基等 57 位,同时精选了他们的经典文学作品如《哈姆雷特》《浮士德》《高老头》《钢铁是怎样炼成的》等 75 部;中国古代文学大师精选了屈原、曹操、李白、杜甫、苏轼、罗贯中、关汉卿等 27 位,同时精选了他们的经典文学作品如《离骚》《观沧海》《蜀道难》《兵车行》《念奴娇·赤壁怀古》《窦娥冤》《空城计》等 62 部;中国现当代文学著名作家精选了鲁迅、郭沫若、老舍、贾平凹、余秋雨等 48 位,同时精选了他们的经典作品如《孔乙己》《屈原》《骆驼祥子》《自传——在乡间的十九年》《十万进士》等 85 部;中国台湾地区及海外华文著名作家精选了梁实秋、余光中、三毛等 21 位,同时精选了他们的散文名篇如《麻将》《书斋·书灾》《结婚记》《重情的人》等 31 部。该“图书馆”还由众多史学权威精选了自远古至明清的四十部历史故事,从政治、军事、科技、文化、外交等各个方面,以广播剧形式再现了中华五千年辉煌灿烂的历史。音乐界精选世界音乐大师二十余位,经典音乐作品 38 部。其中有贝多芬、莫扎特、柴可夫斯基、冼星海等,同时精选了他们的经典作品如《第五交响曲·命运》《土耳其进行曲》《天鹅湖》《黄河》等。在播放经典名曲的同时,主持人娓娓讲述作曲家创作该作品的过程和当时的历史背景,帮助听众欣赏乐曲。演播及朗诵者有:孙道临、张筠英、瞿弦和、陈铎、方明、金乃千、董行佶、刘慧、牟云等。

湖南电子音像出版社推出了《中国现代名家诗文精品欣赏》,录制形式为磁带和 CD 光盘。作品包括:《月下的荷影——配乐朗诵朱自清作品》(共 9 篇)、《寒夜的桔灯——配乐朗诵冰心作品》(共 9 篇)、《梦中的康桥——配乐朗诵徐志摩作品》(共 13 篇)、《雨巷的丁香——配乐朗诵戴望舒作品》(共 20 首)、《永恒的太阳——配乐朗诵艾青作品》(共 13 首)、《舟子的悲歌——配乐朗诵余光中作品》

(共12篇)、《遥远的绝响——余秋雨作品》(共5篇)、《燃烧的木棉——配乐朗诵舒婷作品》(共21首)、《我以我血荐轩辕——配乐朗诵鲁迅作品》(共12篇)、《人间正道是沧桑——配乐朗诵毛泽东作品》(共32首)等。演播者:孙道临、丁建华、陈醇、乔榛、瞿弦和、陈铎、赵忠祥、林如、李默然、方明等。

世界知识出版社、中山大学音像出版社、世图电子音像出版社分别出版了《疯狂英语》《新东方英语》《英语随身听》等英语学习有声读物CD,西安电影制片厂录音录像出版社、北京师范大学音像出版社、中国唱片上海公司等出版发行了大量儿童故事、有声读物。

(3)MP3播放器有声读物

MP3是一种音频压缩技术,1991年由德国人发明并进行了标准化。世界上第一台MP3播放器诞生于1998年,它的出现让声音内容更加便携。

之后,各听书网站都有供用户下载的MP3有声读物。

博听网,提供各种有声读物的下载服务,分为:都市、言情、探案、恐怖、童话、童谣、传记等多个板块。

有声听书吧,包括有声小说、评书等内容。排行靠前的有:《凡人修仙传》《仙逆》《斗破苍穹》《神医》《百炼成仙》《召唤万岁》《特工杀天下驭天女神》《重生之保姆很忙》《逆女成凰废材九公主》《毒宠特工狂妃》《相府嫡女》《别后再爱》《尚宫》《单亲妈妈向前冲》《死罪难逃》《心诡》等。

龙音阁、乾坤听书网、听中国、有声屋等也都提供有声读物MP3下载。

(4)移动终端有声读物

时代浪潮滚滚而来,大浪淘沙是一条铁律。不难发现,以手机、平板电脑、笔记本电脑等为代表的移动终端已经成为受众接触音频文件的主流,相较而言,使用MP3播放器的人群已十分罕见。尤其是手机App的强势崛起,为受众收听以有声读物为代表的音频文件提供了更加便利的途径,智能手机中的数字音频(以MP3、WAV格式为主,与MP3播放器中的音频文件一样)逐渐成为人们的触媒首选。前文已详细罗列了懒人听书、酷我听书、蜻蜓FM、喜马拉雅、荔枝等平台在PC端和移动端的生产内容,不再赘言。

通过对有声读物相关概念的厘清、历史沿革的梳理及国内外发展的对比,不难发现,有声读物是当今媒体时代的弄潮儿。国内有声读物的日渐繁荣,呼唤建立一套完备的有声读物播读评价体系,这是可行的,也是必要的。

三、建立有声读物播读评价体系的必要性

2017年7月,课题组从“满足用户需求,提升文化与审美影响力,促进良性发展”出发,以“内容与播读者”为考察重点,在全国各地展开了多地、多媒体、多层次

的调研和专访,并开展问卷调查。

调研发现,行业的快速发展与用户需求已经形成巨大的矛盾——众多播出平台与海量作品看似繁荣,实则内容单一、品质粗糙,与"内容精良、播读专业"的用户需求相差甚远。建立一套完备的有声读物播读评价体系迫在眉睫。

(一)有声读物现存问题:内容与播读质量堪忧

1.总体质量普遍较低

玄幻、悬疑、鬼怪神仙等题材的小说与故事,是全媒体有声读物平台的主要内容,占播出总量的60%—70%,收听率相对较高;知识性内容约占30%—40%。调研数据显示,用户对于有声读物的满意度非常低,认为总体质量不尽如人意。

用户对总体质量的判断标准,一是内容制作,二是播读水平。前者包括选题、体裁、音效、内容编排等,后者主要从播读者的专业素质与能力作出判断(见表2)。

表2 用户对有声读物总体质量的看法

排序	选项	比例
1	认为制作水平一般	61.97%
2	认为播读水平一般	58.03%
3	认为播读水平高	27.16%
4	认为制作水平高	26.87%
5	认为播读水平很差	8.66%
6	认为制作水平很差	5.49%

表2显示,约有62%的用户认为有声读物制作水平一般,制作与播读水平不高,"好作品"所占比例不到28%。

作品总体质量不高,原因是复杂的,本文不便在此妄加分析与判断。但有一点可以肯定,有效的播读评价体系缺失,导致行业与产品标准不够明确,大量低俗、低质的有声读物泛滥于市场,成为"文化垃圾"。

2."内容粗糙,声音难听"的作品约占总量50%—60%

调研发现,"制作精良,播讲生动"是用户选择作品的主因,但符合此要求的作品仅为少数,不到总量一半,而被归类为"内容粗糙,声音难听"的作品约占总量的50%—60%(见表3)。

用户认为,制作精良的作品,切合用户心理需求,播读者的声音表现力比较出色,能准确生动地展现作品内容与内在情感,层次丰富,生动自然,给用户带来极度的听觉与心理满足。而"内容粗糙,声音难听"的作品语音不规范,缺乏表现力。

表 3　用户对当今有声读物“内容与声音”的看法

序号	选项	比例
1	播读声音难听,没有表现力	52%
2	播读声音不规范	41%
3	内容太差,不吸引人	40%

3.播读者不专业,综合能力偏低

通过调研,我们发现用户对有声读物播读者的评判与欣赏水平相当专业,认为“声音好听”“普通话语音规范”“语言生动”“表达富有特色”是播读者应具备的基本素质与条件。其中,表达富有特色、声音好听是用户选择播读者的首要条件(见表 4)。

表 4　用户选择(或喜欢)播读者的主要因素

选项	比例
声音好听	69%
普通话语音规范	52%
语言生动	69%
表达富有特色	74%
表达契合用户心理	59%

表达富有特色,通常包含两方面内容:一是指播读者作为创作主体,将自己对作品的理解与感受,精准、恰当地与作品情感内涵相结合,以极具个人特色(或魅力)的表达方式将其表现出来。简言之,就是用自己声音特有的“形”,将作品蕴含的“神”表达出来,达到“神形兼备”的境界。二是指播读者在创作时,具有较高的作品区分能力。比如,播读诗歌时,语言样态(或语感)是诗歌,而不是小说或其他体裁的样态。与此同时,“声音好听”“语言生动”“普通话语音规范”等,被列入其他主要因素,可见,用户对有声读物播读者要求之高,不亚于专业播音员或主持人。

播读者要达到声音优美动听,表达生动而又富有特色,不但要具备出色的声音条件与专业能力,丰富的生活阅历,更要具有丰厚的知识底蕴与人文情怀。可以说,用户对播读者的要求与期待,日趋专业与全面。

但现实情况不容乐观。本次调研发现,由于缺乏准入与评判标准,大量“音质难听,口齿不清,方音明显,语言表达不规范,不生动、不自然”的播读者出现在各类平台,导致有声读物整体质量参差不齐、良莠难分,成为用户诟病有声读物的主要缘由。

(二)用户渴求优质内容

我们结合问卷数据分析,以及前期到"为你读诗"等知名微信公众号调研发现,当下用户对优质内容的需求非常迫切。学龄前儿童、正在求学的青少年、视力模糊的花甲老人等,都是需要用耳朵"阅读"的群体。但令人遗憾的是,针对此类用户的优质有声读物,却是凤毛麟角,少而又少。

当下用户最渴求的优质内容,具有以下三个特征:

1.精神层面:传承文化,提升审美

全媒体有声读物发展中呈现的种种问题,比如选题单一、内容低俗、优质内容稀缺等,究其根源,是商业逐利、对用户精神层面的关照缺失的结果。

业界的一些精英在制作有声读物时,常常将提高市场占有率、增强用户黏性等作为头等大事,什么挣钱就录制什么,不自觉地忽略了最根本的问题。用户收听一部小说、一篇散文、一首诗歌,抑或是学习学科知识,在这个过程中,是有精神寄托的。

"凯叔讲故事""为你读诗""樊登读书会""罗辑思维"等的成功运营,就是关照用户精神与情感需求的结果。

2.内容层面:制作精良,品牌过硬

除了提供优质的有声读物外,品牌还应该拥有高效、高质的产品运营与维护系统,确保有声读物的制作与推广良性循环,并获得出色的商业利益与用户口碑。如"凯叔讲故事""罗辑思维",由专业团队负责总体管理和运营,产品定位明确,市场分工细致。除提供付费收听的内容外,相关书籍与用品的销售也获利丰厚,通过长期的优质服务赢得市场与用户。

全媒体时代,产品价值的实现,有赖于技术基础、个性价值、性能表现、价格策略、用户黏性、文化基因和盈利模式这 7 个要素。有好内容,不等于就有好营收。内容产品、服务产品、关系产品,缺一不可。①

3.播读层面:神形兼备,优美动听

让用户领会文字之美,感悟精神愉悦,是播读者的主要工作。

有声读物的语言表达有其自身特色:用声以中低音区为主,音色柔和,声音幅度变化不大,但层次细腻丰富;感受精准入微,节奏快慢相宜,情感细腻多变……播读者的语言应"神形兼备,优美动听",既能表现情感内涵,还要表达精准流畅,从

---

① 谭天.新媒体经济是一种关系经济[J].现代传播,2017(6):121-125.

容大气，符合中国人的审美要求；既要符合共性要求，还要表现个性。唯有如此，才能提升有声读物的品质，获得商业与口碑的双赢。

（三）建立评价体系的必要性

1.制定完备的评价体系，可提升国家文化软实力

2017年1月25日，中共中央办公厅、国务院办公厅印发了《关于实施中华优秀传统文化传承发展工程的意见》，提出要坚定文化自信、提高文化自觉，使具有中国特色、中国风格、中国气派的文化产品更加丰富，使国家文化软实力的根基更为坚实。

有声读物作为文化产品，是民族格调与品位的体现，是中华民族审美教化的体现，应充分体现出我国传统文化的精髓，弘扬和传递社会正能量，传递真善美。① 加强政府的监管力度，制定科学、高效的监控与评估体系，是提升有声读物这一文化产品整体水平的重要保证。

2.制定完备的评价体系，可确保产业发展的正确走向

全媒体时代，信息碎片化、用户碎片化，运行模式尚未成型，新媒体背景下的有声读物产业正处于重组、洗牌的阶段。播读评价体系的缺失，势必导致行业的迷茫。播读评价体系的早日建立，可加强对行业的宏观管理与指导，确保行业少走弯路。

3.制定完备的评价体系，可促进学界人才培养与科研工作

建立有声读物播读评价体系，有利于高校深化教学改革，完善课程设置，做好与业界人才需求的对接，对提高人才培养与科研工作水平具有积极的推动作用。

中国传媒大学播音主持专业在人才培养方面一直强调“一专多能，既要有风格鲜明的专业特长，又要有多层次、复合型的知识结构和多方面的业务能力”。② 各年级在校生经常参加有声读物的录制工作，在强化语言功力的同时，能够拓展其他相关技能，如选题确定、音频剪接和录制、产品推广等。而播读评价体系的建立，将使教学目标更加明确，人才培养的方向更加清晰。

播读评价体系的建立，还将促进高校“产学研”工作更全面、更深入地开展起来，教学与科研相长，科研与产业相长，学界与业界相互促进，相互发展。

有声读物是一项重要的文化产品，我们对尽快建立起一套相对科学完善的播

---

① 陈芝，姚喜双.新闻播音的文化传承研究[J].现代传播，2017(6)：15-20.

② 吴郁，曾志华.播音主持专业人才培养研究[M].北京：中国传媒大学出版社，2009：116.

读评价体系已有共识,接下来要讨论的问题是是否有条件、有基础建立体系,换言之,论证有声读物播读评价体系的可行性。

四、建立有声读物播读评价体系的可行性

(一)国家文化战略促进有声读物播读评价体系的建立

党的十九大报告提出,文化是一个国家、一个民族的灵魂。而阅读对于一个国家的文化振兴意义重大,它承担着文化记录、传承和创新的重要职责。

从“十二五”的倡导全民阅读到“十三五”的推动全民阅读,我国的全民阅读有了更加明确的方向。第十四次全国国民阅读调查显示:2016 年我国成年国民各媒介综合阅读率为 79.9%,数字化阅读方式的接触率为 68.2%。其中,数字阅读基础上的有声读物市场规模不断扩大。在全民阅读的大环境下,有声读物成为传统阅读之外的有效补充。有声读物让文字插上了声音的翅膀,让文化和知识的传播更是力量倍增。

有声读物的发展为人们获取知识开辟了一条新的途径,这种新的知识获取方式顺应了现代社会发展的趋势,与现代人的生活节奏高度契合,具有广阔的发展前景。但有声读物快速发展的同时也带来了很多问题,比如有声读物作品良莠不齐、片面追求市场效率导致价值观出现偏差等。还有缺乏行业规范、缺乏优质内容、缺乏专业人才等一系列制约行业发展的问题。

这些都需要政府部门加强监督管理,出台一套必要且可行的评价体系来规范有声读物的发展,使有声读物遵循良性的发展规律,更好地服务大众,为文化强国贡献力量。

(二)学界为业界提供理论指导

课题组成员多为中国传媒大学播音主持艺术学院的教师和博士、硕士研究生,大都具有多年有声语言教学及实践经验。研究有声读物的初衷是找到专业和一线的结合点,把有声语言教学中的理论知识应用于实践,服务于实践,促进有声读物行业良性发展。对于探索怎样评价有声读物作品、提高有声读物播读者的播读水平,进而建立有声读物播读评价体系,我们感到责无旁贷。

为了了解近年来我国有声读物状况,近四年来,课题组多方论证调研,走访了很多播出平台,采访了知名的演播艺术家和内容编辑专家,设计调查问卷,为建立有声读物播读评价体系做好铺垫。

在走访过程中我们发现,平台对于有声语言艺术表达没有过多的硬性要求,很多有声读物作品良莠不齐,用户对播读者播读水平整体满意度不高。演播艺术家

则大都希望平台上播出的作品能起到引领示范作用,期望听到更多、更优秀的作品。调查问卷内容主要针对有声读物播读评价体系的多个方面,包括有声读物的收听频率,例如收听、获取有声读物的渠道,对内容的选择,收听时长等。同时,问卷也考虑到有声读物播读评价体系的情况总结,如收听率情况、表现评价、最大障碍评估等。

(三)科技发展为行业提供技术支持

现代科技的发展为有声读物的形式和载体多元化提供了技术支持。移动互联网的发展使得我们可以在任何地方、任何场景中突破时间、空间的限制随时收听有声读物。智能手机的发展大大降低了有声读物的制作门槛,基本的录制剪辑工作都能靠手机完成,只要对朗读感兴趣,任何人都可以制作有声读物。科技发展为有声读物的空前繁荣提供了有利因素。出版业、互联网平台、社会组织机构甚至个人都加入有声读物的生产、销售、传播环境当中。从文字到声音,从单一终端阅读到各类可交换应用,产品与服务不断创新发展,不仅成为产业发展的强劲动力,也给人们带来新的阅读体验。传播生态发生了剧烈的变化。

目前,有声读物相对于纸质书来说,存储和检索都不受所处环境限制,平台计算机可以构建具有巨大存储空间的虚拟库。有声读物为大众提供了更加便捷高效的知识获取通道。在当今社会转型时期,快节奏的生活和巨大的工作压力挤占了人们的大块时间,但有声读物不受时间、空间的限制,人们可以在做家务、排队、乘坐交通工具的时候沉浸在个人喜爱的书籍的海洋里,使精神得到短暂的放松和调节,随时随地享受阅读的乐趣。

分析显示,有声读物可以为喜马拉雅、蜻蜓、考拉等音频应用平台带来40%—50%的流量,并能持续为这些平台带来收入。

(四)业界对播读评价体系的渴望

首先,平台渴望建立播读评价体系。我们在调研过程中发现,很多平台对于自己的有声读物作品都有相应的细致的标准。当然,作品内容是所有标准中最重要的。除了作品内容之外,平台对作品中音效、时长、音质、广告等方面也有非常细致的量化标准,但是对于有声语言艺术表达却几乎没有要求。那么,作品究竟靠什么来吸引用户呢?

在调查问卷中,我们设置了这样的问题:您主要是根据什么来选择收听的作品的(可多选),调查结果见表5。

表5 用户选择作品的主要原因

选项	小计	比例
作品内容	1,317	78.44%
播读者	986	58.73%
平台推荐	531	31.63%
好友推荐	604	35.97%
点击量	337	20.07%
网友评价	261	15.54%
其他	49	2.92%
本题有效填写人次	1,679	

由表5可以看出,听众主要是根据作品内容来选择收听有声读物的。平台要想提供更多、更优秀的有声读物作品,对于内容要加强选择。在全媒体时代,想要长久发展,必须坚持“内容为王”。内容是吸引用户的制胜法则。要做到这点,有声读物平台就要更加注重内容开发,为不同用户群体提供不同的产品内容,内容必须有深度、优质,最大限度地满足用户需求。而对于播读者的播读水平,众多平台显得无从下手,根本不知道该从哪些方面加以把控。这就需要建立评价体系来确保播读者的播读水平。

近几年,有声读物付费收听的趋势越来越明显,付费用户规模不断扩大,用户付费的意识也在不断地增强。据蜻蜓FM方面提供的数据,中国有声书读物市场2016年的规模就超过22亿元。这么大的市场规模,各大网络平台都希望能分得一杯羹。如何在这个市场中争得更多的利益,归根结底还是看有声读物作品的内容和质量,优质的内容是网络平台立足的根本。作品质量越高,愿意付费的用户数量就越多,而付费后的用户也会更加“挑剔”,挑剔内容、挑剔声音、挑剔播读。这就亟待建立健全一整套有声读物播读评价体系。

从有声读物业界播读者角度来看,现在的有声读物播读者大都没有受过专业训练,播读水平参差不齐。播读的过程是一个再创作的过程,是把语言内容和语言形式结合起来的过程。在这个结合的过程中,播读者必须运用自己的语言给用户带来美的享受,播读好一部作品应该是对作品内容的锦上添花。但很多有声读物的播读者,无论是嗓音条件、语音状况还是表达技巧都无法很好地诠释作品,更谈不上对作品的再创作。播读水平不高,语言表达就会缺少魅力、缺少动人的色彩。从我们的问卷调查结果也可以看到,用户在选择有声读物作品时,播读者是一个重要指标。所以播读者也必须提升自己的语言水平和语言功力。

我们团队在走访过程中发现,数量巨大的草根播读者群体非常渴望能获得专业的指导,提升播读水平。评价体系一旦建立,不仅能界定播读者的播读水平,同时也能为播读者指明专业学习的方向,有利于广大播读者提高自己的播读水平,创作出更多、更优秀的作品。

(五)用户的需求需要评价体系来保障

以前有声读物的用户主要是对文本阅读能力有限的弱势群体,如视障人士、儿童、老人等,有声读物可以帮助他们扩展阅读范围。有声读物能帮助盲人不再局限于数量有限的盲文读物;帮助儿童解决识字水平低、阅读能力弱的问题,通过听来培养他们的阅读兴趣与习惯;还能帮助视力减退但有读书习惯的老年人,满足他们阅读、学习、娱乐的需求。

但是根据易观智库发布的《2016 中国有声阅读市场专题研究报告》数据:目前有声读物用户主要为男性;30 岁以下用户占半数以上;主要集中在二三线城市;主要为工人和自由职业者;集中在初、高中人群,高学历人群逐渐扩大;中、低收入人群占比高。值得一提的是,喜马拉雅用户男性居多,占 59.40%;用户分布主要集中在一线城市,占 43.56%;使用苹果设备的用户占总用户的 50.01%。我们的1,679份调查问卷也显示,电子有声读物的用户年龄段主要在 18—50 岁。如此看来,有声读物的用户人群在变化、扩大。

有声读物能够满足弱势群体的特殊需求和普通大众的普遍需求。对于社会弱势群体来说,有声读物有它存在的必要性;对于社会普通群体来说,有声读物有它存在的方便性和舒适性①。在这种情况下,关于有声读物的各个方面的研究也具有现实意义和必要性。

调查问卷显示,有将近 47%的人会经常收听有声读物,仅有 1.55%的人从不听有声读物。可见,绝大部分的人对有声读物的收听都比较重视,会高频率地收听有声读物。用户需求的旺盛带来了有声读物市场的繁荣,同时,庞大的用户群体也在敦促评价体系的建立,以更好地保障用户的收听权益。

既然建立有声读物播读评价体系是必要的,更是可行的。那么,这套体系的评价应从哪些维度出发?构成要素应涉及哪些方面?

五、有声读物播读评价体系的评价维度及构成要素

如前所述,通过调查问卷“您主要是根据什么来选择收听的作品的(可多选)”,我们可以看出,在吸引听众选择收听有声读物作品的因素中,作品内容因素和播读者因素等作品内在因素所占比例较大,远远超出了平台(好友)推荐、点击

---

① 刘宝华.图书馆的人文关怀——建立“听书室”的思考[J].科技信息,2007(32):273.

量及网友评价等外在因素。作品内容与播读者的表现是影响作品质量的重要元素,也是用户选择、接受、评价、传播作品的重要影响因子。因此,重视作品内容的选择、观照播读者的创作表现是构建全媒体环境下有声读物播读评价体系的重要路径。

在日常传播场景中,有声读物作品的传播、影响较为广泛,其所受到的评价也较为多样。如有来自创作者(作者、编辑)的自我评价,有来自用户(受众)在赏鉴过程中的自觉评价,也有来自学者(专家)批评性较强的专业评价。虽然在作品传播过程中产生的评价都能从某一个或几个侧面反映作品的创作质量和艺术水准,但所涉及的评价要素仍然是分散的、表层的,所得到的评价结论也往往较为直观、朴素,缺乏系统性、客观性、专业性与全面性。单就有声读物作品的播读而言,亦是如此。因此,从理论的、专业的视角对有声读物,尤其对有声读物的播读进行观照,梳理出全面、有效的评价维度,归纳出准确、细致的评价要素,是构建有声读物播读评价体系的重要内容。

(一)有声读物播读评价体系的评价维度

不同的方面构成了立体的事物,人们认识、评价事物也需要从不同的层面和角度着手。在各类平台上传播的有声读物是具备文化性、物质性、传播性、艺术性、知识性的综合体。从内容上看,它是一种文化知识产品;从创作手段上看,它是有声语言艺术作品;从物质层面看,它是可以看得到、听得到的客观存在;从传播的角度看,它是一种可以在全媒体进行传播的有声内容;从接受的角度看,它是可供知识学习、休闲放松、听觉享受的声音消费产品。有声读物的多重属性决定了它的评价维度也必然是多重的。而播读作为有声读物创作的创作手段和物质载体,也需要传播的、艺术的、美学的等多重评价维度。

1.有声读物播读的评价对象

有声读物是可以听的“书”,主要包含以有声语言为主要表现形式的知识性文字作品和文学性、艺术性较强的文学作品。作品内容是有声读物得以存在的基础,声音形式是有声读物的艺术魅力得以彰显的关键。人们认识、评价一部有声读物,不得不遵循着它的内容和形式这两条道路行进。内容的质量和播读的表现是有声读物评价的重要对象。

(1)播读依据

欣赏有声读物的行为往往被称为“听书”,因而,有声读物归根结底是一种读物,是“书”的有声形式。“书”的内容是有声读物的意义基础,也是有声读物的创作依据,是播读者进行创作的前提。

作为一种公开传播、影响广泛的有声类内容,有声读物的播读依据不能是随意的,没有标准、没有底线的,而必须有严格的内容要求,以保证有声读物可以用健康的思想引导用户,用积极的精神产品滋养用户,做到版权正当、内容健康、传播安全。2017 年 6 月 30 日,中国网络视听节目服务协会常务理事会审核通过了《网络视听节目内容审核通则》,对网络视听节目播出前的政治导向、价值导向、审美导向等方面作出了细致的审核要求。各网络视听服务单位也具有自己的内容审核机制和内容审核标准,如《咪咕数字传媒有限公司听书内容审核手册》中,就规定了较为严格的听书审核流程,强调在初审过程中就“着重把握内容中的低俗色情、政治、暴力等信息,并列出了相应的详细审核要点,力求有效降低内容的风险性,最大限度提升用户的体验满意度”。而大音音像的《有声读物基本质量要求》中,也有明确的内容质量要求,如有声读物内容应“遵守国家有关法律法规,不得出现政治性错误或政策性错误;遵循事物发展规律,不得出现科学性错误和常识性错误”等。

除了基本的内容底线,有声读物在内容的选择上还有不同层次品位的追求。内容格调有高雅之分,加上文学作品本身就有自身的风格,因此,文学评论与文学批评可以说是有声读物内容评价的基础。

(2)声音形式

与文本文学不同的是,有声读物以有声语言为主要手段进行创作,通过声音载体呈现在用户的耳朵里。声音形式的无穷创造性给有声读物提供了广阔的艺术展现空间。

通过上文的图表我们可以看到,一部(篇)有声读物作品之所以被人们选择,除了跟作品内容有着直接的关系外,与播读者也有着密切的联系。实际上,包括播读在内的有声读物声音质量,是作品品质的重要体现。因此,对有声读物作品进行评价,离不开对有声读物声音形式的评价。

声音形式是有声读物评价的重要对象。它包含技术层面的作品声音质量和创作层面的播读者的声音表现质量。目前国内的听书平台都对播读者上传的声音作品提出了相应的审核要求,其中就包含技术层面的声音质量要求,如音频前后的音乐时间长短,不能有与文本无关的杂音等,否则就要驳回。这一方面是平台产品形象管理的要求,另一方面也是为了给用户带来更好的收听体验。在本课题调研中,喜马拉雅公司的工作人员坦言:“以前平台上的 UGC 产品,我们要求不高,但是付费精品我们肯定会有要求。一些原来免费的产品,我们将其杂音做优化处理,就可以由免费产品转为付费产品。”①从中可见声音质量对于有声读物作品价值发挥的重要性。

除了技术层面的声音质量要求外,播读者的声音形式、语言表达,更是有声读

---

① 根据喜马拉雅网络科技有限公司调研资料整理。

物评价的重要对象。播读是有声读物音声化呈现的主要途径,也是影响有声读物内容呈现准确性与艺术性,影响作品风格的核心要素。如果说文本创作依据是有声读物赖以存在的基础,那么播读便是有声读物的灵魂。播读者的声音条件、音色特点、语言功力、语言风格直接影响有声读物的作品风格和艺术质量,因而也是有声读物评价的重要对象。

2.有声读物播读的评价维度

播读是有声读物创作过程中,将文字语言转化为有声语言的重要一环,是播读者通过自己的声音和语言连接原作作者与用户的中间环节。在有声读物的创作体系中,播读既有有声语言创作与审美的独立性,又有其相对于整个作品的依存性。播读的价值通常是与作品紧密联系在一起的。那些听众印象深刻、社会影响深远的有声语言精品往往与优秀的内容共生共荣。再华丽动听的声音,再生动自然的表达,如果传递的是低俗消极的内容,也必将在声音审美的潮流中被用户舍弃。在公开的有声平台传播的有声读物作品,必须符合相关部门的规范要求,不然就没有机会呈现在用户的耳边。此外,有声读物多为文学类内容,文本自身的艺术性与有声语言的艺术性相结合,带给用户层次丰富的听觉体验,因而也必须有审美层面的特点和要求。有声读物播读的多维度属性决定了播读评价体系的多维度。

(1)价值维度

文字记录和反映着时代的风貌与历史的变迁,是时代精神的凝结。那些内容精深、艺术精湛的文艺作品历来都发挥着引导人的观念、陶冶人的情操之作用。但不得不承认,由于通俗文艺的大众性,在不同的历史阶段,也出现过一些格调不够高雅,取向比较小众的作品,这样的作品对人的思想进步、精神发展弊多利少,在文艺发展的过程中受到了大部分传播者与受众的自觉抵制,相关管理机构也给予了一定的约束。

新时代的文艺作品应该记录和表现习近平新时代中国特色社会主义的时代精神,反映和体现社会主义核心价值观。习近平在中国文联十大、中国作协九大上的讲话中提道:“对文艺来讲,思想和价值观念是灵魂,一切表现形式都是表达一定思想和价值观念的载体,离开了一定思想和价值观念,再丰富多样的表现形式也是苍白无力的。”他在党的十九大报告中也指出:要繁荣文艺创作,坚持思想精深、艺术精湛、制作精良相统一;倡导讲品位、讲格调、讲责任,抵制低俗、庸俗、媚俗。这些论述不但准确揭示了社会主义文艺的本质,也指出了社会主义新时代文艺事业的使命和责任,指明了社会主义文艺创作的价值取向和努力方向。

在有声读物中,文学类内容占据了较大的比例,即便是以知识性为主的有声读物,经过有声语言的再现,也具有了听觉的艺术性,亦可纳入文艺作品的范畴。全媒体的有声读物作为文化知识的重要载体,对用户的文化认识具有重要的引导作用。因此,有声读物的创作与传播,应该具有较强的价值意识,播读者应力求为听众提供有价值的文化产品,不浪费听众的宝贵时间。有声读物的播读应该符合广播电视网络出版视听作品的相关要求,符合新时代文艺思想的要求,记录和反映社会主义核心价值观,体现中华民族传统优秀精神观念的当代价值。

我们在对有声读物的播读进行评价时,首先是对其所播内容的评价,内容是播读的依据,播读是在内容基础上的再创造,播读的可听性在很大程度上取决于内容的价值性。播读有其独立的历史价值、社会价值与艺术价值,但与内容的价值也密不可分,播读的价值通常融于内容的价值。再美的声音,如果表现的是低俗、污秽的内容,也毫无价值可言。因此,播读的价值是有声读物播读评价的首要维度。有声读物播读的价值评价可以从思想价值、社会价值、历史价值、文化价值、艺术价值等不同的层面去考量。

(2)规范维度

作为公开发行、出版、传播的视听作品,有声读物对受众具有直接的教育、引领和示范作用,因此必然具有"规范"层面的要求。"规范"既是有声读物的内容有效传达的需求,也是建立健康的全媒体语言生态环境的要求。

在我国相关法律法规中,有许多关于语言规范的要求。如《中华人民共和国国家通用语言文字法》中,"第十二条:广播电台、电视台以普通话为基本的播音用语。""第十九条:以普通话作为工作语言的播音员、主持人和影视话剧演员、教师、国家机关工作人员的普通话水平,应当分别达到国家规定的等级标准。"中国网络视听节目协会通过的《网络视听节目内容审核通则》中指出:"互联网视听节目服务单位要加强网络视听节目名称、台词、字幕、配音等使用语言文字的管理,加强对演职人员、主持人、嘉宾及其他节目参与人员规范使用通用语言文字的提示指导,防止不规范使用国家通用语言文字的节目上线播出。"在此基础上,各网络视听服务单位也都有自己的内容规范文件,如大音音像的《有声读物质量基本要求》中有这样的要求:"符合国家普通话发音标准,尽量做到语音纯正、发音规范。读音出现错字现象不得多于1处(以30分钟为单位)。"可见,"规范"是从上到下贯穿有声读物生产与传播各环节的重要要求,涉及内容层面与语言层面等多个层面,有声读物的内容应该符合广播电视视听出版相关管理条例的要求。播读的规范是有声读物规范性的重要内容。自然,在有声读物播读评价体系中,"规范"也是一个重要的维度。

(3)审美维度

耳朵是人类重要的听觉审美器官,大自然中变换无穷的声音可以通过听觉给人类带来无穷的审美愉悦。听觉更是人们进行艺术创作的重要媒介,音乐就是最典型的听觉艺术,它以旋律和节奏、音色等的丰富变换,给人们带来了无穷的想象空间。有声语言艺术则是更为朴素的声音艺术,我国自古就有说书艺人,他们抑扬顿挫的生动讲述,吸引了无数听众。有声读物可以说是说书艺术的当代化传承与表现。有声语言是人们表达思想、相互交流的工具,但它绝不仅仅具有普遍、实用的工具属性。当有声语言与艺术性较强的文学作品相结合,呈现为朗诵佳作、演播精品时,它就具备了艺术作品的属性,因而,审美性也就成为有声读物的特性之一。有声读物兼具文本作品的修辞美、韵律美等语言审美特征与声音作品的音色美、旋律美、节奏美、力度美等听觉审美特征,是以有声语言为主的一种听觉艺术。

张颂先生曾经揭示了有声语言的三重空间,即生存空间、规范空间、审美空间。有声读物的播读语言应该是进入了规范空间的有声语言,更应该成为审美空间的有声语言。只有这样,才能为用户带来深刻而高雅的审美体验,在有声语言艺术史上绽放光彩。

从审美的维度出发对有声读物进行观照,也是有声读物播读评价体系中必不可少的内容。如播读者的音色美,语言形式的旋律美、力度美,篇章处理的节奏美等,以及在此基础上所形成的有声读物整体作品的意境美、个性美等都应该成为有声读物评价体系中的重要内容。

(4)影响维度

艺术作品的传播链条是从创作者(作者、播读者)到传者(发布者、有声作品平台),再到受者(受众、用户)的过程。艺术质量再高端的作品,如果没有得到有效传播,也终究不过“养在深闺无人识”,发挥不了其应有的价值。作品只有被人看到、听到、欣赏到,并给用户带来心理刺激,与之产生共鸣的时候,才完成它的使命。有声读物作为一种有声媒介,自带强烈的传播属性。传统纸质出版物的发行量,电子媒介时代的收听率、收视率,移动互联时代的点击量、转发量、流量,都体现着作品的传播力和影响力。作品传播的广度与影响的深度往往是作品价值的体现,也是衡量作品质量的重要参照。因此,从影响力的维度对有声读物的播读进行评价,从受众个体、社会总体等不同的角度,从语言、观念、行动等不同的层面观照全媒体传播背景下的有声读物播读对社会产生的影响,也是有声读物播读评价体系中必不可少的部分。

(二)有声读物播读评价体系的构成要素

有声读物播读的评价可以从价值、规范、审美和影响等不同的维度去延伸评价视角。基于这些评价维度,我们在评价有声读物的播读时,可以针对各层次的评价要素,对有声读物进行多元化、综合性的审视与分析。由于播读的创作依据主要是各类文字文本,创作手段主要是有规范要求的有声语言,播读的主要呈现形式与传播媒介为线性传播的有声媒体,因此,有声读物播读的评价要素主要体现在主题与思想、声音与语音、语流与语感、语意与情感、风格与神采等方面。

1.主题与思想

正如前文提到,价值是文艺作品赖以生存的基础,也是有声读物的播读得以存在的基石。有声读物的价值很大程度上体现在作品内容与主题思想上。有声读物的播读固然有其独立的价值,但我们也要承认,播读的内容在很大程度上制约、限定甚至规定了播读的形式与风格。播读内容与播读形式是相互连接、共生共荣的。播读的内容健康向上、富有价值,会有形或无形地增添播读的光彩;播读的内容品位低下、庸俗不堪,必然会被受众和社会放弃,湮没在声音的海洋中。

小说连播作为有声读物在电子媒介时代的前身,可供我们观照和研究有声读物借鉴。纵观小说连播的发展过程,我们不难发现,那些在有声文学传播史上熠熠发光的作品,如《夜幕下的哈尔滨》《穆斯林的葬礼》《平凡的世界》《陆犯焉识》《抗日战争》等,都是视野高远、内容精深、技法精湛、制作精致的文学作品。这些优秀的文学作品经过演播艺术家的精彩演绎和有声编辑的精心编创,成为悦耳动听的有声文学精品。而一些非经典的文学作品的有声版则少有人收听、传播,可见文本内容之于播读的重要性。

随着移动互联网的兴起与繁荣,有声读物的发展也进入全媒体时代。全媒体时代的有声读物内容,除了经典的文学作品之外,一些草根作家创作的网络文学作品也得以流行,内容变得更为多元。一些新颖的主题文学如玄幻、穿越、官场、恐怖、言情等受到网友追捧,在有声读物世界占据越来越大的版图。我们不否认这些作品给用户带来的休闲娱乐价值,也无法忽略其惊人的点击量、流量甚至购买量。但是,从整体来看,这些作品仍然不过是“文化快餐”,而不会成为艺术经典,它们带给用户的刺激是片面的、浅层的。它们所创造的市场价值不足以填补其所欠缺的思想价值、文化价值、社会价值、历史价值。文化产品应该秉承“文以化人”的生存本质,力求给人以引导与鼓舞。

历史和现实启示从业者和研究者,主题与思想是有声读物播读评价的第一要素,是开展有声读物播读评价的前提条件。

2.声音与语音

文本内容是有声读物的创作依据,也是有声读物的播读赖以存在的物质条件。有声读物是文本内容与声音形式的综合体。在有声读物播读评价体系中,除了对播读的内容和思想要素进行评价之外,也应该对播读者的声音形式进行分析、评价,其中包含播读者的声音、语音状况和语言表达等。有声读物播读的质量在一定程度上依赖于播读者的声音条件,应该将播读者的声音条件纳入播读评价体系之中;有声读物的创作语言是规范性的有声语言,在我国主要为汉语普通话,因此播读者的语音状况也应体现在播读评价体系中。声音要素与语音要素是有声读物播读评价的重要元素。

(1)声音要素

声音是有声读物的传播介质与物质载体,也是连接播读者与受众的桥梁。作为一种听觉艺术,有声读物主要是通过有声语言、音乐、音效等声音元素的衔接和组合来表现文本内容的。在这些元素中,播读者的音色是核心的要素,因此,这里我们所谈的声音主要指以播读者的音色为主的声音要素。声音要素是有声读物播读评价体系中的重要元素。

生活中,由于每个人的发声构造、言语目的、心理活动、声音状态不同,会发出不同音色的声音。声乐表演、播音员主持人等专业的选拔历来都将音色作为一条重要的标准,说明声音条件在声音艺术创作中的重要性。在全媒体时代的有声读物播读中,大量未经过专业训练的“草根主播”创作的 UGC(用户生产内容)被生产出来并得到广泛传播,有些甚至产生较大的影响,这些播读者的声音也五花八门。虽然每种音色都有其审美特质,但是作为传播语言,播读者的音色应该有一定的规范标准,能给听者带来愉悦的听觉享受。一位播音艺术家曾经调侃道:人们的音色给人的听觉感受大体上可以分为四个等次——好听、不难听、不好听、难听。对于受众繁多的有声读物播读者,虽然我们难以要求他们都具备专业播音员的水准,但他们的声音至少应该达到“不难听”的水平,否则必定会影响作品的整体质量和传播效果。

虽然我们较难给出一个明确的物理量表来表示哪种播读者的音色是最好的,且艺术接受研究的相关描述也多基于受众直观的感受和体验,但我们必须承认,听众的耳朵是最好的检验器,能让人感到愉悦的音色必然有更多的机会得到更广泛的传播。

在这里,我们可以参照一些播音主持专业的音色“准入标准”。《全国广播电视资格考试播音主持业务口试》评分标准中对“音质音色”有这样的标准:1.声音是否干净纯正;2.发声状态是否轻松、通畅;3.吐字是否清晰、准确、圆润。这些标准可以给有声读物播读者的声音评价提供一些参照。有声读物播读的声音评价至少可以从声音条件、用声状态、用声方法、吐字状态等方面去考量。通常,状态松弛、共鸣丰富、饱满圆润、朴实明朗的音色可以给人带来听觉的享受。有声读物播读评价体系可以遵循这样的标准。

(2)语音要素

声音是意义的传播媒介,语音是意义的声音载体。有声读物的播读通过富有意义的语音传递,成为一句句话语、一个个段落,进而描述一个个情节,刻画一个个人物。有声读物多为播音员依据文字文本进行创作,少有在播读过程中对文本内容进行修改,因此有声读物播读的规范性主要通过播读者的语音来表现。标准、规范的语音可以准确传递文本内容,避免信息传递偏误。在多方言、多语种传播环境下,使用共同语播读可以扩大有声读物的传播范围,增强其传播力和影响力。规范的语音和吐字是播读者良好语言基本功的体现,也是作品质量面貌的直接体现。

播读语音的标准规范,不但是有声读物文本内容准确传播的要求,也是有声读物听觉美感的要求。播读者的语音与播读的吐字有着密切的关系。吐字符合普通话语音的发音规律,状态积极,能增强语音的准确性和艺术性,增强有声读物的听觉美感。因此,播读者的语音面貌是有声读物评价体系中的不可忽略的要素。在《全国广播电视资格考试播音主持业务口试》评分标准中,第一项就是对应试者语音面貌的考查,扣分项包含读音错误、读音缺陷和方音语调、方言词汇等。如果语音面貌达不到相应的分值,即使其他项目得分较高,也不能归入相应的档次。可见语音面貌在有声语言传播实际应用中的重要性。

在本课题的调研中,一些移动音频平台的工作人员提到这样一个观点,认为传统播音员的吐字和播读方式会带给听众距离感,"草根主播"不太标准的语音面貌反而会让听众觉得更亲切,比如热门的"罗辑思维"的播读者罗振宇,语音就略带方言色彩,反而收获了很大的点击量,凝聚了大量的粉丝。我们应该客观看待这样的观点,传统电台的播音员播报的多为消息等内容,所以会用宣读式、播报式的语言样态,成为职业习惯后就形成了所谓的"播音腔",这是出于内容传播上传下达的需要。而有声读物不是新闻播报,选用新闻播报的语言样态显然不合适。实际上,传统的小说连播中播读者的语音不但普遍标准,吐字饱满,艺术性强,而且会根据内容需要使用方言,转换灵活自然,引人入胜。有声读物的语音标准应该以普通话的标准为基础,但也应允许根据内容情节使用方言播读。

有声读物播读评价体系应该坚持语音规范的标准,虽然未必每部有声读物的播读都要像播音员那样饱满圆润,根据有声读物的内容和受众定位,可以有相应的语音规范要求,但让受众听不清表达内容的语音面貌一定是错的,是要被遗弃的。正所谓严格底线,上不封顶。

3.语流与语感

一个个音节连贯起来,形成语言的流动,只有在语流中,语言的意义才得以呈现,语言的艺术才得以彰显。除了声音和语音,播读者的语言表达面貌也是影响作品内容表达和艺术效果的重要元素。

(1)语流要素

播读者的声音形式沿着文本语言向前行进,形成了轻重缓急、抑扬顿挫的声音流和语言流,这种处于动态中的语言一般称为语流。语流是人们在听知有声语言时,获取信息、感知语言美感的重要途径。

作为有声读物的创作工具，播读者的有声语言应该有别于随意的生活语言，它是在特定的创作目的的引导之下的艺术语言，应该具备且彰显艺术语言的特征。《全国广播电视资格考试播音主持业务口试》的评分项中，对应试者的语言表达有这样的衡量标准：“语言是否流畅，语言是否通顺。”可见语言形式只有在流动、通畅的状态下，才能适应受众的听觉，保证信息的有效传达。语流不畅或语流失畅都是语言能力不佳的表现，会直接影响语言表达的效果。因此，语流要素是有声读物播读评价体系中的重要元素。

语言的流动性、流畅性、起伏性、变化性及语言旋律、语言节奏、语言力度等都应在有声读物播读评价体系的语流要素中得以体现。

(2)语感要素

语流反映着播读者的语言功力，显示着播读者驾驭语言的水平，也体现着播读者的语感水平。语感是人对语言的一种直觉和悟性，表现为对语言符号和各种语言现象的感受深度和运用能力。每个人都有自己的语感，这与天赋有关，也可以经过后天训练习得。每种语言都有它最舒适、最优美的表达语感。

有声读物的播读者要为受众提供有声语言作品，使受众获知信息，获得艺术享受，因此，播读者应该具备甚至必须具备出色的语感，否则无法完成有声语言表达的任务。

在全媒体有声读物生态中，语感要素也是有声读物播读评价体系中的重要元素。由于大量UGC产品的上线和传播，有声读物播读不再是专业人士的“专利”，只要有兴趣、愿意参与的人都可以充当“主播”。但有兴趣不等于能播好，我们不可否认，由于没有建立起播读的语感，一些有声作品的播读质量不佳、艺术性欠缺、可听性差，的确不适宜在广大受众中传播。

语感要素是有声读物播读体系中的重要元素，在有声读物播读体系中不可或缺。

4.语意与情感

语流与语感是从有声语言的形式层面对有声读物播读进行评价的要素。作为一种二度创作，有声播读的主要任务是把文本的内容准确反映出来，并在此基础上加以个性化的艺术处理。因此，除了在语言形式层面对有声读物播读进行评价，我们更应该从内容呈现的准确性与艺术性等方面对有声读物的播读进行衡量，即评价播读的语意展现与情感表现。

(1)语意要素

语意原指语言内在的含义。这里的语意指的是播读者的有声语言所呈现出来的文本意义。原作作者通过文字讲述故事、表达思想，播读者要充分调动自己的思维，透过文字感受原作作者所描绘的情景，体验文本中不同人物的心理感受，并形成恰当的语言形式,再将其传递到受众的耳中。“对内容的呈现”是播读的职责与价值所在。对内容呈现的准确程度与精彩程度是衡量播读水平的重要标准。在《全国广播电视资格考试播音主持业务口试》评分标准中有这样的评分项:“理解、感受的准确程度;思路、逻辑是否清楚。”作为播读者,应该具有良好的感受力与理解力,才能“吃”透文本,抵达作品的本质,并且需要有良好的表现力,才能将自己的体悟和感受呈现出来。语意转换的准确性是检验播读者专业功力的重要标准之一,也是播读工作的意义所在。有声语言对文字的转换结果并不是唯一的,同样的文字,用不同的声音状态、用外语或方言、用不同的语气进行转换,可以产生多个层次甚至与原作作者本意完全不同的语意和效果。因此,播读者应该拥有较强的文字理解能力、感受能力和表达能力,这些都是以对职业身份、传播政策、社会生活和大千世界的深入认识和理解为基础的。

受众在听有声读物时,手头上并没有文字依据,仅凭借自己的听觉来获取信息,这就对播读者语言表达的清晰度提出了要求。中央人民广播电台《新闻和报纸摘要》的播音员于芳曾经说过:“好的播音就是要让听众毫不费力地听清楚新闻事件的内容。”这“毫不费力地听清楚”可以说是播音业务的最高要求,因为能做到这一点的播读,已经具备较高的专业水平和审美价值,融入了播读者的专业精神和服务意识。让听众毫不费力就能听清楚的播读必然是吐字清楚、语音标准、停连得当、重音准确、层次清晰、基调准确的播读,犹如一块无瑕的美玉,彰显着质感。

语意清晰的播读需要播读者作出相当多的智力贡献和智慧创造。我们说有声读物是艺术品,因为它凝结了艺术家的创造。海德格尔与阿瑟·丹托一致认为,艺术品之所以存在,是因为艺术家赋予了它“艺术使命”,优秀的播读者也是带着这样的“艺术使命”进行创作的。

有声读物播读评价体系中的语意元素,即播读者对原作文本内在意义的再现准确程度,在语言层面评价中,是重要的内容。

(2)情感要素

情感是人的态度在生理上的一种比较复杂而又稳定的评价和体验,是人们生活中的重要话题,也是艺术创作的重要目的,更是艺术作品的内在灵魂。唐代张彦远在《历代名画记》说:“图画者,所以借鉴贤愚,怡悦情性。”一切艺术作品都要表达情绪与情感,有声语言艺术作品也不例外,“以情感人”是有声读物播读的创作要求和重要职能。受众在聆听节目的过程中感受到五味杂陈的情感,体验百味人生。在有声语言艺术作品中,语意和情感并不是截然分开的,情感是语意的一部分,而语意比情感和情绪的含义要广。我们通常用“语气”来指表达时情感的色彩和分量。

播读者在创作中对自身情感的调动是文本作品能够发挥最佳传播效果的重要

前提，运用内外部技巧准确地表现原作蕴含的情感是播读者专业功底和艺术修养的良好体现。播读者通过作品与受众产生情感共鸣，是艺术创作的高超要求和重要职能。

受众收听有声读物，体验播读者在有声语言中展露的情感，并在这种体验中唤起自身的相关经验记忆，进而对作品产生共鸣，获得情感的宣泄。因而，情感是有声读物播读评价的重要元素。由于有声读物中的情感主要通过有声语言来展现，因此我们可以将语言中的情感简称为"语情"。

有声语言艺术是表情的艺术，对文稿内蕴情感的再现和外化是播读者的职责。受众在聆听有声读物作品时，除了领略声音的美感、语流的优美、意蕴的展现外，获取情感的力量才是真正目的。播读者准确、真挚的情感表达，能够准确表现作品的目的，带给受众震撼的听觉体验和心灵触动。而情感体验和表现不够到位，则难以创作出有精神内核和感染力的有声语言艺术作品。有时候，一些播读者被称为"传声筒""肉喇叭"，这与评价者对行业的认知有关，但从客观上讲，也与播读者在创作时对情感的驾驭不到位有关，没有真挚情感的有声语言必然会得到这样的评价。

著名播音艺术家方明说，在他学习成长的过程中，有三句话记得最为清楚："第一句是齐越老师讲的，要玩儿真的。用真实的思想感情来念这些稿件，不是像演员演戏，要实事求是，融入进去。齐越老师说这话的意思就是我们要向生活学习，生活当中有很多具体的事情要留意，比如去商店，怎么跟售货员划价，这些事情都要记在脑子里，不知道什么时候会用上。""第二句话是夏青老师讲的，要真正感觉到。""第三句话是林如老师讲的，处理好句子，出意思。你告诉听众的是意思，不是那些词，不是那些句子，不是去表现你的声音，不是去表现你的语言说得有多顺溜，关键是意思。这要求我们仔细认真地备稿，这是我们播音员的根本责任，也是对听众负责。"

在老一辈播音艺术家的创作理念中，讲究创作要实事求是，要"玩儿真的"，要"真正感觉到"以及"出意思"，其实都是在强调真情实感对于播音创作的重要性。创作时的真情实感是为了传播的准确无误和听者入心。可见，语言的情感是有声读物播读评价体系的一个重要元素。真实和准确是有声读物播读评价体系情感要素的两个重要标准。

5.风格与神采

声音和语音要素是评价者在收听有声读物时对播读进行的直观评价，虽然贯穿收听过程的始终，但评价的听感印象在播读者出口的第一声、第一句即可形成。语流与语感要素、语意与情感要素的评价印象既可以从对作品的整体感知中获得，也可以在播读的细节处感知。而从有声读物作品播读的整体来看，我们就不难得出对作品播读风格与播读神采的评价。

(1)风格要素

风格指的是作品所呈现的相对稳定的整体个性与特点。播读风格即作品的播读所呈现的相对稳定的整体个性与特点。播读风格在很大程度上代表了有声读物的艺术风格,影响受众对作品的选择和接受,因而也是有声读物播读评价体系的重要元素。

多有韵味差异,少有高下之分。有声读物的播读风格受多重因素的影响。首先,播读风格受文本内容与写作风格的制约,比如外国作品与国内作品,写作风格就有较大差异,国内如老舍先生的作品就多有北京味儿,而莫言的作品则多以山东为背景,语言也具有浓郁的山东地方色彩,在播读这些作品时必然会呈现不同的风格与韵味;播读方面,不同的演播者的演播风格有较大差异,中央人民广播电台小说连播的资深编辑叶咏梅总结了国内著名小说演播艺术家的演播风格:“曹之活,张之峻,孙之粹,查之严,王之博,瞿张之洁,牟刘之情,李之奇”,分别指“曹灿的演播灵活、生动、形象;张家声的演播高出于一般,独具神韵;孙兆林的演播纯粹;查曼若的演播严谨;王刚的演播技巧精湛、内容丰富;瞿弦河、张筠英的演播默契、洁净;牟云、刘纪宏的演播真切、深情;李野墨的演播奇特而不凡”①。在全媒体时代,人才济济的UGC“草根主播”的演播风格也各有特色,并借此拥有大批拥趸。课题组在调研中得到一些专家这样的反馈:不能说学院派的表达就一定好,也不要认为传统的播音方式就一定优于“草根主播”。由于内容和受众目标的差异,各种演播都有其特定的受众群体,因此无法用一个标准限定或要求所有的播读者。这样的观点胸襟开阔,开放包容,求同存异,有助于推进有声读物播读风格的创新。

可见,在评价有声读物的播读时,离不开对其播读风格的评价,播读风格是有声读物播读评价体系中的重要元素。

(2)神采要素

神采,即精神和风采,是人表现出来的精神面貌。在艺术作品中,指作品的神韵风采。神韵是中国传统艺术追求的一种境界。“中国艺术鉴赏家在鉴赏作品时,‘以形似为末节’,把气韵放在首位,就是强调神似。”可见“神”在中国传统艺术理论中的重要性。在有声读物创作中,播读者由于受到文稿内容情绪的刺激,调动起自身的思想感情并使之处于运动状态,最终形之于声、及于受众,在自己的声音中呈现出神采,带给受众情绪的感染力,增强了有声读物的整体效果。神采可以说是一种由内而外的精神状态,最终呈现为作品声音形象的一部分。

有神采的播读往往情绪积极、交流感强、有感染力,能够吸引受众的听觉注意,强化传播内容的有效传达,增强有声读物的传播效果;缺乏神采的播读则交流状态

---

① 叶咏梅.中国长篇联播历史档案·演播风格卷[M].北京:中国广播电视出版社,2010:363.

不佳,不能在情绪上感染受众,使有声读物的听觉效果受到影响。《全国广播电视资格考试播音主持业务口试》的评分标准中有这样的评分项:“语言表达状态是否积极。”可见,有声语言表达的状态对作品效果起着重要的作用,积极的状态方能体现积极的神采。

播读者的神采是其个人性格、创作心理和创作状态的综合体现。同一个人,同样的声音条件,在不同创作状态和心理情绪的影响下,会呈现出不同的神采。作品播读富有神采既是一种职业要求,也是一种评价标准。通过调动自己的情感使作品“传神”是播读者创作精神和创作态度的体现。优秀的播读必然是张扬着播读者良好的精神风貌和积极创作态度的作品。播读神采是有声读物播读评价体系的重要元素。

综上,我们可以看出,有声读物播读评价体系的要素包含着对播读有重要规定与制约作用的主题与思想要素,包含有声读物创作介质和意义载体的声音与语音要素,以及语言形式层面的语流与语感要素,表达内容层面的语意与情感要素和播读整体效果层面的风格与神采要素。这些评价要素基本涵盖了有声读物播读不同层次的内容,再结合有声读物播读评价的不同维度,评价者即可对全媒体有声读物的播读进行系统性、专业性、多层次、多元化的评价。

当然,对于一套评价体系而言,建立过程中的严谨性与科学性是前提,然而若一套评价体系只存在理论上的必要与可行、严谨与科学,它终将只是理想国众多图谱中的一页,无法将成果应用于国计民生。因此,我们必须为评价体系的落地设计实施路径,并对其进行研判。

六、有声读物播读评价体系的实施路径

有声读物播读评价体系的建立和实施需要厘清以下四个问题:

(1)谁是有声读物播读评价体系的实施主体?

(2)谁是有声读物播读评价体系的评价对象?

(3)有声读物播读评价的标准是什么?

(4)如何推动有声读物播读评价体系的实施?

以上四个问题中的第三个问题,也就是在前文中所阐述的有声读物播读评价体系的评价维度及构成要素,在此不再赘述。

(一)有声读物播读评价体系的实施主体

有声读物播读评价体系实施主体的不明确,会导致其评价标准的不明确。有声读物播读评价体系的实施主体主要有以下三类:政府主管部门、行业协会、从事有声读物生产和传播的组织机构。

从政府主管部门的角度来看,建立和实施有声读物播读评价体系,能推动行业的健康发展,促进有声读物艺术水平的提高,更好地发挥有声读物在弘扬中华优秀传统文化和主流价值观上的作用。但政府主管部门作为评价主体难以避免会存在以下问题:首先,传统出版社出版的有声读物,国家新闻出版广电总局为其上级主管部门;但网络平台上出现的网络有声读物,则并非只由国家新闻出版广电总局对其进行管理。2000 年 9 月 20 日,国务院公布的《互联网信息服务管理办法》第十八条规定:“国务院信息产业主管部门和省、自治区、直辖市电信管理机构,依法对互联网信息服务实施监督管理。新闻、出版、教育、卫生、药品监督管理、工商行政管理和公安、国家安全等有关主管部门,在各自职责范围内依法对互联网信息内容实施监督管理。”文化部于 2016 年 7 月 1 日发布的《文化部关于加强网络表演管理工作的通知》指出:“本通知所称的网络表演是指将现场进行的文艺表演、网络游戏等文化产品技法展示或解说等,通过信息网络实时传播或者以音视频形式上载传播,供用户在线浏览、观看、使用或者下载的产品和服务。”从中我们可以看出,网络有声读物的音频作品传播包括在网络表演之中。网络有声读物同时可以看作网络音频节目,2017 年 6 月 1 日,国家新闻出版广电总局印发《关于进一步加强网络视听节目创作播出管理的通知》,对网络视听节目的创作播出提出进一步要求。对网络视听节目的内容、创作导向、语言文字要求、审核标准、把关机制和管理职责进行了明确的规范。从这些文件可以看出,网络有声读物应该是由国家互联网信息办公室、文化部和国家新闻出版广电总局三个部门进行管理。多部门可以各自进行监督管理,也可以组建联合检查组进行专项检查。但这种多部门管理也会导致主管部门不明确,从而使得有声读物评价体系的实施主体难以落实。其次,网络有声读物的生产和传播主体大部分为民营企业,政府主管部门对于这些民营企业可以在宏观上进行管理,但有声读物评价涉及大量的微观管理的职责,政府主管部门难以推行。最后,一套评价体系的提出并不难,但要在国家层面建立并实行一套评价体系却需要面对各种困难。国家新闻出版广电总局 2012 年发布《关于建立广播电视节目综合评价体系的指导意见(试行)的通知》,2016 年全国广播电视节目综合评价体系才开始全面启动。对于垂直管理的广播电视行业尚且如此,对于管理主体和市场结构错综复杂的有声读物行业就更难在行政层面推动有声读物播读评价体系的建设了。

美国有声书市场每年由音频出版商协会(Audio Publishers Association,APA)帮助整理和公布产业数据。我国传统的有声读物出版并未形成规模,因此没有成立专门的行业协会。新型的网络有声读物的生产和传播机构大部分并非传统的出版商,也没有成立专门的行业协会。因此,行业协会作为主体来提出和推行有声读物播读评价体系在目前来看还不现实。但行业协会通过评奖等方式往往能对行业发展起到引导作用。因此,有必要建立由政府主管部门牵头组织的行业协会,行业协会通过研讨、评奖等方式对有声读物播读评价标准起到引导作用。

随着手机等移动互联网终端的普及、移动互联网络的发展,数字有声读物在移动互联时代实现了快速发展。以懒人听书、喜马拉雅、荔枝等为代表的音频传播平台成为有声读物生产和传播的主要机构。这些机构有专门的审核人员,如喜马拉雅审核部门的员工就有100多人。对有声读物的评价各个机构都有相应的标准,如懒人听书在有声节目的响度上就有明确规定:"有声小说读物的目标长时响度值应为-23.0LUFS(EBU标准中规定的响度单位,等同于LKFS);整个节目的最大真峰值音频电平应不超过-2dBTP。我们的建议是:使用WAVES公司的WLM PLUS插件来检测。"①对于播音水平,懒人听书根据播音个人的经验、水平、粉丝数、是否独家等指标,将其签约主播分为五个等级(见表6)。

表6 懒人听书主播等级

播音等级	演播经验	演播水平	粉丝量	独家与否
青铜播音	2本书或40万字或2年专业工作经验	6	2万	否
白银播音	5本书或100万字或5年专业工作经验	7	5万	否
黄金播音	10本书或200万字或10年专业工作经验	8	10万	是
铂金播音	20本书或400万字或20年专业工作经验	9	20万	是
钻石播音	30本书或600万字或30年专业工作经验	10	50万	是
备注	1、专业工作经验是指广播电台、音频制作机构等单位有播讲工作经验; 2、演播经验、粉丝量指标认可微博、微信公众号、懒人听书、喜马拉雅、蜻蜓FM和企鹅FM; 3、演播水平由懒人听书根据播音已播书籍和最新样音综合评定; 4、是否独家播音以和懒人听书最终签约为准; 5、播音定级需要同时满足该等级所有四项指标要求。			

对于演播水平的评价,懒人听书平台并未发布具体标准。根据我们对其负责人的访谈了解到,其标准由审核组自行把握,并未形成文字。通常演播水平的判定相对较为主观,因此其播音等级的评定标准主要由演播经验、粉丝量与独家与否三条相对客观的标准来确立。

从现实来看,从事有声读物生产和传播的机构目前有其自身的一些评价指标。

① 懒人听书有声节目响度标准[EB/OL].(2015-05-12)[2017-04-23].http://blog.lrts.me/? p=1006.2015-05-12.

从管理上考虑,这些公司机构对于有声读物播读评价体系的建立也有自身的内在需求。因此,有声读物评价体系由这些公司机构来实施是可行的。

但是,从事有声读物生产和传播的机构对各自平台有声读物作品的评价有其弊端,主要表现在过于强调有声读物的市场属性,而忽略了有声读物的政治属性、社会属性和艺术属性。这会导致在有声读物的内容选择上,一味迎合受众需要,不能起到价值观的引导作用。当前,有声读物播读评价主要建立在作品点击量和粉丝量的基础上,很多平台的作品只要题材和内容吸引人,就能吸引点击量和粉丝量。然而建立在点击量和粉丝量基础上的评价标准并不能完全真实反映播读者的播读水平。

随着近两年行业发展速度的加快,参与网络平台作品演播的人数增长较快,很多专业播音员主持人也加入网络有声读物的播读中来,网络平台有声读物的播读水平有大幅提高。同时,听众对播读质量提出了更高的要求,各网络平台也希望能建立和完善各自的有声读物播读评价体系。

综上所述,有声读物播读评价体系应该由政府主管部门统筹,推动建立行业协会,由行业协会制定基本标准,有声读物生产传播机构在基本标准基础上根据各自情况进行细化,并在各自传播平台实施。

(二)有声读物播读评价体系的评价对象

传统有声读物的生产和传播主要通过广播电台、电视台和出版社。广播电台、电视台的有声读物的具体类型可以根据其形式的不同分为诗词朗诵、小说播讲、电视散文朗诵等,其生产是根据广播电视节目的要求操作的,传播渠道也主要是传统的广播电视媒介,播讲者通常都是专业的播音员主持人,对播讲者的普通话水平和播讲能力都有较高的要求。广播电台和电视台有相应的节目评价体系对其进行评价。出版社出版的有声读物通常是由出版社请专业的播音员主持人进行配音录制的,质量也有一定的保障。

近年来发展迅猛的互联网有声读物生产和传播的状况较为复杂,目前互联网有声读物类应用的内容生产模式大体分为两种:UGC 与 PGC。

UGC(User Generated Content)指“用户生产内容”模式。这种模式把内容生产交给用户,用户上传自己的作品后由平台负责审核,审核通过后放在平台上进行传播。这种模式使得用户的参与性大大增强,生产的作品数量庞大,但因为绝大多数用户都不是专业人士,作品的质量难以保证。

PGC(Professionally Generated Content)指“专业生产内容”模式,近年来兴起的PUGC(Professional User Generated Content)模式可以看成是这种模式的拓展。这种模式通常由专业生产团队与互联网平台合作进行内容生产和传播。具体的合作方式呈现多样化的特点。有的团队完全受雇于平台;有的团队由平台提供有声读物的文字版权,制作出来成品后在平台“独家”传播共享收益;有的团队自己购买版权录制作品,通过平台传播并与平台收益分成。这种模式生产的作品品质较高,近几年随着产业规模的扩大和市场竞争的加剧,涌现出越来越多的精品。

因此,有声读物播读评价体系的具体实施者为有声读物生产传播机构,以各生产传播机构生产传播的有声读物为评价对象。

在传统电台、电视台,评价体系通常是淘汰性的,如作品品质不能达到基本要求则不能播出。而在互联网传播当中,大量的用户生产内容是互联网内容的重要组成部分。在符合国家法律法规的前提之下,对有声读物的评价应该是非淘汰性的、引导性的,其目的是繁荣有声读物市场、提高有声读物作品质量。

(三)有声读物播读评价体系的实施步骤

关于有声读物播读评价体系的实施步骤,我们建议:

(1)在国家互联网信息办公室、文化部和国家新闻出版广电总局指导下依照有关规定建立有声读物播读专业委员会。专业委员组成应包括管理部门负责人、播出机构负责人、其他媒体代表、专家学者、专业机构代表、广告商代表等。

(2)专业委员会制定相对宏观的有声读物播读评价体系,每年举办一次有声读物评奖活动。

(3)有声读物生产传播机构落实有声读物播读评价体系的实施。

①制定实施细则。在专业委员会发布的有声读物评价体系的基础上,各有声读物生产传播机构结合实际,制定本单位的有声读物播读评价实施细则,并将工作细则、实施程序、评价小组构成等相关情况,报同级行政管理部门备案。

②开展自评工作。有声读物生产传播机构根据各自实施细则对本平台生产传播的有声读物进行评价。

③做好申报评优。有声读物生产传播机构按照有声读物专业委员会的评优要求,在自评基础上,确定参加年度评选的作品,向专业委员会申报。

(4)行政管理部门和有声读物生产传播机构要注重运用综合评价结果,激发生产者的创作热情,引导和鼓励更多的有声读物作品提高创新创优的能力和水平。

①评价情况备案。每年7月底和次年1月底,有声读物生产传播机构须将综合评价的实施程序、评价小组构成、评价结果、具体应用等情况,向同一级行政管理部门备案。省级行政管理部门将评价情况向国家行政管理部门备案。

②通报表彰。行政管理部门对评选出的优秀有声读物作品予以通报表彰,抄报当地党委、政府。

③奖惩挂钩。行政管理部门将综合评价结果提供给党委宣传部门,作为其对

有声读物生产传播机构年度考核的重要依据,并与强化有声读物生产传播机构日常管理相结合,与平台的业务申请、业绩审核、职称评审、评先评优等相结合。

有声读物播读评价工作是一项专业性、操作性、系统性都很强的工作,要在实践中不断完善综合评价的内容、方式、程序。待条件成熟时,探索运用大样本数据测量分析等科技手段,建立更加全面、更加科学的综合评价指标体系,提高综合评价工作的科学性和应用价值。

综上,国内外有声读物行业的迅猛发展促进建立一套相对完整的、科学的、成熟的有声读物播读评价体系,其建立不但具备理论上的必要性和可行性,也具备相应的评价维度和构成要素。更重要的是,我们为其落地设计出较为理想的实施路径。尽管当前有声读物行业和市场还有巨大的不确定性,我们的研究也还有种种不足,许多地方可期进一步细化和深入。但身处迷雾中,我们绝不抱怨外部环境和内部情况的复杂性,我们只希望打开车灯,为有声读物踏上康庄大道探索前路。

主要参考文献

[1]赵俊卿.有声读物的发展现状及其问题[J].今传媒,2016(6).
[2]周美芝.我国有声书产业生态模式及对策探析[J].传媒,2017(4).
[3]陈芝,姚喜双.新闻播音的文化传承研究[J].现代传播,2017(6).
[4]谭天.新媒体经济是一种关系经济[J].现代传播,2017(6).
[5]吴郁,曾志华.播音主持专业人才培养研究[M].北京:中国传媒大学出版社,2009.
[6]淳蛟,赵媛,薛小婕.有声读物图书馆及其构建模式研究[J].图书情报工作,2010 (23).
[7]陆本瑞.外国出版概况[M].沈阳:辽海出版社,2003.
[8]史秋雨.中国有声读物研究综述[J].图书馆论坛,2012(7).
[9]田莹.新媒体时代有声读物的发展问题与对策研究[D].开封:河南大学,2013.

附:有关"建立新媒体有声读物播读评价体系"的调查问卷

亲爱的朋友,您好!

感谢您参加本次调查。

本调查的主要目的在于了解我国新媒体有声读物发展的实际情况,您的回答对于我们的研究非常重要。

此次问卷采取匿名方式,不会对您产生任何不良影响。本调查的结果将仅用于课题研究。

我们真诚地感谢您对本次调查所给予的合作与支持!

请根据题目要求打√或填写

1.您听播读的小说、散文、故事或者其他内容的文字(书)吗?

A.从不听　B.很少听　C.有空就听　D.每天都会听

2.您一般每次会听多长时间?

A.10 分钟以内　B.半小时左右　C.一到两小时　D.三小时以上

3.您听的主要内容是(可多选):

A.小说　B.散文　C.诗歌　D.儿童读物

E.知识性文字　F.其他________

4.您收听作品的主要平台是(可多选):

A.电脑网站下载　B.论坛下载　C.喜马拉雅、懒人听书等手机 App

D.微信公众号　E.书籍附带的光盘或推荐的下载网址　F.其他

请列出您常收听的网站名、手机应用或者微信公众号的名称:________

5.您收听有声语言作品的主要目的是(可多选):

A.消遣娱乐　B.兴趣爱好　C.学习提升

D.教育孩子　E.交友　F.其他

6.您认为上述目的是否得到了满足?

A.是　B.否

7.您会参加怎样的网络互动?(可多选)

A.点赞　B.评论　C.参与贴吧、QQ 群或者微信群交流

D.参与线下活动

8.您觉得当前各类平台提供的有声语言作品,总体制作水平是:

1.很低　B.较低　C.一般　D.高　E.很高

9.您觉得当前各类平台提供的有声语言作品,播读水平是:

1.很低　　B.较低　　C.一般　　D.高　　E.很高

10.您主要是根据什么来选择收听的作品的(可多选)

A.内容　　B.播读者　　C.平台推荐　　D.好友推荐

E.点击量　　F.网友评价　　E.其他

11.您愿意为优质作品付费吗?如果愿意,每月的花费可以是:

A.愿意　　B.不愿意　　C.5—10 元　　D.10—15 元

E.15—20 元

12.您听过的作品中,您最喜欢的作品名称是:__________

作品的播读者是:__________

您喜欢这部作品主要的原因是(可多选):

A.内容吸引人　　B.制作精良　　C.播讲生动

13.您听过的作品中,最不喜欢的作品名称是:__________

您不喜欢喜欢这部作品主要的原因是(可多选):

A.情节内容太差了　　B.播读者声音太难听

C.播读者语音太不规范了　　D.播读者表现力太差了

E.其他

14.您最喜欢的播读者是:__________

喜欢他的理由是(可多选):

A.声音好听　　B.普通话语音规范　　C.语言生动　　D.表达富有特色

E.播读的题材和内容很对我胃口　　F.其他

15.您认为当前新媒体有声读物播读发展中突出的问题是(可多选):

A.内容吸引人的作品太少　　B.播读者水平太差　　C.制作得太粗糙

D.收费内容价格太高　　E.其他

16.您录制过或有兴趣录制有声语言作品吗?

A.录制过,次数不多　　B.经常录制　　C.没兴趣

D.有兴趣,但没尝试过

最后,请完善您的个人资料:

性别:男　　女　　年龄:　　职业:

您的文化程度:A.小学　　B.初中　　C.高中

D.大学本科　　E.硕士或博士研究生

居住城市:A.北上广深一线城市　　B.其他直辖市或省会城市

C.三线城市　　D.县城　　E.县级以下村镇

个人月收入：A.无收入来源　　　B.2000 元以下
C.2000—5000 元　　　D.5000—10000 元
E.10000—30000 元　　F.30000 元以上

文化部科技创新项目
“基于新媒体背景下有声读物播读评价体系研究”课题组
2017 年 7 月

Shenglingqijing

Quanmeiti
Yousheng Duwu Yanjiu
Zonglun

论道

全媒体有声读物互联网应用高峰论坛

全媒体有声读物互联网应用高峰论坛现场实录

会议时间:2017 年 12 月 2 日

(上午场:9:00—12:00)

(下午场:13:30—18:30)

会议地点:北京广播大厦酒店

上午场

主持人:朋友们,大家上午好!

阅读是人类文明和文化进步的重要手段。俗话说:读万卷书,行万里路。中国人读书已经有几千年的历史了。随着经济的发展和社会的进步,有声读物迎来了新的时代,表现为成长环境不断改善、内容题材不断丰富、传播渠道不断优化、版权监督不断规范、产业模式不断创新。

新时代规范新理念,新时代上演新实践,新时代催生新论坛。首届全媒体有声读物互联网应用高峰论坛就是要直面发展的机遇,积聚行业新智慧,打造学界业界交流新平台,整合各方优质资源、渠道,推动有声读物内容服务创新及专业人才的培养。

在此,我谨代表本届论坛的主办单位中国传媒大学、北京人民广播电台和懒人听书对各位领导、嘉宾表示热烈欢迎和衷心感谢,感谢各位的光临!

今天我们的论坛可谓是高朋满座。接下来我就向各位做一个介绍。

(宣读嘉宾名单)

欢迎各位的到来!

接下来我们有请中国传媒大学副校长廖祥忠教授为本次大会致欢迎词。

廖祥忠:尊敬的各位领导、各位嘉宾,我觉得今天在这个论坛能念稿是一件很“恐怖”的事情,但是出于尊重,我还是满怀激情地把这个稿子念一遍。

首先我谨代表中国传媒大学对首届全媒体有声读物互联网应用高峰论坛的召

开表示衷心祝贺，对莅临本次论坛的各位领导、专家学者和媒体界的朋友们表示热烈的欢迎，对在座各位给予论坛的大力支持表示诚挚的谢意。

阅读的本质是什么？阅读于个人、民族的意义何在？相信一千个人就有一千种答案。但无论哪种答案都绕不开获取信息、认知世界、陶冶情操、审美体验。

当前我们正处于一个前所未有的复杂的媒体环境中，数字媒介技术的全方位应用不仅促成了媒介融合的事实，更改变了人们对于传媒边界的认知，对阅读的影响同样如此。移动互联网的飞速发展为有声读物的强势崛起加持，将读者从严肃阅读带入扁平化的碎片阅读，而用耳朵阅读的听书方式更使我们解放了双眼，也为更多人跨越知识鸿沟搭起了桥梁。中国传媒大学作为国内信息传播研究领域的学术重镇，致力于传媒内容和形式创新研究，多年来我们充分发挥传媒领域学科特色和综合优势，形成了多学科协调发展、相互交叉渗透的学科体系。

日前在教育部印发的"双一流"建设高校及建设学科名单中，我校入选了一流学科建设高校，我校的新闻传播学和戏剧影视学两个学科入选建设名单。我们看到了有声读物行业巨大的市场前景和发展潜力，同时也看到了这一领域在行业监管等方面可能存在着不足和未知。我校播音主持艺术学院曾志华教授团队长期从事中国有声读物内容研究与人才培养，承担文化部"基于新媒体背景下有声读物播读评价体系研究"课题。经过四年多细致周密的工作获取了大量一手资料，成果显著。

变革之中更需无惧挑战、敢为人先。我们共同发起了举办本届论坛的倡议，可喜的是这一倡议得到了政府领导、行业同仁、学界专家们的大力支持和热情回应，让这次盛会从理想走向了现实。本次论坛以有声读物互联网应用为主题，旨在打造学界、业界交流平台，促进互联网应用研究，整合各方优质资源渠道，推动有声读物播读评价体系建设、内容服务创新及专业人才培养。我们希望聚合行业精英，让观点与观点不是简单地叠加，而是智慧的平方，共同为有声读物的良性发展努力。

最后我对各位表示衷心的感谢，祝大家身体健康。

谢谢大家！

主持人：刚才廖校长从至高角度来给有声读物进行了引领。

接下来有请文化部文化艺术人才中心党委书记张希光致辞。

张希光：尊敬的各位领导、各位同事、各位朋友，大家早上好！

非常高兴能够和大家相聚在这里，共同参加全媒体有声读物互联网应用高峰论坛。

首先我代表文化部文化艺术人才中心对论坛的召开表示热烈的祝贺。

随着移动互联网的普及，各新媒体多平台研发，人们获取资讯的方式更加快捷、方便。传统的阅读方式已经无法满足跨节奏、赶时间、随时随地获取知识信息的需求。全媒体有声读物的出现为人们获取知识开辟了一条新的途径,这种新形态的知识获取方式顺应了现代社会发展的趋势,与现代人的生活节奏高度契合,因此具有十分广阔的发展前景。

今天中国传媒大学与北京人民广播电台、阅文集团·懒人听书联合主办的全媒体有声读物互联网应用高峰论坛,对于打造学界、业界交流平台,促进全媒体有声读物互联网应用研究,推动有声读物播读评价体系建设,培养高素质的人才,为行业发展提供有力的人才支撑具有十分重要的意义,在有声读物内容研究与人才培养方面作出了很大的贡献。自2014年承接文化部"基于新媒体背景下有声读物播读评价体系研究"以来,对有声读物的研究得到进一步深化。相信课题研究的成果将会对提高从业人员的素质、加快行业人才队伍建设起到重要的作用。

2017年7月在文化部文化艺术人才中心举办的有声读物播读艺术素养提升班的实施过程中,曾教授率领团队为我们提供了有力的专业支持。借此机会也希望大家多多关注和支持文化部以及文化部人才中心在有声读物人才培养等方面所做的相关工作。我们将一如既往地做好相关服务保障和政策领导工作。最后祝论坛圆满成功,谢谢大家!

主持人:谢谢张书记。接下来有请文化部文化科技司司长孙若风讲话。

孙若风:我朗诵、朗读的水平比前面的廖校长、张书记差得更远了。但我还是和前面两位一样,满怀对朗读的深情和敬畏之心,把这稿子念一遍。

尊敬的各位领导、各位理事、各位先生女士,来宾们、朋友们,大家上午好!

首先我谨代表文化部文化科技司对首届全媒体有声读物互联网应用高峰论坛的召开表示热烈祝贺,对论坛主办方——中国传媒大学、北京人民广播电台、阅文集团·懒人听书的热情邀约表示衷心感谢。

全民阅读是一项精神工程,更是一项国家战略。从"十二五"的倡导全民阅读到"十三五"的推动全民阅读,我国的全民阅读有了更加明确的方向。

当前我们迎来一个科技的时代,以大数据、人工智能等为代表的新一轮科技革命正在进行,各种新技术正广泛涉足文化领域,重塑文化生产和消费方式。有声阅读和出版也正处于觉醒前的春雷期。在推进全民阅读的过程中,不仅要关注国民阅读力,还应该将目光从量的累积转移到质的提升上,获取更多有价值、有阅读力的信息。那么在有声读物风头正劲的当下,作品与版权方、演播与制作方、聚合与平台方以及受众与用户方,也就是说,出席今天论坛的每一位都将是未来有声读物提升全民阅读力的相关方。

相信本届论坛一定能够汇聚行业智慧、凝聚行业共识,为有声读物的发展谋划出更好的蓝图,使有声数字阅读真正成为全民阅读。

最后预祝本届全媒体有声读物互联网应用高峰论坛取得圆满成功,谢谢大家!

主持人：谢谢孙司长的讲话。接下来我们有请中国广播电影电视社会组织联合会副会长李京盛致辞。

李京盛：尊敬的各位专家、领导、来宾，大家上午好！

今天很高兴能与媒体以及各领域的专业人士在此隆重聚会，一同探讨全媒体有声读物互联网应用。我谨代表中国广播电影电视社会组织联合会委员会对大会的召开表示热烈祝贺，向出席大会的各位朋友致以诚挚问候。

十九大报告提出：文化是一个国家、一个民族的灵魂，阅读对于一个国家的文化振兴意义重大，它承担着文化记录、传承和创新的重要职责。帮文字插上声音的翅膀，文化和知识的传播更是力量倍增。有声读物与广播有着天然的联系，当时光回溯到半个世纪前，没有互联网、没有手机、没有电视时，一家人围坐在收音机边津津有味听着小说演播，那种精神上的愉悦与满足，对于娱乐手段唾手可得的当代人来说是难以想象的。几十年过去了，有声读物类节目依然是广播电台的常青树，各种文学读物也是广播影视机构创作的源泉和基础，每年都有大量的、优秀的音视频精品力作问世，极大地丰富了人们的精神文化生活。中国广播电影电视以及各级学会也通过组织开展评奖、评优，积极推动节目持续创新发展。

近年来我国以数字出版为代表的新兴产业持续快速发展，营业收入年均增长速度超过30%。第14次全国国民阅读调查显示：我国成年综合阅读力为79.9%，数字方面接触率是58.8%。其中基于数字阅读基础的有声读物市场规模不断扩大，出版业互联网平台、社会组织机构甚至个人也加入有声读物的生产、销售、传播环境当中。有声读物市场空前活跃和繁盛，出版物从印刷到网络，从文字到声音，从单一终端阅读到各类可交换应用，产品与服务不断创新发展，不仅成为产业发展的强劲动力，也给人们带来新的阅读体验。

在传播生态发生剧烈变化的全媒体环境下，广播电视等传统媒体更应与时俱进，积极调整思路，交流合作、深化融合、开拓创新，实现传播力呈几何扩大。在市场起步阶段必然面临的一些问题，比如有声读物产品良莠不齐，抄袭、模仿等现象比较多，片面追求市场效率导致价值观偏差，等等。还有缺乏行业规范、缺乏优质内容、缺乏专业人才等一系列制约行业发展的瓶颈问题。对此政府部门要加强监督管理，市场主体要遵守法律法规，尊重创作规律。这个市场既要有竞争更要有合作，不仅有跨行业的竞争，也得有跨行业的合作。

在此基础上，有声读物市场才可能实现模式创新，找到破局的关键点。今天召开这个论坛的目的就在于搭建多方研讨合作共赢的平台，推进有声读物相关行业创新和应用。中国广播电影电视社会组织联合会也一直致力于积极推进产业协作与交流，同时倡导社会效益和经济效益的蓬勃发展。

文化强则国家强，今天在座的各位都是有声读物市场的开拓者和先行者，大家共同努力必将推动有声读物市场迎来大提升和大繁荣。最后预祝大会取得圆满成功,谢谢大家!

主持人:谢谢李副会长。接下来我们有请中国城市文化产业发展联盟执行主席张斌讲话。

张　斌:尊敬的女士们、先生们,上午好!很荣幸来参加全媒体有声读物互联网应用高峰论坛。我代表中国城市文化产业发展联盟主席团,对本次盛会的召开表示热烈的祝贺!

今天与会的几乎包括了中国互联网音频平台的全部企业,更有中国传媒大学的学术专家、传统媒体的广播网络电台以及政府部门的代表,是一次真正意义上的集官产学研为一体的盛会。

中国城市文化产业发展联盟的宗旨是传播城市文化产业发展理念,搭建中国城市文化发展综合服务平台,培养高效统一的全国城市文化资源市场,提升中国城市文化产业竞争力,推动中国城市文化产业发展,整合国家文化产业的大资源、大数据、大内容、大智库。希望这次盛会可以在行业中产生深远的影响,指导与整合全媒体有声读物互联网应用资源,产生对行业与产业的影响力。

在此我代表中国城市文化产业发展联盟对本次盛会的召开表示诚挚的祝贺。期待各方多多合作,共创未来,谢谢大家!

主持人:谢谢张主席对我们本次论坛的支持,最后我们有请北京人民广播电台总编辑王秋讲话。

王　秋:尊敬的孙司长、张书记、李副会长,各位来宾、各位朋友,大家上午好!

非常感谢刚才几位领导热情洋溢的致辞。我谨代表主办方之一北京人民广播电台对各位领导和全体参会嘉宾的到来表示最诚挚的欢迎。现在户外是风寒料峭,会场内是高潮迭起。我们共同探讨、促进有声读物事业产业的繁荣发展。北京人民广播电台能够作为主办方之一,来承办这次跨界交流盛会,我们倍感荣幸。

广播作为有声读物发展初期的重要载体,长篇小说连播和广播剧是最受欢迎的内容。据不完全统计,全国地级以上的广播频率有1,150个,每天播出的与有声读物相关的节目形式多样、内容丰富。广播既是有声读物产品的传播平台,也是生产单位,汇聚和培养了一大批优秀编辑。

北京人民广播电台目前有10套广播,有一个官网北京广播网,我们自己也制作了移动客户端“听听FM”,还有一个70多个微信公众号构成的矩阵。每天的播音是343个小时,现在库存量总计20多万小时。还有一个丰富的资料库,我们现在正在入库和整理当中。北京人民广播电台的故事台、文艺台、交通台和新闻台,每天播出的故事、小说连播类的节目近20档,几乎每个频道都有类似的节目播出。现在以文艺台和故事台为主打,每天有20多档小说连播,每年自己制作、生产多部广播剧。“五个一工程”奖、广播影视大奖以及北京市的文学艺术奖我们都有所斩获。

在全媒体时代,广播要更加积极提升自身的能力、主动适应移动互联网时代下有声产品市场的需求。北京人民广播电台成立了悦读时光文化传媒有限公司,致力于音频版权的开发、精品有声内容的创新制作,进行全媒体的版权应用,可运营的内容总时长是150万分钟。互联网技术的应用普及,使用户的媒体接触行为、阅读习惯等需求发生了很大的变化。有声阅读市场蓬勃发展,形态早已脱离了依托传统广播的有声小说、评书等音频节目形式,呈现出传播平台多样化、接收终端个人化、制作网络化、演播个性化的态势。

每一个变化都让我们深切地感受到,有声阅读市场发展中涉及内容开发与创新、人才选用和培养、平台的竞争与合作、版权保护、商业模式等方面有层出不穷的问题亟待解决,有源源不断的新课题需要研究和探讨。在这儿,我们还是忍不住要透露一个内部消息,中国广播电影电视社会组织联合会已经成立中国有声读物二级协会,这个协会由王求副会长协办。我们希望这个协会在正式成立之后能够得到所有嘉宾和朋友的支持和关注。我们以此次峰会和协会成立为契机,努力搭建一个高质量的交流平台,各方把握趋势、找准方向、形成合力,共同推动有声读物产业的健康、快速发展。衷心希望今天各位演讲嘉宾的新观点、新思路能够碰撞出火花,参会嘉宾都能够有所收获。

最后让我们预祝本次全媒体有声读物互联网应用高峰论坛获得圆满成功。谢谢大家!

主持人:谢谢以上主办方领导和专家对我们这次论坛的致辞。

顺便介绍一下,我是中央电视台《新闻联播》的主播郭志坚,1992年有幸在中国传媒大学播音系上学,然后我也在北京人民广播电台的栏目中实习。今天见到很多老领导和老师感到特别高兴!

可以说,小说演播是有声读物的一个重要的内容和载体,文学作品通过演播者的演绎被赋予了新的生命,比如《穆斯林的葬礼》《平凡的世界》,再比如《夜幕下的哈尔滨》等。有一位演播家,我从小听着他的故事长大,他就是王刚老师,有请王刚老师。

王　刚:尊敬的各位领导、各位专家,上午好!

这是我准备的资料,这只是一部分,也就是三分之一,全是在30年乃至40年前我在电台干活儿的时候的一些技术(资料),还有报纸上发表的文章,甚至还有我的论文。这些资料的提供者不是我自己。我必须提到两个人,一个是中央人民广播电台的文学编辑,我们都叫她小叶,当然现在看也不老。还有一位老编辑他肯定没来,因为他早已年过八旬了,他们给我整理了很多很多文字资料。我不知道该讲些什么,因为内容太多了。

我刚才看到咱们主办单位中国传媒大学(的领导和教授),我在中央电视台、中央戏剧学院工作过,最后在中国传媒大学,至今还领着中国传媒大学的退休金,谢谢传媒大学!

再就是北京人民广播电台带给我的一些很欢欣也很痛苦的回忆。30 年前有一部长篇小说,这是我此生最后悔录过的一篇长篇——梁羽生的《七剑下天山》。我不是很喜欢武侠小说,但是不知道怎么回事,我居然在北京人民广播电台录了这样的长篇,而且是盛夏酷暑。上午我在这儿录,下午还要到建国门桥底下去拍一部电视剧,天热得要命!而且演播室里面我是个什么状态呢?不怕大家笑话,只穿了一条裤衩。演播室有空调,但是不能开,因为开了就有噪音。

隔着窗户就是两个世界,一个赤道,一个南极。从沈阳到北京,最后到成都,就这么一部书。后来我再也不录武侠了。刚才我跟懒人听书的负责人聊天,感触特别多。现在又到一个新的阶段了,不单是像当年我们在广播里播小说了,受众面更广了,传播的平台也都变了。但是唯一一点没变,现在我早上要听一个三分钟的新闻,非常好。其实我们办广播也是如此,它可以让你边干别的活儿,耳朵边在听。我现在能够回忆的,让我感动的恰恰不是这些影视作品,印象最深刻的是 1982 年。

1982 年我有 148 天在播音间里度过,我除了工资额外的收入是 1,960 元。当时好大的一笔钱。以至于我们当时军区首长感慨地说,你怎么比我挣得还多?因为我当年还是一个营职干部,他有点不能理解。后来我就跟他解释,我说每一次我都会跟组织上争取,而且也按照当时总政的有关规定,将其中的 25%上交给单位,那时候还没有个人所得税,只是通过组织的形式。我还给他解释,说我服务的单位都是党领导的电台,我播的书物也都是经过电台领导编辑的。1979 年录《牛虻》的时候,一段是两块五,我一下午就是五块。后来涨到一段三块、六块,而我自己到烤鸭店吃一整只鸭子就花四分之一的钱,我最后还能剩一块四毛一。我那时候住在西四附近,那儿有个新华书店,一块多钱就能买好几本可心的书,那真是非常美好的回忆。所以我念广播的好,我念广播的情!真是!

我刚才翻的时候笑了,这里面居然有我 1985 年写的一首所谓的诗。我也不知道为什么写这个。诗的题目叫《话筒》,我给大家读一下。

Oh, Microphone, my darling,
Microphone,是一个英文单词,
译成汉语是“话筒”。
何以不直呼其名?
啊,那太不悦耳了!
不信你听,h-u-à,话,t-ǒng,筒,

音节简单,还是仄声。
究其实体,也勾不起你半点雅兴,
尽管形状不一,可以手触之,总离不开四个字:冰凉、梆硬。
但我一来到它面前,它立刻一反常态,
变得如此温柔,变得这般多情,简直是婀娜多姿,尽管它纹丝没动。
啊,话筒,我的恋人,
Oh,Microphone,my darling,
你的情感如此专一,你的品行这般端正,
而我却是喜怒无常,意向不定,
时而絮絮低语,时而大发雷霆;
时而欣喜若狂,时而满怀哀恸。
但只要我出自真情,
你从不计较,总是默默地、默默地把一切宽容。
啊,我好像听到你说话了,好,中;
我似乎看见你点头了,对,行。
说来惭愧,
我有时也说上几句假话,尽管言不由衷;
有时也念几个错字,自认是约定俗成。
你似乎毫不介意,不吭一声,
可过后,我良心发现,便看到你那嗔怪的神情,
我自知理亏了,就听到你那不满的呼声:
胡说,没水平;是桔(jié)梗,不是桔(jú)梗,
啊!我不该蒙骗你哦,我的恋人,
我不该欺侮你哦,my darling,
尽管你身单影吊,孑立茕茕,
但你娘家人多呦,大姑、二姨、三叔、四舅,
下到三岁顽童,上至八十老翁,
啊,话筒,我的恋人,
Oh,Microphone,my darling,
我向你起誓,今后摒弃一切假意,容不得半点虚情,
开口就字正腔圆,免得触犯你那敏感的神经。
相信我吧:言为心声。
啊,小小斗室中,只有我和你呦,我的恋人,
真想亲吻你,my darling,

且慢，窗外有人在挥手，太近了，防止噗话筒！
这可恶的第三者呦，他又来干涉、挡横，
没关系，我们来日方长，我们将相伴终生，
让我在心中亲吻你吧，话筒，我的恋人，
Microphone，my darling。

谢谢大家！

主持人：谢谢王刚老师。刚才王刚老师饱含深情地和我们回顾了他在艺术创作道路上的酸甜苦辣。我记得在中国传媒大学上学的时候他给我们上课，我就向他提了一个问题，我说你在《夜幕下的哈尔滨》当中为了塑造人物，惟妙惟肖地打了一个饱嗝是怎么打出来的？我后来学了很长时间也没有打出来。他现场就给我打了一个饱嗝，而且是在饥肠辘辘的情况下。可见王刚老师为了有声语言的创作确实下了很大的功夫。

接下来我们再回到这个论坛。

今天这个论坛创造了许多个第一：

第一个如此高规格、高水准的，以有声读物互联网应用为主题的论坛；

第一个聚合政府、产、学、研各界资深、知名专家、领导，群贤毕至的论坛；

接下来，我们还要创造第三个第一，那就是，我们将在接下来的一年中，开启第一个权威的、规范的，以有声读物为主题的系列评选。

经过与有关领导、专家的反复研究和论证，我们设立了如下奖项，请看大屏幕。

接下来进入有声读物评选活动的启动环节。有请各界领导嘉宾上台作为有声读物评选活动的见证人，见证中国媒体融合发展进程当中的一个重大时刻。

我们掌声有请文化部文化科技司司长孙若风，文化部文化艺术人才中心党委书记张希光，中国广播电影电视社会组织联合会副会长李京盛，中国传媒大学副校长廖翔忠，北京广播电视台总编辑、北京人民广播电台台长赵卫东，国家一级演员、演播艺术家王刚，中央人民广播电台资深编辑叶咏梅，有请几位上台。

作为本届论坛的主办方之一，中国传媒大学是我国传媒人才培养的最高学府。曾志华教授的团队长期从事中国有声读物的内容研究与人才培养，承担文化部“基于新媒体背景下有声读物播读评价体系研究”的课题，聚焦播读体系与应用研究，可以说是成果丰硕。接下来我们有请中国传媒大学博士、教授、博士生导师曾志华代表课题组作有声读物评价体系的研究报告。

曾志华：尊敬的各位领导、专家、同仁，大家上午好！

四年的多方论证，今天终于有机会站到这里向各位做一个汇报。汇报我们感性调研后的心得，也汇报我们理性分析后的结果，这实在是一种荣幸，也是一种喜悦。因为今天来了这么多的朋友，每一位都与我们今天论坛的关键词“有声读物”

有着千丝万缕的联系。感谢大家！也渴望听到每一位的反馈，敬请大家批评指正。

首先我想说我不是一个人在战斗。

这是我们的团队——两位老师潘洁、汪海燕，她们是我的同事也是我亲密的战友。与我风雨同舟的是研究生的团队，博士生还有硕士生。他们年轻，有朝气，更有学术探究的锐气，特别好，给我们的课题研究注入了新鲜的活力。我特别要提到的是叶咏梅老师，刚才王刚老师也提到了。我认识叶子老师十几年了，我一直为她认真严谨的工匠精神所折服、所钦佩。五天前她告诉我她血糖高，为了今天能够顺利地出席论坛，她特意住了八天的医院。三天前的晚上，快零点了，她给我发来了发言的题目。我想正是因为有叶子老师这样的老师为我们保驾护航，我们的课题才得以顺利地开展。叶子老师，感谢！（鞠躬）

接下来我从三个方面向各位汇报我们的成果。

我记得四年前我们申报这个项目的时候，中国的有声读物市场远没有今天这么红火。但是这两年陆陆续续听到有些朋友对我说，你们还挺有前瞻性的眼光。我非常认真地对他们说，还真不是，找到专业和一线的结合点，就是我们的初衷，非常质朴，非常原始。不过随着研究的深入，我们越来越感觉到这个空间是如此庞大。我们看到有声读物的市场规模也是如此庞大，真是蒸蒸日上，形势一片大好！

但是在调研当中，我们也感觉到与这种硬实力快速发展非常不匹配的，是软实力的建设。比如说多元化的商业经营模式，比如说播音。和我们同样觉得痛心的有很多业内人士，他们也大声呼吁，能不能快点建立一个评价体系？这个问题能不能迅速得到解决？

什么问题呢？我简单地梳理一下，比如说创作称谓混乱、随意，叫什么的都有。朗读员、主播、配音、播音，就是没有一个统一的称谓。再比如说门槛设置得随性、过低，目前对于有声读物的内容创作大概来自几个方面，演播艺术家、专业的主播、人工智能的语音合成。演播艺术家有比较好的专业保证，但是在专业主播和播读爱好者方面，我们却缺乏足够的底线，换句话说，这个底线设计得太低了。

播读水平良莠不齐。有声读物的播读平台有传统媒体也有互联网。好的声音的确有，应用现在的一句流行语叫“听了耳朵都会怀孕”。我们来听两段，听听王凯、王明军的吧。

但是我们发现，平日里看到的、听到的还有那么多是这样的声音——让你“夹”耳朵的声音。这是个非常严重的问题。

我想说前面几个原因其实都可以归结为第四个，第四个是什么呢？评价的标准粗糙、空缺。在调研当中我们去了很多平台，这些平台对于自己的有声读物作品都有一些相应的标准。比如说目录、文本，还有音乐，我随便摘了一段大家可以看看，如此之细致。开头、中间、结尾都有量化的标准，非常好！但是他们也非常诚实地告诉我:我们除了纠错,还有就是政策法规方面的一些修订。对于有声语言艺术表达这一块我们真的没有过多的要求。

我记得去年我在接受一次采访的时候对方问我:怎么看待现在网上那么多的人在播读小说,那么多的人随意地把自己录音的小说放在一个平台上,放在网站上?我当时脱口而出的是:挺好的呀,互联网赋权让每一个喜欢有声语言创作的人都有空间去播放自己的作品。好啊!让子弹飞一会儿吧。

可是今天我想说,子弹已经飞了好一会儿了,是时候研究一下它的弹道轨迹是否合理,距离靶子目标是越来越远还是越来越近了。

其实用户已经给出了答案。这是我们做的调查问卷,我们看"主要依据什么来选择收听作品"一项,排在第一的是内容,排在第二的就是播读者。刚才叶老师还说现在是一个"内容为王,技术为先"的时代,概括得真好。内容依旧为王,但是内容之后是什么?播读啊!

2016年是知识付费的元年。知识付费撬开了音频行业的天花板,但是距离几百亿、千亿还差得很远很远。怎么办?也许有人看到付费用户不断在扩大,付费的意识也不断在增强。但是且慢,这一切是否是付费的意愿呢?各位可以思考一下。还有,既然付费了,用户也好、听众也好就会更加挑剔。挑剔谁?挑剔播读者,挑剔声音,挑剔播读。所以我们认为必须尽快建立健全一整套的有声读物的播读评价体系。

接下来我们就说第二个问题,有声读物是一种特殊的东西,它具有多重属性,比如说知识性、文化性、艺术性、物质性、传播性。它的多重属性就使得评价它的维度和指标也必须是多维的。

因此我们认为,有声读物的播读评价指标可以有一级指标,价值维度、规范维度、审美维度、影响维度;还有相应的二级指标。

我们首先看一级指标,价值维度。书是有声读物的创作依据,书是人类知识的结晶,也是时代折射的体现。习主席说过这样一句话,离开了一定的思想和价值观念,再丰富多样的表现形式也是苍白无力的。也就是说思想和价值观念是灵魂。我想我们的有声读物也不例外,应该把价值维度放在第一。我又想说小说连播。小说连播作为电子媒介的前身,在很多方面可以给我们的有声读物有益的借鉴。纵观小说连播的发展史,我们发现那些人们记忆深刻的、熠熠闪光的作品有一个共性,那就是主题精邃、内容精深、文字精湛、演播精良、制作精致,在思想性和艺术性上都有精到的表现。

全媒体时代的有声读物在内容上有了很大的变化。一些"草根"作家的原创作品使得我们的主题内容发生了变化。比如说玄幻、穿越、官场、言情、恐怖,等等,这些内容也占据着有声读物越来越大的版图。我想我们应该重视这个现实。第一，我们应该努力地多打造网络精品和力作。第二，我们要一步一步引导我们的用户，正确地认识有声读物的真正价值。在十九大报告中，习主席八次提到了互联网。他用到一个词我觉得特别好，要营造清朗的网络空间。清朗这个词就给我们定调了。

第二个维度是规范维度，作为公开发行出版传播的视听作品，有声读物天然就具有规范的要求。如果你要给别人听，作为大众传播，你就必须有规范的要求。当然规范可以差异化、区别对待。就像是普通话水平测试一样，省级以上的需要一甲97分以上，省级以下的可以一乙。

第三个维度是审美维度。耳朵是重要的听觉器官。听觉艺术，古已有之，比如说我们的说书艺术，可以说有声读物也是说书艺术在当代的一种折射和一种再现。作为有声读物，它具有双重的审美特征：第一重审美特征是作为文字的，它具有文字的修辞美、韵律美；第二重审美特征是作为有声语言的，它具有音色美、旋律美、节奏美和情感美。所以这两重审美特征决定了它作为听觉艺术，我们必须在审美维度上对它予以评价。张颂老师早年间就揭示了有声语言的三重空间：生存空间、规范空间、审美空间。我认为应该起于规范空间，落于审美空间，这样的话才可以给更多的用户提供更多的精良作品。

我再一次要提到叶老师。说到审美就必须说到风格，播读的风格。很多年以前，叶老师就对中国的十大演播艺术家做了一个风格的概述，大家可以看看，我觉得特别精到。那么现在新时代又催生了更多的大家喜闻乐见的、耳熟能详的演播艺术家，比如说在座的李立宏老师、李野墨老师、王凯等。在网上还有很多UGC产品。我们在调研当中不止一位专家提出了这样一个观点，比如说王刚老师就说过，他说不要片面地以为传统的演播艺术就一定优于UGC的那些主播，也不要片面地以为UGC主播就一定是接地气的。普通话不标准也不代表就一定会生动。我们同意这个观点，我们认为这样的观点胸襟开阔，开放包容，有利于整个有声读物的风格的变化，百花齐放，非常好！

第四个维度是影响维度。再好的作品，再有艺术水准的作品，没人听，没人播放，不能够引起别人的共鸣，也是枉然，“养在深闺无人识”。所以好的作品还应该有它的影响度、影响力。比如说点击率、收听率、播出的美誉度，等等。所以作品传播的广度与影响的深度往往是作品价值的体现，也是我们衡量一部作品质量的重要参照。

综上所述，我们提出的这些评价标准和指标，其实是整个评价体系当中的一部分，当然这一部分是最为关键的，最为核心的。作为评价体系，它具有评价主体、客体、标准、方法、制度和目的。我们主张评价的主体应该是多元化的，专家、学者、同行、管理者、用户等都可以作为评价的主体。

评价的客体应该分门别类，不同的平台、不同的类别应该有一些不同的标准。

评价的标准应该科学化，我们建议把这个标准设计得稍微高一点。

评价方法综合化，评价方法有多种，比如说自我评价、他人评价、同行评价、专家评价、管理者评价还有平台评价、点击率评价、收听率评价、系统分析评价，等等。总而言之，应该是定性评价和定量评价，因为有声语言的特殊性，我认为应该在定性评价的基础上加以定量评价，以综合化的方法去评价有声读物的播读，可能更为科学。

评价制度当然应该合理化，评价的最终目标是打造“中国好声音”。所以我们呼吁政府主管部门牵头，联手学界、业界的专家组成行业协会，在有声读物的结构、功能、层次、标准和目标上予以界定，最终形成评价体系。

刚才秋总向我们报告了一个好消息，我们也期待在学会的领导下，把评价体系的建设快速向前推进。

最后想说的是，好声音为什么那么重要？因为它和文化建设密不可分。我非常喜欢这样一句话：一个人的精神境界取决于这个民族的阅读水平。2016 年年底，国家颁布了首个国家级的全民阅读规划，那么在有声阅读当中，我想是对于全民阅读的一个良好支撑。为什么我们说有声读物是一种特殊的对话？我们说读书是读者和作者对话，那么听书就是听者和作者以及播读者的双重对话。这当中就带有文化的烙印、时代的烙印。所以我认为好的声音可以引领文化的建设。

各位嘉宾可能看到了，在我们论坛的现场放着不少易拉宝，上面有三个词叫“声引、声育、声享”。我们的终极目标是打造“中国好声音”，让好声音引领文化建设，让好声音带领更多的人加入阅读的行列，让好声音为国家的文化建设工程助力。

在十九大报告中，习主席的这段话大家都非常熟悉，站起来、富起来、强起来。我想借用一下，有声读物从 20 世纪的八九十年代，从无到有——有了，到现在的蓬勃发展，蒸蒸日上，一片红火——多了。但接下来要怎样？我们应该是强了！这同样是一个伟大的飞跃。

祝愿各位携起手来，我们一起加油！谢谢大家。

主持人：懒人听书用三年的时间就使用户规模突破了两亿，渗透率、启动频次、在线市场等核心考核数据也都非常喜人。接下来我们有请懒人听书的 CEO 宋斌作付费发展趋势报告。

宋　斌：尊敬的各位领导、嘉宾，现场的观众朋友，大家上午好！

我是懒人听书的创始人兼 CEO 宋斌，很高兴今天能够在这里作为互联网平台（代表）参与论坛的讨论。刚才王刚老师讲得非常好，“懒”字体现了有声读物非常大的特性，这个特性就是可以让我们很舒适地选择放松的阅读方式。我们的名字不是为了鼓励大家去懒惰，而是让我们能更有效率、更合理地利用时间去阅读，在都市快节奏的生活中创造一种慢生活，在闲暇时从听书中获取知识，在故事中品味人生的文化感，在舒适和惬意中达到学习和娱乐的目的。

人类为什么喜欢听书？我总结了三个原因：第一个原因是，有声书有着与生俱来的陪伴性质，用户可以边听边做很多其他事情；第二个原因是，移动互联网的发展使得我们可以在任何地方听书，在很多场景中突破了空间的限制；第三个原因是，人们可以享受别人为你朗读的感觉，这种感觉会让人非常舒服、轻松。

懒人听书成立这五年也是有声读物在我国发展迅猛的五年，用户渗透率发展最迅猛的五年，这主要是由于移动网络的建设和智能手机行业强大、迅速的发展。

有声读物的用户基础非常广泛。目前全国的有声读物平台，像我们懒人听书是比较垂直化的，还有一些综合性品类，例如喜马拉雅等平台的数据报告显示，我们全国大部分人都接触过有声读物的阅读形式，总的活跃用户达到了千万级别。懒人听书平台的播放量超过一个亿，每个活跃用户使用时长超过 95 分钟。这个数据还去掉了每天收听超过五个小时的用户，因为我们认为这样的用户很有可能是睡着了，属于无效收听范畴。如果算上这些无效收听，平均每个用户每天的收听时长可以达到三个小时，不过我认为这应该是不太准确的。

在这五年里，懒人听书从当年的垂直听书平台发展成为现在的综合平台。内容包含传统出版物、网络小说、原创文学、少儿教育、情感节目、付费栏目、娱乐节目等，囊括几十个大分类、上百个小分类，实现了从小朋友到老人的全覆盖，每个年龄段的读者都可以在我们的平台上收听自己喜欢的内容。在发展用户的同时，我们也积极探索新的商业模式。2016 年年底之前，懒人听书的商业模式主要以广告为主，而这种模式无法满足我们的运营成本需求。自从 2016 年年底我们开展付费业务以来，取得了非常好的成绩，这与互联网整体发展的趋势也有关系。

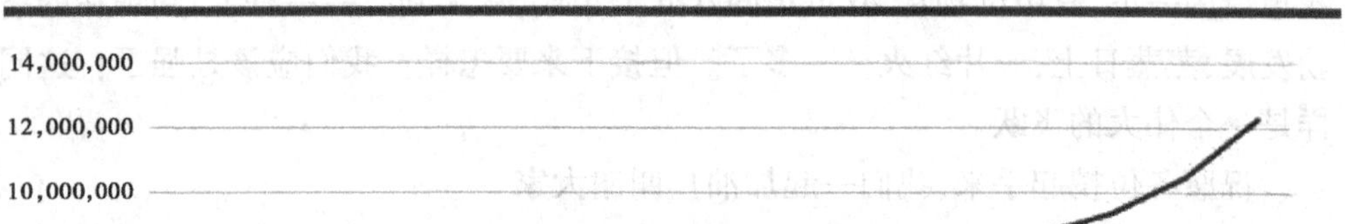

图 1　懒人听书用户付费统计

到目前为止，懒人听书是行业内第一家盈利的互联网平台。从2016年八九月开始，月付费金额增长趋势一路上扬。在这里我想和大家分享几个数字，懒人听书平台一个月基本上有五十万的付费用户付费，(每人)每个月的充值费用接近三十元。就目前来看，我们的付费率还不到3%，现代的文学与视频一般可以达到6%到7%，好一些的平台可以达到百分之十几，所以有声读物在付费率这方面的想象空间还是非常巨大的。懒人听书平台的付费内容尚处于尝试阶段，目前平台上只有不到10%的内容是付费的，更多的内容都是免费的，用户不花钱也能听到很多有趣的内容。

我们目前一本书最好的销售额超过四百万元，与传统的出版社差不太多。我们预计今年分给内容合作方的分成可以超过五千万元。

下面介绍一下我们平台。我们平台大概的内容分布也可以供内容合作方参考。

在懒人听书的平台上，我们的用户付费是怎样的内容分布？其实我们的内容分为两大块：一个是传统出版物，还有一个是网络小说、原创文学。目前平台希望能较大限度地开发原创内容，所以75%的付费是在原创这部分，25%是传统出版物，也就是一些文学名著、人文社科等内容。我们可以看到这边是总的付费类型的比例，排第一的是原创当中的玄幻、奇幻，这类内容是年轻用户比较喜欢的，第二是都市传说等，前四、前五都是原创文学。

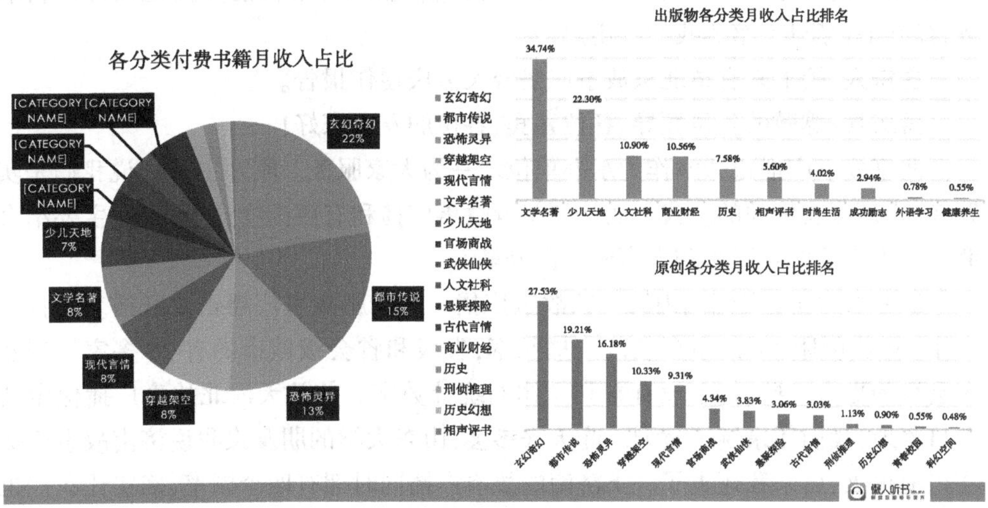

图2　懒人听书各分类付费书籍月收入占比

我们平台属性有关联性，未来传统出版物的占比会越来越高，我们会着力提高主播水平，在经典读物上面下功夫。

这是原创出版物的分类，以付费总额比率来比较。像出版物的话基本上第一还是文学名著，作者还得是“大咖”，书是真正有艺术价值的书；儿童板块也是用户很认可的一个栏目；然后就是人文社科和商业财经的书；其实评书的收益率很高，但是目前为了平台，收费的内容并不多，所以占比不是很高，可实际上这个点播量是很高的。

在我看来，目前有声读物的规模还不足以匹配这么多受众，现在还远远没有到达发展的天花板。以美国为例，2017 年 6 月，美国有声书出版协会发布了《销售笔记及消费者数据调查》。数据显示，2016 年美国有声书的销售突破 20 亿美元，较 2015 年增长 18%，这是有声书在出版业数字出版打击之下为数不多的，连续三年增长超过 20%的阅读板块。在我国，农业人口基数是远远超过美国的，而且我们的行业发展还处在初期阶段，虽然现在没有确切的全国范围统计的增长率，但是我觉得这个增长率是比美国要高很多的。国内有声市场规模超过一百亿，我们还可以想象更大的市场空间。

不仅是付费，声音还有品牌价值。现在的传统广播中插播的广告，对有声读物的发展也具有借鉴意义。当然，我们几年前尝试的效果不太好，但是我相信我们互联网有声读物平台的发展会得到越来越多的广告主的认可。

我们还面临着很大的问题，就是去打开市场，教育我们的用户、培养我们的用户为优质内容付费。我们也有很多方面需要行业不断去完善，从内容生产到平台服务、用户消费等每一个环节，都需要下功夫。懒人听书目前主要是做好平台服务，提升平台质量，培养我们的用户。

主持人：接下来有请北京故事广播台长孟庆煜作报告。

孟庆煜：尊敬的各位领导、各位嘉宾、各位朋友大家好！

北京故事广播很荣幸作为承办单位之一为大家服务。刚才主持人说我们是实践者，我是深表赞同的。我下面就围绕着故事广播和有声读物这个主题，主要结合北京故事广播的实践来和大家做一次分享。

2005 年 3 月，我们国内第一家故事广播——合肥故事广播正式开播。到目前为止，全国范围内以故事命名的广播频率，省级和省会级城市的有 20 多家。当然地县级的更多一些，这个没有看到具体的统计数字。前几天河北故事广播保定新节目落地，我们还录制了贺词。昨天来参会，山东大学的朋友跟我说济南故事广播在当地很火，后来我还查了一下济南的故事广播同时拥有四个频率，确实让我们也很羡慕。

从故事广播诞生的那天起，就和有声读物的节目共同成长。以我们北京故事广播为例，有声读物类的节目时长占全天播出时长的 50%，它的市场贡献率就更大了，占到 80%。这样的播出比例和贡献率，其他类型的频率是没有的。据我了解，在全国有相当多的故事广播也是这样一个模式，就是有声读物类节目占很大的比例。为什么呢？在开办广播的时候，都有一种“好吃不贵”的模式，既要听众喜闻乐见，又要相对稳定。而且有声读物又是讲故事的一个好形式，所以这类节目就成了不约而同的一个选择。

我们的着力点主要是标准化制度建设、人才吸纳、精品打造等方面，形成从选题到版权购买再到录制、审听、评估等一套比较完整、规范的流程。在标准化生产方面我们有这样一种认识，就是媒体的这种生产是介乎文艺创作和工业生产之间的。它需要灵感、激情，需要思想来投入创作，同时它又需要一定的规范和标准，所以这个规范和标准正是我们特别需要加强的。像我们对故事内容提出要求：树文化自信，显地域特色，跟影视网络合作。比如 2016 年和 2017 年我们就录制了著名的刘以达的新作，凸显了我们的地域特色。

我们故事的结构也有明确的标准：先声夺人、叙事单一、把握核心、层层递进、跌宕起伏，它的核心我们认为是口头性。制度建设方面，有一个节目规范手册，这个手册在我们基本的节目方针要素之上提出了更高的要求。我们每决定播出一部作品都要同时提交几部作品，由监制制作人最后决定播出某一部作品。在人才吸纳方面，我们也注重发掘优秀播音员。同时我们故事广播还建立了一个播讲人才库，目前一共有几十位专业播讲在做人才传播。在选播一部作品时，我们可以在人才库里看哪一位播讲员合适，是否请他来播讲。

在打造精品方面，我们主要做了以下几项措施：授人以渔，提高获奖能力，比如我们专门为评奖的推荐意见召开研讨会，定出要素。重点培养，选举有才华的节目制作人，给予更多关注。策划指导，我们制定了一个创优机制，对节目分门别类，对它能从哪些方面突破作出具体的指导要求。寻找自身的特长，针对评奖当中的一些冷门项目来重点探索。这个我也举一个例子，比如在 2012 年下半年有一位评奖专家在和我们交谈中说，文学专题这个门类节目相对有一些冷僻，最起码在北京电台没有人做，但是在评选当中是非常重要的一项。我们后来经过分析认为，这个节目的定位和奖项是相符的。所以我们就要求每一个季度做一期文学专题，因为文学专题节目难度还是比较大的。

从那以后到 2016 年年底，一共制作了 16 篇文学专题研讨。这 16 篇当中有 3 篇获得了国家级奖项，有 3 篇获得了北京市级的奖项，我想这样高的比例，获得了这么高级别的奖项，在全国的广播界也不多见。我们的有声读物类节目还获得了中国广播影视大奖等多项国家级和省市级的奖项。我想我们的这些努力和成果也是全国故事广播的一个缩影。经过十几年的探索、实践、总结，许多故事广播都在有声读物领域形成了各具特色的生态、管理、制度和成果，应该说已经走向成熟。

同时我们也看到，由于互联网技术的应用和普及，有声读物市场渠道进一步拓宽,受众进一步细化,内容更丰富,产品数量更大,网络化、碎片化等一些新特点、新趋势层出不穷。面对变化不断、竞争加剧的现实,包括我们广播人在内的传统媒体,难免会有些彷徨和疑虑。何以解忧?唯有奋斗。我们应该把挑战看作机遇,化作动力。2017年有一部电视剧叫《我的前半生》,在第十集唐晶就说人生不得不有那么一个时刻,逼着你离开舒适的地带。我对这段话印象很深刻。我想我们现在就是要下决心走出自己的舒适地带,进一步开发有声读物市场,开拓我们的发展之路。我们应该把专业水平和新的传播渠道相对接,让生产能力和规模与市场的需求、能量相匹配。同时我们也特别需要一个让有声读物相关机构和从业者提供交流、探讨的平台。那么今天这个论坛就为我们提供了这样的机会,我们也希望和在座的朋友,不管是会中还是会后都能够沟通交流,寻求合作共赢的机会。最后祝论坛圆满成功,谢谢大家!

主持人:北京故事广播真是一个有故事的频率。孟台长的分享使我们对北京故事广播有了深刻的认识。我自己到外地也还会通过网络收听节目。无论是懒人听书还是北京故事广播,能够得到受众的喜爱,这是最重要的。我们的媒体也会对有声读物的发展给予很多关注。

这里预告一下,中央电视台的海外频道,也就是中央电视台第四套节目即将在今天下午对我们本次论坛的活动进行详细报道。

有声读物从传者本位到受众本位,这种让步是当前媒体时代下,媒体从业者所达成的共识。为谁而读,用户侧无疑成为有声读物行业发展要面临和解决的第一个问题。所以接下来我们有请李智来给大家演讲。

李　智:大家好!

我们做了多年的媒体行业分析。我们经常会说媒体的演变是从文字到图片最后到视频。但是事实上我们发现,我们忽略了一个非常重要的部分,就是声音有很重要的价值。今天我们也非常开心,能够有这样一个场合透过对产业的发展判断和对于用户需求的理解,把声音的价值重新跟大家一起来做一个复盘,来看声音市场到底现在是什么样的状况,以及用户真的都是什么样心态的人,他们的需求是什么。

我们会有一个基本的产业格局判断:在声音市场,经过几年的高速发展,现在基本形成了移动电台和有声阅读双格局的状态。这两种类型都是解决用户在声音方面的需求,只不过这两种类型无论是从内容上还是商业模式上,可能都还有不太一样的地方。比如说像我们今天更聚焦有声阅读,会看到它的内容生产更多的是长音频的内容生产,它更关注的是版权模式。

它其实整体上串联了从上游到平台到下游分发的环节。今天在座各位也在整个内容生产环节中发挥了很大作用。跟上面对比我们会看到,它的商业模式以广告为主。二者的对比就像刚刚宋总提到的,下面更看重的是用户付费。而版权内容恰恰是支撑用户为此付费的非常重要的一个点。基本上我们从行业格局来判断,声音市场分为移动电台和有声阅读两个部分,它们在推动用户和行业的发展。

其实今天互联网已经进入下半场了,意思是我们不期望每个市场都有用户规模爆发式的增长,不是说今天我们认为它已经有一个亿了,明年它就会是两个亿的市场。我们为什么这么需要关注用户本身的需求?就是在于,除了用户规模进入增长平稳的阶段之外,我们更应该关注的是,到底占据现有用户多少的注意力。如果我们有声阅读或者是声音市场,在移动互联网当中一个亿是非常重要的点,那我们现在达到一个亿的规模之后,我们更应该看的是(用户)停留次数还有停留时长。

因为一个用户是不是每天都使用你,他在使用你的过程中停留多久,在今天看来是一个比用户规模更需要关注的指标。所以我们简单地把移动电台和有声阅读作对比,大家会看到,单一的启动次数就是用户愿意在手机上每天的启动次数,基本上移动电台和有声阅读差不多,但有声阅读高一些。我觉得另外一个更高的数字是单日的使用时长,也就是用户停留在移动电台上的时长。事实上已经很长了,超过 60 分钟。我们会看到长内容、以版权内容为主的有声阅读,它占据用户的时长已经达到 90 分钟以上。在这里,需要大家关注的第一点是,用户确实在深度使用声音服务移动互联网应用。第二点,它占据了用户市场,不代表它除了听这个东西,不再干其他的,它是一个伴随式的媒体形态。

下面我们要讲的是产业模式正在走向成熟。之所以说它走向成熟,就是在座的各位应该都能在这样的产业链条当中发现自己的位置,我们认为平台运营和有声内容制作方事实上在这里面占据核心驱动的位置。优质的内容来自有声内容的制作方,而平台运营更需要把最合适的内容对用户进行最匹配的分发,使我们能够从有声阅读应用上听到更多优质的内容。

我刚刚其实也讲到,平台运营方已经形成这样的两种格局,基本上整个环节已经打通了。无论是底下的硬件还是支付,还是应用分发,事实上已经伴随着整个市场也走向了成熟,而且它支撑着整个市场更快速地发展。接下来我们要提到最关键的环节就是用户。有声阅读的应用事实上占据用户每天 95 分钟左右的时间,但它不是一个纯独占的应用。这主要是因为:第一,手机确实是移动互联网用户获取信息非常重要的渠道。做移动用户的检测、监测用户的手机,就是因为手机实际上是人类大脑的延伸,基本上我知道用户在手机上做什么事情,我就能理解这个用户的行为习惯,进而能判断他到底是一个什么样的人。手机是一个最重要的信息获取的通路。第二,今天人真的是碎片化的。有一个词叫“斜杠青年”,每一个青年人都希望自己能多元化发展。在这里面会发现,我们的生活状态也是不断被割裂的。所以无论是跟文字、图片还是视频相比,移动音频更符合今天人们的生活状态。我不是在一个完整的时间段一定要固定做一件什么样的事情,我希望音频媒体它是一个伴随消费者的媒体形态。当然大家会发现在各种各样的场景当中,音频媒体其实发挥了非常大的作用。

当然我们的通路也不局限于手机,无论是跟汽车的结合,还是与很多的智能音箱的结合,音频产品的分发通路也确实不局限于手机,它是对于用户整个生活场景的全面覆盖。最重要的就是,用户到底是谁?在这一块我们是以移动终端这样的一种形态去给用户画像。最基础的用户属性方面,我们会看到用户年龄集中在两个年龄段,一个是 24—30 岁,另外一个是 30—40 岁,这是两个最重要的年龄段。

如果我们再拆开来看的话,也许我们要去想移动电台面向的年龄段是什么样子的,有声阅读它面向的年龄段是什么样子的。另外,从性别分布上大家会看到更集中的一个状况,男性在这里的占比是非常高的,我觉得这个跟车主的行为相关度是非常高的。然后是消费能力。大家会看到其实用声音这种方式来满足自己获取信息需求的人群,高消费能力的比例还是蛮高的。

所以其实未来它无论是走付费,还是我们希望去给它做一些营销的推送,这些目标人群的属性可以决定我们到底怎么去做。另外从区域的分布上我们会看到,主要分布在广东、江苏、辽宁等各个省市。移动音频用户除了它的基本属性之外,我们更应该去关注什么?我们更看重的是这些人的喜好是什么。从数据分析的角度我们会用目标群体指数去调查用户日常的行为喜好。数据呈现出来的结果就是这些人更看重阅读和学习教育。所以用户对外语学习非常看重,然后是音乐学习、教育平台、电子书、字典词典、家居等。大家会看到,排在前面的基本上是跟阅读和学习教育非常相关的这样一些领域。

当然当我们做不同的商业模式切分的时候,也可以进一步去浓缩,就看这些人在汽车这一块是什么样的喜好,也可以看这些人在医疗健康这一块是什么喜好。但是今天既然我们从整体上、不分任何领域地去看,发现用户是按阅读并且注重学习教育的时候,我们会把它再进一步往里面钻,就是用户喜欢阅读哪些内容,有什么行为习惯。我们也去看这些人除了几种音频应用之外还在使用哪些 App。用 TGI 渗透率交叉我们会看到,第一象限无论在 TGI 还是在渗透率上都是比较高的,那就是移动音频的这一拨用户,同时重度的使用行为是在得到畅读的应用。当然对于像华尔街等财经类的一些资讯的获取,实际上也高于其他的用户。另外举一个例子,就是在教育类这一块,既然用户对教育类应用有如此高的偏好,我们也会去调查这些用户还会深入使用哪些教育类的 App。这些实际上也能映射出来用户在教育这一块的行为习惯和需求到底都是什么样子的。

我刚刚其实讲的是整体上这些用户的使用行为习惯和需求。我举的例子是从整体上来说,他们爱阅读,他们喜欢学习和教育。那往下钻他们会有什么样的行为。如果我们希望具体了解某一类的话,其实都是一样的逻辑。比如说关注他们的车主使用行为,或者关注他们在网上购物的消费行为,他们更偏重海外购,还是更偏重像淘宝一样的电商购物平台,都是相同的分析逻辑,而这样的分析逻辑可以让我们更理解移动音频的用户需求到底是什么样的,更有针对性地去设计内容,或者是做更好的内容分发。

今天的移动音频用户实际上已经达到过亿的水平。未来它会增长,但是我觉得与其希望它从一个亿在一年、两年之内快速增加到三个亿、四个亿,那我觉得不如深挖每一个用户在音频上的停留和启动,在更好的基础之上去挖掘,他是不是能成为一个更好的付费用户。每年能够从个人的钱包里掏出多少钱,为咱们优质的内容去付费。或者说他虽然不是一个好的为内容付费的用户,但是他的消费能力是比较高的,也许我们可以设计出其他的商业模式,比如广告投放,进而无论让平台方还是内容的提供方,都能够有更好的收益。而这一切的基础除了用户规模的增长之外,实际上是来自它到底能够占领多少用户,并且占据用户多少时长。

今天我们在分享用户数据的时候,除了用户的需求行为习惯之外,建议大家更关注两个维度。第一个维度是领域独占分析,就是说有多少用户使用其中一个App,而不用其他的。我们会发现事实上有版权的长内容可能在吸引用户的独占方面有很大的优势。我们今天会议的一个主办方——懒人听书有32.91%的用户只用懒人听书,而不用其他的音频类型的App,这体现出来版权内容对于用户的吸引程度。第二个维度是人均的单一使用时长,是不是能够占据用户足够多的时长。我们也会从各种各样的维度去评估这个时长是一个什么样的状态。当然数据其实只是片段的,今天举的例子有的是2017年10月的,有的是2017年上半年的,我觉得如果在座的各位希望持续地去看我们的数据,去评估一个移动音频应用它做到一个什么程度,以及我们到底应该如何选择我们的合作伙伴,也可以直接去申请我们签发的这样一个使用,我就不做广告了。我们是做数据的,我们希望数据能够最终帮助大家去解决市场发展过程当中的一些问题,也希望我们刚刚的分享无论是用户规模还是用户的行为习惯,能够帮助到大家,给大家一些灵感和刺激。谢谢各位!

主持人:非常感谢!今天上午的论坛我们即将结束。下午一点半论坛继续。

下午场

主持人：欢迎大家来到今天下午的论坛。

今天下午论坛的第一个环节，将有五位嘉宾来进行主题发言，我们期待他们的精彩分享。

我们请上的第一位发言嘉宾是中央人民广播电台资深编辑叶咏梅老师，题目是《传统媒体进入新时代的特殊分享：输赢得失成败——历史与未来对话：有声读物的现实解读》。我们请上叶老师。

叶咏梅：真的不好意思。各位来宾，各位朋友，各位同行，今天其实我真的没有资格在这儿发言，因为我退休已经8个年头了。68岁站在这个台上讲话是不是有点过时了？但今天的气氛感染了我，我好像又回到了娘家。看见那么多同行，那么多在职的，他们还在为我们的事业奋斗，很感动。

我仿佛回到了30年前，我们在广播辉煌的时候也干了一点事。我最大的荣幸和上帝对我的厚爱就是我站在中央人民广播电台的这个制高点上，我在全国的小说连播大平台上做了一辈子的节目。我只是一个节目编辑，现在来跟你们谈那么高端的问题，所以最近"恶补"了一下什么新媒体、全媒体、自媒体、互联网。其实我们过去说的就是广播，就是声音。我做的小说连播跟有声读物是密切关联的。在这个意义上可以说，我有一点自己的总结想分享给大家。

刚才别人都是用数据之类的，我用九个故事：三本书、三个人、三方面的活动来展示一下我们广播从辉煌到边缘所历经的挣扎困惑和我们的努力。其实在我退休的时候，台领导说你成立工作室吧，你来做小说连播工作室。我说我真的不行。我告别广播的时候拒绝了继续干，我真的可以歇一歇了。我在我的职业生涯当中干了我最喜欢的事，做了150多部长篇连播，400多部（集）的广播剧，上万集的节目，我觉得我好像已经筋疲力尽了。但我就觉得我要给终身热爱的广播留下点儿什么，所以我花了19个月的时间，编撰了我们曾经经历的，叫《中国长篇连播历史档案》。为什么用"历史档案"？因为里面有历史的图片、真相，有受众的反馈。你们不是有数据吗？我有受众的来信，用受众的记录来告诉大家，我们这个事业曾经有五种人：写作的人、出书的人、出版社、广播人编辑也就是选择书的人和演播艺术家，最重要的还是受众，我们广大的听众，共同支撑了小说连播的事业。我真是把这个当事业来做的，所以干得很开心、很好，交了很多朋友，今天还跟朋友们都见面了。

我这三本书其实留给了国家图书馆，还有中国现代文学馆。中国现代文学馆曾经说我："你把那么多的书（跟作者合作的我的工作书）都带来了。"我给他们带了一箱子的书。因为我做节目都要做精彩集锦留给演播者，留给作家。由于我这个习惯，最后也就留了很多书给中国现代文学馆。现代文学馆的人说这是填补了他们的空白。因为我后来又做了活动，使广播走向出版，走向舞台，走向电视，我们挣扎过，痛苦过，努力过，所以现在跟互联网这个大平台在一起交换一点我们小小的收获和体会。

我要讲三本书的故事。在2006年我制作了贺岁剧，那是广播和出版的故事。出版社来找我们，书的发行量其实已经24万了，但当时觉得不够大，还有提升空间，然后就找广播来做。我们做完之后飙升到40万，所以广播作用还是挺大的。我们做这个节目等于培养了新秀，也提升了节目的品质，让出版界跟我们联手创造了出版社的效益。我们广播也有效益，制作节目的成本，还有我们的演播费都是出版社来支付的。这是广播在缺钱的情况下怎么跟出版社联手去制作节目的一个案例，否则的话，你的制作费都很少。我从1991年开始做的每一部书，由于与出版社联手，都得到了它们的宣传制作费，都够我们的制作成本。这就是我用心做事的结果，我希望现在各个电台继续用心做，也许还会转型。还有互联网、自媒体，它们可能有更多的点子去集资，所以我讲这个双赢的例子。

《贞观长歌》当时在电视台很火爆，82集演到一半，突然停了很长一段时间。出版社找到我，非让我做这本书，而且推荐给我一个演员叫王绘春。所以我们用18天做了160集，从吃过午饭，演员下午1点进棚，一直录到24点，天天如此。这个演员声音很漂亮，他从小听评书，在这个剧组干了三年，对每个演员的情况、塑造的人物的了解肯定没问题，但他叙述部分、讲述部分的感觉有些不对。我后来听他总体还可以，只是有些节奏和基调的问题。他很敬业，人家在整个录制的过程中不接一个电话，下午1点进棚一直到24点，现在的演员能做到吗？刚开始不可能录十集，后来就十集到十几集。刚开始怎么都熬不下去，而且要达到标准才能算过的。

2008年大家都知道有奥运会，科技部来找我合作，我觉得这个平台很大，有30万的投资。对于广播，这个数字是很大的。但是他要求我做完以后还得给他出书，后来我就联合全国50家电台，找了40名名家和新秀来做这个项目。故事讲述方面，每一集都有新闻播报、体育播报。我用倒计时的方法，从科技周的开幕式那一天，一直到奥运结束那一天，整整100天。我有一天录制是13拨人，半小时一换，演员们都提前到，安静地准备自己的稿子，只是录音员一拨一拨地换，我特别感动，因为这个事业靠大家配合才得以完成。

今天咱们讲合作、讲平台，我希望广播最辉煌灿烂的那种景象也应该在咱们这种互联网大平台上出现。因为现在网上内容太多了，我最近打开一个平台，上面有声读物很多，我的节目都被盗版了几十部，这样的现象不太好。

当时我做那个节目，找的是我们的播音员主持人，他们都特别年轻，特别投入。

比如张东,北京的应该都知道,他做过炒菜的节目,在电视上火过,得过金话筒奖。黎春后来也成为演播艺术家。我们还进校园宣传。我觉得宣传一部书,包括现在电视台还想再创辉煌,做选择很重要。人是关键,关键在于人。人选好了领导省心,大家也省心;人选不好也许什么都不灵了。刚才我说的王绘春,他能够坚持18天不对外,事情就交给他的助理处理。这点我特别佩服,后来我们也成了特别好的朋友,他也成了演播艺术家。他录了160集,功夫在那儿,节目在那儿,最后做出的品牌在那儿。

我们广播的确做过很多努力,那时我们台长,亲自在电脑上审听节目。

我再讲三个人的启迪故事。王刚已经在上午给咱们表演了,我也第一次听他今天的这个小段子,朗诵他和话筒的感情。过去我们广播最灿烂的时候,他骑着车家家户户转,传来一个声音就是他播的《夜幕下的哈尔滨》,他自己美滋滋的,因为他听的是自己的声音在播送。

李野墨最初的作品我觉得他老和我们中央人民广播电台标准差这么一点点,因为我听了好些前辈跟我说标准。可是我感觉他好像在某些方面特别优秀,业务走得特别扎实。你们听到的《白鹿原》《平凡的世界》都是他的作品,后来就更多了。我跟他合作了30多部书,都成为他的力作。

你遇到一个好演员,他是跟你共同创作的。你所想的他都能够替你想到,人家跟你合作都习惯了。李野墨在读的时候就可以把那些倒装句都修整过来,因为咱们好些书写的都先是声音,后面才是描述。但是在广播里这样滞后的话,听着会别扭,跟不上。还有故事要"开脸",如果每个人都有声音造型出来了,你就没有必要"张三说""李四说""王五说",这样就等于在念字,而不是在演播。演播他出声了,交流了,他的气就贯穿起来了。所以演员跟我合作之后,他自己就可以当导演。现在好些自媒体,今天懒人听书的宋先生说,培养的人都是自媒体的,所以我说,你要抓住人才。

王凯,现在可能大家都知道,他已经很火了。他留给我印象最深的一句话是"靠自己的实力打进去,靠自己的勇气走出来"。他先是我们电台文艺之声的主持人和专门演播小说的。后来人家跟我演出的时候就说了这句话,话说完没多久告诉我:我得到电视台,已经有勇气走出去了。到了电视台《财富故事会》做得很棒。后来就是自媒体了。我发现这三个男人都因为有了女儿,然后有了他们的这些辉煌。王凯就给他女儿讲故事讲得特别火,后来全国几百万的用户在跟着他。李野墨我们俩一直走声音艺术之路走了一辈子了,他读的书很多,他很厉害,所以你要是做不好编辑他会很生气的。

这是王刚在他的30年文化现象回顾的时候,我采访他的照片。他支持我们广播,很厉害,每到关键时刻他都是第一签约人,而且第一时间支持我。今天来现场,我们没说一句话，然后上来就这么握手，我们就算见了面。忙急了，我们会用微信沟通一下。其实跟这些人交朋友，都是用文化、用心做事。他当初就说："小叶你就好好做你的编辑，我好好播我的书。"他有一句话大家应该记住，好些人现在奔着钱、名、利。他说了两个字：舍得。"舍得"两个字第一是"舍"，第二才"得"。你没有"舍"就不可能有"得"。

他自己刚才也分享了他的经验，1984 年，我花了半年时间选了十名演播艺术家做了经验介绍，对外有一个系列，这样就形成一个规模，留下来。我在做这个事情的时候，一般不做成系列的，然后这个系列现在被误解，其实都是十大演播艺术家，是我做了经验介绍。但是这个影响特别大，然后就变成了他的。其实我们是 1991 年成立研究会之后进行的全国评选，才有了"演播艺术家"这个称号。过去就叫"十大演播家"，他们的经验介绍。我在这里也更正一下大家被误导的内容。

我就说三项，包括我们曾经都有过成功的喜悦、困惑。这个就是和电视合作。我们 50 周年的时候，是我联系的六大出版社，它们投的资，因为是宣传它们的书。我用了一个思维方式，书要宣传，我做电视片，跟电视台签约播出。所以它们投资花了三个月，你看《飞翔的史诗》有中国小说连播的各界名家，我刚才说的几种人都有，有作家，有出版家，有演员，有听众。这个片子拍完之后在中央电视台两度播出，使我们小说连播被电视好好宣传了一把——共 4 集，每集 20 分钟，80 分钟的宣传。

舞台助力广播，我这十几年做了十场，加上我去年额外做了一场路遥的"传诵经典，生生不息"。我一辈子都是做这个事的，从在保利的"永不消逝的电波"开始。其实是王刚第一个把小说连播片段搬上舞台的，所以后来我才说在保利演出。

这个体现了三方的助力。通过这部书我想说一下，就是出版记录广播，我为什么最后要做这件事？用 19 个月，三本书，A4 纸很沉，11 斤。但是我坚持做而且得到了台领导的支持。我要做这些是为我们广播小说连播这项事业证明、见证，用历史和受众来见证，所以我做了。中国现代文学馆和我们中央人民广播电台联合举办的座谈会，来了 100 人，五种人都来了，还有十名听众，里面还有盲人和残疾人。

因为我们的对象是很多的，然后我要通过这个记录。这个第一卷是所有作家的作品，第二卷全是演播的作品，第三卷是广播所做的各项活动。我是想说我们广播曾经努力过，我只是用特殊的方式跟大家进行一种交流。

有声阅读能成为真正的艺术品，我很赞成。我之所以把演员抬得高就是因为他们有声音魅力，能把作品成功传送到千家万户。没有他们的声音魅力，不可能做到这一点。不同的编辑做同样的节目，谁做得最好，他的收听率说明一切。曾经出版社跟我交往，它们都是给投资的。所以我在市场上也联络，想告诉大家电台要跟出版联手，你们网站也要借助平台搞合作。而且我在这里也提一点，北京台和上海台的经验特别值得借鉴。这两个台一个在首都,一个在有洋范儿的上海,跟国际接轨,也要听听它们的经验。

还有刚才两位嘉宾,一个曾老师,一个孟老师。他们都把讲好听的故事当作一门艺术。所以我觉得现在咱们要抓住今天这样的契机,从理论、从源头、从出口、从整个全媒体到互联网,来论证有声读物。我们小说连播还有点话语权,因为最直接的就可以变成有声读物。所以我才答应今天发言,要不我就说我已经八年没有想这个事了。然后这两天翻资料,幸亏有这三本书。宋斌先生说,要以内容为王,必定要勇于探索。我也希望在座的人在自己的领域里,应该攀登最高。但是永远没有最好,你只是更好。

理论方面的文章我也看了一些。我翻到最近两年的,然后凤凰网全媒体的文章可能大家都看过,但是结尾的一段话特别刺激我,文章说:在互联网像水和空气一样充满我们四周的时代,任何怠慢和松懈都可能导致传统媒体死亡。今天北京台的王秋报告我一个好消息,互联网的有声读物咱们有组织了,有这个机构了,这样就有希望了。他还说我们只有怀着置之死地而后生的勇气和决心才能摆脱困境,打拼出天地。面对未来,我们不能害怕狼来了,而要与狼共舞,更要变成狼。这句话真的特别刺激!好像讲得豪迈和悲壮,但我想我们不应该成为狼,我们还应该具备智慧,只要我们做到专业、职业、敬业,那么我们就会拥抱、融入共赢的新天地。最后,我希望从今天的高峰论坛之日起,我们全媒体有声读物互联网在一个法治的环境里培养一支有文化素养和修养的策划、编辑、演播和制作的人才队伍。我关注的还是人,共同搭建开创新时代最好的有声读物互联网合作平台,满足各个层面的人的文化需求。谢谢大家!

主持人:再次用掌声谢谢叶老师的精彩分享。接下来我们请上第二位嘉宾进行主题分享,有请中国出版集团科技与数字出版部主任、中国出版集团数字传媒有限公司总经理赖雪梅来作主题发言。她的主题是《让创作更有意义:从文字出版到互联网有声》。

赖雪梅:各位专家、各位同仁、各位朋友,大家下午好!非常感谢主办方的邀请,让我有机会在这里分享我们的一些情况,同时还能够学习来自各方的关于有声市场的一些新的视野、新的动态、新的技术、新的路径和新的模式。中国出版集团是出版的国家队,可能在座的不是特别了解,我简单介绍两句。

中国出版集团主要有三大块业务。一个是音像及图书的进出口,比如说我们的中国图书进出口总公司。还有我们的艺术品经营,是第二大板块,像荣宝斋,就是我们集团旗下的企业。当然了,我们最大的板块是出版,出版板块也于2017年8月在上海敲锣。出版板块里面都是大家比较熟悉的一些出版社,比如说有120年历史的商务印书馆、中华书局,再比如大家都非常熟悉的人民美术出版社、中国大百科全书出版社以及民主法制出版社、世界图书出版公司等,我们是这样的一个出版集团。

大家都比较熟悉了,我也不多介绍了。有目共睹,这两年有声读物在互联网上发展尤为迅速,需要表达的内容依靠创新的技术展现了创新的形式,知识付费、音频直播、社交阅读、新媒体流量等概念不断提出和实现。尤其从2016年开始,在知识付费的风口,我们音频勇敢地站了出来,成为支持知识付费的一个主力军。

有声读物充分融合了数字技术与文字出版。自中国出版集团确立数字化战略以来,就一直寻求立足于我们的内容,实现优质内容有声化以及出版业态的升级,打造出版与数字融合的高地。2012年中国出版集团就由它旗下的专业数字传媒公司,成立了专门的有声事业部。从某种意义上来说,这个是出版机构成立有声事业部最早的一个单位。从这个部门成立以来,我们就开始有声读物的创作与运营,最开始我们主要还是制作。在这几年中,其实我们又开始运营,包括推出"去听",一个App的产品。这几年我们也做了一千多部、三万多小时内容的一个量。

其中最早开始录制的项目,主要是我们人民文学出版社的这一套图书。它的差异是什么呢?它是名著、名家、名译系列,我们请了专门的录播人员。所以这一套图书获得了中华优秀出版物奖、中版优秀青年创新奖等一系列奖项。那么在这个时期,我们做的有声读物其实更像是纸质图书的一个附属品。整本书都是通读,如何做好有声读物呢?除了用最好的内容联合最好的声音,还需要在内容形式上有所突破。所以从2016年开始我们有些尝试。2016年我们找到圈里的一些非常专业的大腕儿,比如说齐克建、詹泽老师等一批播音朗诵艺术家,打造了中文版的有声读物《十字军骑士》,运用波兰原创版的现场音效。积累这些经验后,2017年我们又打造了一部,就是中国本土最经典的话剧《茶馆》的有声版,我们也请到一些演绎名家来演播。

中国出版集团除了制作和运营以外,还比较注重介入这个行业里面。所以在2016年12月,由国家新闻出版广电总局给我们颁发了一个牌子。实际上来说,这个实验室在筹备之初就由共建单位积累了一些成果,这个实验室主要由翟立新老师主持相关的工作,而且已经在研发领域具备了一定的基础。比如说自由网络音频传输协议、生产再造等已经拥有了一些自主知识产权。目前实验室的科研成果正在向数字出版的应用转化,希望能够助推有声市场的发展。有了好的作品,我们就需要考虑市场的问题。我们的用户受众群体到底在哪儿?是从现在已经积累了一定量的网络用户的互联网平台去挖掘,还是依靠我们传统的读者去转换?有声版权和录制成本其实是非常高的。要通过什么样的路径在互联网获得收益,才能够达到就像我今天说的这个题目,让创作更有意义?

其实我觉得这个题目还应该再改一改:让创作更有价值。因为有价值了你才有你的影响力,你的价值才能传播下去。所以从市场的角度来说,作为出版机构,我们相对来说做有声这块弱一些。那么众所周知,一本纸书的出版是作者和编辑倾尽心力的结果,人们从字里行间就能体会到它的好坏。而有声读物应该是一种艺术品,我们也是这么想的。从我们这个团队来说,也是把有声读物作为在文字基础上的二次创作。评判有声读物的好坏除了演播的读音是否正确,情感、人物表达演绎是否准确,还有后期的音效、音乐、剪辑是否优质等,与传统出版工作还真是完全不同,所以我们也只能是进行积极的探索。

有声制作能否完美展现一部书的中心内容和核心基调,是有声读物出版的时候需要考虑的问题。另一个问题就是关于有声读物的版权。很多人肯定认为,你们作为中国出版集团,版权肯定都在你这里。其实关于有声读物的版权它不只是一个版权问题,也不只是一个改编权问题,其实还有后期的使用问题。受限于国内目前相关法律还不太健全的现状,即使是国内很多出版机构数字化部门都不能把关于版权这部分的一些政策完全摸透。像授权的这个改编权,音频成品的所有权和使用权,再比如作者授权我们三年,我们录制花费几个月,那么三年以后这个音频的成品如何使用?这个问题现在其实没有解决。对于音频的制作单位,它的这个积极性怎么去保护?这也是一个问题。以上的问题可以看出传统出版转型到有声读物出版还是要更多专业的融合。无论是互联网还是平台搞研发,未来会出现更多的创新的产品形式和商业模式,这些都有待和同仁们共同探讨解决。我们也将加大与各个平台的合作力度,共建共赢,通过出版要素与媒介介质的深度融合,努力延伸产业链条,实现有声读物出版业态升级。谢谢大家!

主持人:谢谢赖雪梅女士刚才的精彩分享。

今天下午我们有三个环节,第一个环节将会有五位嘉宾发言,第二个环节将有六位高校的学术专家来发布他们新的成果,第三个环节将会有20位学界、业界、出版界和科技界的专家学者进行分享。所以今天整体会有31位专家学者一一登台给大家进行分享,时间比较紧迫。接下来的嘉宾上场的发言时间都请控制在五分钟之内,到了最后还有半分钟的时候会有倒计时的提醒,最后还有五秒钟的时候将会把话筒拉下来。

当然我相信在短的时间里面能说出来的一定是精华。那么接下来我们请上第三位发言嘉宾,上海故事会文化传媒有限公司董事长兼总经理冯杰。

冯　杰:各位领导、各位嘉宾,主持人,大家下午好!

我没什么准备,刚才听了很多嘉宾的演讲,我谈一些个人的想法。特别是讲怎样适应新时代,拥抱新媒体。我认为故事是人与人之间最亲切、最直白的,也是最有效的沟通方式之一。只要语言存在,故事就不会消亡,它对文化的传承和文化的传播作用不可或缺。过去《故事会》所取得的巨大商业成功已经证明了这一点,但是当今日新月异的现代传播技术的发展,让故事从以往的口耳传播到媒介传播,现在正在进行它的本源回归,产生了丰富多彩的媒体样式和传播方式。这其中就包括我们的音频。

音频以它独特的、高度的伴随性在文化传承,特别是文化传播领域当中表现出独特的传播价值、传播作用。所有这一系列的事情对我们传统媒体产生了巨大的挑战。大到一个媒体的生态环境、产业结构,小到具体的出版社和报刊社,怎样去应对这样一个挑战?在这里我想跟大家分享一个小故事。100多年前的第二次鸦片战争,两广总督镇守广州城,在英军兵临城下的危急时刻,他采取的是不战不和不守,不死不降不走。结果兵败城破,自己也做了英军的俘虏,最后客死他乡。

所以说,今天我们的传统媒体人面对瞬息万变的市场环境,不能够抱着以不变应万变的心态,不能学做100多年前的总督。那么从新媒体本身来讲,新媒体的革命我认为它不是要革内容的命,主要是革内容表现形式的命。而且新媒体的源起我认为应该是"技术+资本+内容"。如果我们把优质内容比喻为"魂",丰富多彩的表现形式表现为"体",我们就会发现,在我们周围有很多"失魂落魄"的新媒体,"魂不附体"的传统媒体也不少,这是我个人的一个想法。

现代信息传播技术,我认为它必须和信息,或者说和内容相结合,才能构成完整的商业价值和社会价值。也就是说,技术和内容之间有先天的、天然的融合需要,那么这种需要既可以是产品层面的,也可以是资本层面的。为什么这么讲呢?就是说技术,大家知道,是讲代际覆盖的,一代技术被一代新的技术部分或者全部覆盖的话,这代技术所代表的产品或者它所代表的产业就会部分或者全部消亡。但文化是讲代际传承的,它是一个不断丰富和传承的过程。

所以这也是我们传统媒体在和新媒体融合当中的一份可贵的基础或者说是话语权。但我们必须首先调整我们的观念,我们要改变以往从出版的角度去思考文化的传承和传播,要从文化的角度、文化传承和传播的角度去思考我们的出版。只有这样才会使我们的胸襟更为宽阔,使我们的视野更为高远。我想,水能载舟亦能覆舟,关键不在水,关键是人,是人对水的态度。所以在面临巨大新媒体的挑战时,我觉得应该要适应新时代,要去拥抱新媒体。

我的话讲完了,谢谢大家!

主持人:接下来我们请上第四位分享嘉宾,上海师范大学谢晋影视艺术学院院长赵炳翔,掌声有请。

赵炳翔:各位学界、业界的大咖,同学们、老师们,大家下午好!

我讲的就是有声读物在教学当中的应用。第一点是我们传统教学中教材的弊端。随着科教兴国的不断深入人心,老百姓越来越感觉到孩子的教育是一个非常大的问题,所以读书有用没用的问题一直在被探讨。大家都看得到一个场景:每天早上,爷爷奶奶背着书包带孙子上学堂,因为孩子的书包太重了,基本上都是拉杆箱。所以现在的纸张是越来越好、越来越漂亮,书本是越来越厚,书包是越来越重。这个是最主要的问题。

然而现在实际上,家庭的空间越来越小了,在北京、上海都能体会得到。书房里几乎都是图书,很挤,我觉得还是挺糟糕的。对于学生来说,这不仅是心灵的负担,更重要的还是身体的负担。所以这个传统教材其实已经很成问题了。尽管我们教育部门一再呼吁减负,但是为什么一直减不下来呢?因为所有的学生老师都知道,升学率还是第一的,不管你怎么说还是没用。

我想讲的第二个部分就是有声读物给我们带来的好处,实际上这也符合我们的主题——有声读物通过互联网容易储存。一本书那么厚,经过那么多老师在录音室里几十天甚至几个月的奋战,变成一个小的东西,一个U盘,这是很大的一个改观。尤其是现在有云端以后更不用什么其他的方法了。容易检索我觉得是很重要的。现在小孩平板电脑玩得比我们都多,方便得多,一键就到位了。还有一个我就觉得是容易记忆,我想这是更重要的。因为生动的语调、合理的语意可以让人们铭记。

我讲的第三点,也是最后一点,有声读物的价值所在。为什么说有声读物价值所在呢?其实我们了解一下,视听它有特殊的魅力。100年前,无声电影出现大家已经很惊讶了,但是100年以后,无声电影已经没人要了,成为非遗了。现在只有视觉和听觉并存才是更有价值的。另外,所有视觉不能用的时候听觉最有效。比如说我们上班的时间、驾车的时间。一早起来三分钟闭目养神都能解决问题。视听的特殊功效大家都知道,这里就不详细介绍了。千言万语总结成一句话:有声读物将来一定会成为学校教育的必由之路。谢谢各位!

主持人:有声读物对于教育方面的贡献和开发也刻不容缓,谢谢赵院长。接下来有请下一位分享嘉宾,北京人民广播电台播音指导、北京故事广播节目管理部主任白钢老师。

白　钢:各位嘉宾,大家好!

为节省时间,我采用播读的方式,争取能讲更多。

从今天这次会议的大咖云集能够感受到,有声读物的春天正在向我们走来。那么怎么迎接这个春天?作为传统大众传媒我想说三个关键词。

第一个关键词就是珍惜。珍惜我们的文艺新理念。广播小说是一代代受众成长的记忆,我们在座的各位谁没读过小说呢?谁能不爱读小说呢?(广播小说)融合了文学之美和小说之美,雅俗共赏,滋养着一代又一代的人。再有我们小说是演播人心目当中的神圣净土,对情感的调动、对语言功力的掌控、对听众的感染都是很高级的世界。广播小说是作家之音,作家写作的一个重要动机就是广泛地传播作品。广播小说能够给文学锦上添花,是很多名著得以流传的推手。德高望重的演播艺术家们依然是我们这个行业的标杆。

第二个关键词是不进则退。如今的工作享受着细分化的思想定制服务,新平台、新技术、新渠道、新玩法不断涌现,让受众个性化需求得以满足。在这个过程中,我们会有很多内容与互联网媒体携手,选热门的网络文学、高品质的配音合作、生产适合推广工具等;与推广渠道和平台载体也多有来往,从而突出专长和优势。

第三个关键词是最动听的语言。我们创办几年以来,在有声读物的创作上非常用心。我们有堪称豪华的演播资源,所以做不好对我们来说是一种愧疚,是一种辜负。为了运用好这些资源,我们进行了不懈的创新与尝试。唐山大地震的题材,收集到的演播人是当年灾难的亲历者;还有急诊科医护人员再现工作当中的自己。在创作上,我们不怕失败,当然也得到了听众的支持。我们还拓展了历史类、短文学、微广播剧等形式丰富的节目,都适合网台同播。以故事为核心,我们开展互动性较强的品牌活动,如最美山村故事,等等。在创作当中,我们也有坚守,那就是声音的品质,包括思想的导向性、语言的规范性、表达的艺术性、情感的贴近性、风格的独特性。在这些方面,大众传媒容不得半点退让。本次论坛发布了有声读物评价体系,我想是对于我们这种坚守声音品质的一种肯定,更是我们今后创作的标尺。

最后我想说,我们一直把有声读物当作产品来做,它有着严谨而规范的流程控制。从节目研发到录音制作,到反馈搜集,到持续改进,我们执行的是9000体系认证,每个环节都是可追溯的。同时,还有电台跟我们之间的横向协同,版权运营与新媒体内容展出机构、数据评估研究中心都为我们在互联网应用上提供着各种支持。所以讲故事,讲好故事,把故事讲好我们是认真的。我们不是一个人在战斗,在座的每一位都是这个朝阳产业的推动者,相信通过我们的共同努力,受众一定会打心眼里说:讲故事你们是专业的。谢谢!

主持人:接下来第二个环节我们将请上六位发言嘉宾。本次论坛从各个高校征集论文,我们选出了六篇优秀的论文,并把作者请到了现场。

论文宣读

论文宣读者:潘洁、汪海燕、高贵武、杨海波、卢彬、吴福仲。(论坛征集的论文见本书第116-184页)

圆桌论坛1:节目与产品——有声读物内容表达的变与不变

主持人:到现在为止,我们今天下午的论坛已经进行完两个环节了,还剩下最后一个环节。第一个环节讨论的主题是"节目与产品:有声读物内容表达的变与不变",我们会请上9位业界、学界和产业界的嘉宾,为我们一一分享。我们请上演播艺术家李野墨，中国传媒大学副教授、演播艺术家李立宏，中国传媒大学副教授、演播艺术家王明军，北京人民广播电台播音指导、演播艺术家梁言，上海戏剧学院播音主持系副主任、硕士生导师董健，山东师范大学播音主持系副主任、中国传媒大学博士研究生孙良，黑龙江广播电视台广播艺术部主任谷建锋，湛庐文化创始人陈晓晖，演播艺术家周建龙。各位老师请就座。

9位嘉宾，我们的论坛不希望听到你好、我好、大家好的吹捧，我们希望每一位嘉宾都有独特的思考。当然我们更期望的是现场有更多的争鸣甚至辩论，来点儿掌声激励一下！

王明军：给我这个话题，好像就是说我们有声演播传播过程当中的变与不变。其实永远是在变的，但是也永远有各自的一些坚守。这里面我们有很多感悟，我想在座的各位老师都可以来聊一聊变。目前我们有哪些需要去改变的？目前在这些变化当中我们又做了哪些坚持？

李野墨：刚才大家谈到一个变的问题，其实我们现在面对一个巨大的变化——时代的变化。这个变化不是我们造成的，而是它自己在变，我们必须适应这个变化。（过去）其实受众能够得到的东西是经过了某些机构审核的，这些机构决定可以给公众什么，然后再由专家根据他们的喜好挑选完以后，剩下的那点是受众能拿到、能接收到的。而现在已经变成了受众自己去选择，就是我要什么、我不要什么，你给我了我不喜欢我就不要。选择的机会变得多了，变得大了。所以面临这么一个变化，而且这个趋势继续朝这个方向发展，就是受众的选择权、自主权越来越大。

所以我觉得我们要想生存只有一个办法，就是多。一个是量多，一个是样式多、题材多。你只有去适应受众，就是人家要什么你这儿就得有什么，当然，全世界任何一个国家也不允许你在媒体里想说什么说什么。我觉得这个东西不用去考虑差别了，我们生存的办法就是让百姓接受，让大家接受，今后就朝着这个方向努力。这就是坚守。你可以不喜欢我的东西，但是我们整体去迎合整体，然后在这里面我们各自坚守。

主持人：我觉得咱们可以从互联网的这个角度来谈谈，咱们请陈总给我们讲讲。

陈晓晖：各位都是播音艺术家，我有点班门弄斧了。就这个话题，我想从变的角度来讲。第一个，介质发生了很大的变化。过去是广播电台，或是再往前，包括磁带等一系列，因为介质的变化导致收听场景发生了巨大的变化。大家可以看到，过去我们收听广播电台的话，更多是在家里，现在因为互联网的碎片化，收听场景发生了巨大的变化。我相信懒人听书、凯叔讲故事它们应该有很详细的数据，受众集中听的时间段是什么，甚至听的场所可能发生了巨大的变化。那么再往后发展，包括像人工智能、虚拟现实导致的收听场景将会发生更为深刻的变化。

第二个,客户也发生了很大变化。随着时代的发展,可以看到现在80后、90后以至于00后、10后,因为他们的生活场景跟我们的生活场景不同,导致他们对于信息的接收频率和密度发生了巨大的变化。比如说,我记得小时候《新闻联播》是半个小时,加上口语广告,净时间是六七分钟。现在互联网上的节目绝大部分是在十分钟、十五分钟。那么也就是说,客户、我们的听众发生了巨大变化,导致我们的声音制作的体裁、节奏都有巨大的变化。

第三个是制作方法有变化。过去我们是专业的制作者,现在我们在互联网上可以看到各种各样的用户所产生的内容。这里面有不少优质的内容。从制作者角度来看,我觉得也发生了巨大的变化。在这个方面,如果说是从业者的话,需要一直思考、顺应市场的变化。

另外,我想咱们讨论有声读物,要界定一下什么是有声读物。就我个人的理解来讲,在国外,有声读物的定义是有声书,但在中国好像有声读物的含义很广,像广播剧,还有原来电台的所有节目,包括知识付费产品,好像都归到有声读物这个市场。但是因为它们传承的内容不同,所以具有不同的特点。如果我们要进一步探讨有声读物这个问题,我们应该先界定它的外延。有声书我相信跟广播剧是有本质不同的,跟凯叔讲故事也有很多不同,这个我觉得是需要注意的。

王明军:咱们说变与不变,我自己就有一个深刻的感受。我不知道以前从哪儿听的理论,说人集中注意力的时间就是七分钟,但以声音为主的节目经常一会儿出个小片,我觉得那个小片好烦。听觉有听觉的规律。我们应该从耳朵出发,去调整我们的嘴巴。不知道梁言老师怎么看?

梁　言:用户一直在细分,其实早就细分了。今天早上宋总的发言令我印象深刻。虽然他语音不准确,声音不动听,但是他给我的信心是最坚定的,就是让我相信内容为王。因为他告诉了我最强大的信息,你往前走。大家最开始融合在一起的时候,那是最有营养的。所以我觉得我们重新从源头一起合作,不要在半截合作。好的地方就是我汲取了他们的营养,我也知道他们的糟粕。也谢谢咱们现在的互联网,给我们提供了陪伴。互联网其实告诉我们一条道理就是要出精品,即使是碎片,刚才你说的十分钟的作品,那也得是精品。我刚才和原来的同行在说,我1984年在《小喇叭》给小孩讲了很多年的故事,但是现在不能用那个路子,要用凯叔的了,所以这都是学习的过程。我很赞同他们刚才说的,我接受我们自己的。但我们要有所发展、有所变化,不要认为我们的传统媒体、传统的这些演播人员遇到了什么窘境。我觉得你换个角度想,这是机遇,你把它看作前所未有的挑战,不如把它看作一次浴火重生的机遇。

所以我觉得现在太悲观了,我们这些传统媒体太悲观了。完全没有必要。经常听到电视台说“抱团取暖”,多么可怕的一个场面。所以凯叔这样的人已经从取暖中走出来了,不跟你抱团了。其实真的没有必要那样,最终是大浪淘沙,就会剩那么一两家。过去北京有两个电视机的牌子,一个叫昆仑,一个叫牡丹。现在都没有了,你能记住的就那么几个牌子。所以你守住我说的四个"坚":坚定信念、坚守梦想、坚守阵地、坚信辉煌。

孙　良:刚才王老师讲这个话题是变和不变,怎么来看待这个问题?我就想到我们中国传统文化当中看待事物都有四个层次,分别是道、法、术、器。一般来讲,道是不变的,但是器的变化是很快的。如果我们用这样一种方法论、一种观点、一种结构性的思维来看待互联网环境下有声读物的传播现状,可以提供一个新的思考路径。我们看到的就是传播的环境在变,传播的器具在变,但是我们的道在哪里?我觉得道始终是:我们要满足人们的需要。

满足人们什么的需要?我觉得今天论坛到现在讨论的,就是我们始终是把有声读物当成一种产品来看待,但是它仅仅是一种产品吗?或者有声读物仅仅有产品的属性吗?我觉得当然不是。有声读物应该至少有宣传品、产品以及艺术品三种属性。在讨论了很多关于产品的属性之后,是不是可以在其他层面也做一些探讨?它并不仅仅意味着在意识形态层次上做宣传品。我们为什么喜欢听故事?尤其我为什么喜欢听老故事?是因为那些东西给我安全感,它印证我们从小获得的世界观。那东西给我们的世界建立了秩序。从这个层面上来讲,我们人类离不了故事,那么这就是我们的需要。另外刚才我看到,我每次到北京一进地铁站都有一种巨大的恐慌,人,满满的人。准确地讲是人头,看不见人就看见人头,我能感觉到一种焦虑、一种压抑。那么我们的有声读物除了作为产品,作为消费品、艺术品把我们的场景占满之外,它还应该去抚慰我们的焦虑,给我们创造一种归属感。现在这个时代,媒体把我们像一个固体一样凝结在一起。我就再抛出一个问题,在互联网时代,我们如何坚持有声读物除了产品之外,它的艺术品和宣传品的属性?

李立宏:我还是觉得这个和产品是离不开的,有很直接的关系。关于艺术那方面或者宣传的其他一些功能,恐怕还要和产品这个功能很好地结合在一起。所以从这个角度来说,包括听了下午的论文宣读,我也想到一些东西,比如说我们要有服务意识。服务意识会有一个度,服务意识不能只从我的层面出发,从制作、创作的角度来讲,无论是作者、演播者还是编辑,很容易站在我们自己的角度,但我们应该有高度的自觉,要为听的人考虑,不能只站在自己的角度。因为一定要以听的人作为参照,甚至作为一个标准,不能一味地站在我们的角度认为它好还是不好,这是一个。还有一个,不能一味地迎合,只满足听的人的表面或者短时的、一时的需要,所以要知道什么东西能真正满足受众。这就需要我们有一种自觉。你要了解听的人,听的人在变。社交形式也好,社交方式也好,对传递信息这样的方式改变要有比较多的认识和了解。在这个过程当中,自己要考虑,要有一个把握,把握得住就坚持一下。还有一个,接着高贵武老师的论文说,就是视觉文化的导向。因为视觉文化导向主要针对的是文字类的,直接看到的是有形的东西,相对来说把复杂的东西变成直观的、可感的、形象的东西。

可是声音偏偏在这上面是可以做到的,这反而对我们是很好的提醒。使用声音的人不管是语言还是其他,应该可以很好地去调动和刺激听的人,让他的想象在头脑当中产生视觉。这样就不是被动地看,而是主动参与进去的,这个视觉的作用就比那个视觉的作用要大得多,在人心里留下的印象时间更长。所以对我这样演播的人来说,恐怕就要想办法用听觉对别人产生影响、刺激,调动听的人产生各种感觉、知觉。

王明军:我觉得干我们这行特别愉快,特别过瘾。我经常说我们一个人就是一台戏。我们又是导演,又是演员,还是摄影。我们去描绘一个画面,去使用语言,去塑造人物性格,就是让人在脑海当中,形成一个完整的情节。我觉得这才是我们不变的东西。而变的东西是具体的接收的环境,还有不同的作品风格和产品要求。

周建龙:我是哈尔滨话剧院的一个编导、演员。做这一行我完全是业余的,我一个搞话剧的人播小说似乎就是业余的。我的的确确平时还在哈尔滨话剧院上班。当年叶老师他们那一辈人做的,叫小说连播,我是听着曹灿先生的小说长大的。

那时候我们连电视都没有,更甭提网络了。那时候的演播只要能字正腔圆,我们听众就很满足了。当现在媒体把这些有声小说全民化,谁都可以传一个段子上来,谁都可以播小说的时候,需求就开始扩大了,需求就变了。我跟好多的听友解释过称谓的问题,其实上午曾教授在这儿说过,好多人跟我说你"播"的小说,你"讲"的小说,你"演讲"的小说,你"说"的小说。但是在我心目当中,小说绝不是"读"出来的,绝不是"讲"出来的,也绝不是"说"出来的,而是"演"出来的。所以老一代演播家他们播的小说和今天的小说不同。

还有两个接近我们小说的艺术形式:评书和广播剧。评书界认为,你们有声小说就是复读机。你们有什么呀?你们会讲故事吗?字正腔圆能讲故事吗?我们当年一场论战。我十七八岁到黑龙江人民广播电台做业余演员,在那儿参与广播剧,那是正宗的参加评选的广播剧。今年我 49 岁,至少演了一千部以上的广播剧,多少集我根本数不过来。我演了那么多广播剧,我知道广播剧什么样,很多听众根本区别不开广播剧跟有声小说,他们认为你那个就是广播剧。广播剧跟有声小说最大的区别就是如果当你喊的时候,广播剧必须真喊,而我们有声小说是要假喊的。小说是做做样子的,但是广播剧全得玩真的。这是最大的、根本的区别。

所以小说绝不是广播剧,广播剧跟小说有重大区别。一个经常演广播剧的人在这儿就控制不好麦了。黑龙江台每到参加评选的时候,我演一部戏就得休三天,因为就是喊。我是当兵出身，有力度，肯定演最难的角色，播音员不能演，就得我这种人去演。演了一部戏回来三天录不了小说。评书跟小说最大的区别就是评书是说自己的话，讲《三国演义》讲的是《三国演义》的故事，而不是《三国演义》。我曾经跟评书界的老师说，你敢不敢一个字不改地播一本小说？我敢，你敢吗？他不敢。他必须转化成自己的语言，然后突出评书演播者的魅力。而我们其实是在最大程度尊重原著的基础上对文本进行小调整，不是对文本的改动。我觉得这是重大的区别，也就是所谓的“变”。我想说的内容表达的变与不变，中心意思是：有声小说不仅仅是有声音的小说，它是艺术。当一个人讲出来的话是别人写的故事、别人的文字、别人的语言、别人的思想的时候，如果你能像说自己的故事、自己的语言、自己的思想那么生动，就像刚才李立宏老师说的，那才是艺术。否则真成了复读机了。

王明军：其实我觉得也没有那么严重。所有的对于形式的追求，改还是不改，广播剧也好，小说也好，包括评书，很大的程度上，我们都是站在创作者的这一端来各说各话。其实它所有的区别是来自受众接收时候的心理期待，需要这个样子的时候就这个样子，需要那个样子就那个样子。

陈晓晖：我觉得讨论这个问题首先要把体裁界定开，然后我觉得作品内容要界定开，因为我是做出版的，是出版商。我们到现在为止已经推出了大概 100 部有声作品，但是我们推出的是非虚构类文学。刚才在座的各位演播家、专家讨论的全是小说，我们出版界把它归类为虚构类文学，比如说财经、心理学、专著都属于非虚构类文学。我们大量引进国外的版权，进行纸书的出版。在引进有声书的时候，国外严格规定不能配音，不能裁剪，必须原汁原味。所以说在讨论非虚构类作品的时候，其实我觉得就已经把刚才各位老师争论的好多事情抛掉了。其实我们要求的是什么？我们每一个人在呈现这些作品的时候，都希望能够把作者最原汁原味的东西呈现出来。我们希望的其实不是播音员或者演员去演播，我们可能希望比如说财经界的专家、心理学界的专家来解说，他们能理解书的内容。

只要你的普通话不影响人家去听，就可以了。所以说我觉得在这个里面，就是相对版权这方面来讲，美国版权是规定得非常细的，它有详细的规定是不能给比如说打包类产品销售的。我们经常看到包月，交 100 块钱你一般作品都能听。但是国外基本是不允许的，它只能单本售卖，还包括节奏之类的，全都是有严格要求的。这是补充一点客观信息。

谷建锋：我们黑龙江台的这个公司对内是艺术部门，对外是生产公司。30 多年来我们一直坚持有声制品的生产。在座的各位都是演播界的前辈，我是一个将部门生产的有声制品进行市场化运作的人，所以我坐这儿可能有压力。

我从传统电台、基层，我们在生产有声制品时的感受来谈。其实在工作中，我有最大的三点感受。我是琢磨播音员主持人演播完之后怎么把它“变现”,实现播音作品最大商业价值的。我们有13部作品,23年获得大奖,而且每年利润都还是可观的。这个过程中其实我们一直在思考,如何最大化地提升声音价值。第一点,声音的价值被严重低估。什么状态呢?我们从2007年开始,构建了一个有声制品的销售平台。当然这个平台在2015年之前,只对传统媒体销售,全国268家频率,都从我们这里采购节目。2015年之后,我们为各家新媒体运营商做录音并提供声音节目。2016年我们做了一期节目25分钟,卖了55,000多集。这55,000多集在好多人看来是海量的产量,但是它产生的价值只是收益中非常小的一部分,168万,大家可以算算多少钱一集。对!30块钱一集。55,000多集是什么概念呢?这里面剩下都是当年生产的,用两到五年的时间才能收回成本。

有很多一线的播音员,他们就因为热爱这个事业才在这儿干。你想想,55,000多集生产出来,它有演播、有编剧、有制作、有动效,这成本是相当巨大的。最困扰我们的是什么呢?就是有声价值被严重低估了。其实我觉得在这个时候不该说这个话,但我们最起码应该让声音回归市场的本源价值。

第二点,作为传统媒体,有声必须联合新媒体平台,出版界还有传统媒体优秀的演播和制作,只有联合在一起才会发展。而且可以说我们也预测了,不一定准,现在资本的风口是哪儿?是各个平台的短视频。我想三到五年的时候有声内容一定会更火。所以我觉得大家不论是传统媒体还是新媒体,是出版社还是有IP的公司,都可以合在一起,强强联合才能产生那些产品。现在的市场是一个情景化共融的市场,双方合作才可以。

第三点,就是说我感觉这个声音制品的生产必须有进入退出的机制。动效必须是同步录音,一条线上生产才能是标准。

董　健:今天我想在这儿谈一下有声读物的语言形象。我觉得要建立起这个语言形象,第一是内容要具有吸引力。在内容上,我觉得不变的应该是传统内容的生产标准。对于我们这些最基层的教育工作者来说,我们的学生急需推经典、立标杆。我们高校的这些大学生,他们既可以是有声读物的生产者,也可以是有声读物的消费者。大家其实对于读书都有很强烈的欲望,有这样的渴求,可是最后真正走入图书馆的人数真是少得可怜。

所以有声读物挺好的,提供了另一种获取知识的渠道。但是他们(大学生)从网络上获取有声读物,多数都是网络小说,很少有人去点击经典作品。所以我觉得这些学生特别需要经典,这是不变的。为什么学生不通过网络去点击那些经典作品呢?刚刚王明军老师说,他可以听有声读物40多分钟,但是我们的学生觉得20分钟都有点长。因为他们习惯了这种碎片化的阅读,他们觉得我哪有那么长的精力去一直按照你故事的铺排、悬念去听?他们希望在最短的时间内获得故事的结果。

所以我觉得这是内容上可能需要我们变的,要符合现代人的一些审美。当然现在的内容特别多,百花齐放,任由大家选择。可是我觉得因为作品多,任由他们选择是不是就会形成一种审美的固化?我喜欢这种,我就去选择这种,别的我就不看了,我也不去感受了。这个可能对于这种分层的满足,对于经营上是好事。可是对于我们高校从教的,对于我们艺术的标杆来说,未必是一件好事。

第二我觉得是形式上的感染力。我觉得不变的依然是我们对于传统的经典作品的多种样态和多种技巧的演播,这个是不能变的。但是现在有很多网络上的作品,过多地考虑"演"。我觉得像李立宏老师、王刚老师他们更多突出的是第三人称叙述这样的个性,这是不能变的。可是有太多的人注重不同角色的声音塑造,你一个人又能塑造多少呢?水浒还能塑造108个角色?就是特别混乱。所以我觉得这个是不应该变的。但是变的是不是我们在作品当中多一些释义?比如我儿子就是王凯老师忠实的小粉丝,他每天拿着《凯叔西游记》那个小玩偶放在口袋里。他从小接受的就是西式教育,我很苦恼,怎样给他灌输中国的传统文化?《凯叔西游记》他接受了。因为在这个过程当中,王凯有很多对孩子的释义。比如他说:什么是"八拜之交"呢?我给小朋友解释一下。我觉得这个很好。

对于成人的作品来说,我们是不是也可以多一些演播者的观点在里面?就是说让大家自己去体会1+1等于2,可能更能满足他们这样的一种精神上的快感。所以我觉得在这一方面,我们可能要变一些。另外是否能多一些中西方文化的对比?比如说我们在讲中国西汉的时候是否能告诉大家古罗马此时此刻也发生了什么,多一些这样的对比。那么还有就是多一些符号的介入,比如说音效、音响。我们能不能别把有声读物当成一种作品,我们要把它当成节目去做。就是每一次作品结束时都有一些点评或者议论。我觉得这也是我们应该变的。

最终我觉得获得语言形象就是一个征服力。这是一个最终的融合的精品的形象,我觉得需要有时代印记的精品去征服所有的受众。

李立宏:其实不管是听众也好,还是从写作的人到出版发行的人,到制作的人、演播的人。不要把说话的那些人统一看待,好像我们都是这样。比如我们四个包括周老师,不要把我们统一地看待。从有声读物的角度来说,就应该去掉统一的概念,应该针对那一类作品甚至针对那一个作品。演播者其实是不一样的。

李野墨:其实刚才听大家说,我就有联想。虽然我们一人一个话筒,但是真正能说话的只有一个人。这里面说了一个什么问题呢?就是话语权的问题。我们的话语权是轮流的,而且大家表面上都在讲,但其实意见各不相同,就是我们再想求同也不行,肯定不一样,我们跟各位老师的说法其实都有很大的差别。但是好在我觉得,我们卡拉OK式的这种局面已经被网络打乱了,打破了。我记得曾经有位老师说过这个话题，就是卖菜大妈的例子。如果说一个卖菜大妈她有一个心得和经历，她就在那儿说也不收费，哪怕只有三个人来听，类似游戏的这种娱乐。我们为什么不允许呢？这个大妈也有权利。

我们面临着这样一个时代，已经没有谁能说了算了。只有一个群体能说了算，就是受众。我要听你的，你就是好的。当然有人说流行的不一定就是最好的，但是没办法，至少流行的是最有道理的。最后加一句，保护版权！

主持人：各位专家请留步，因为下面有很多的朋友，他们其实特别想借这个机会能够向各位专家提问，拜托我问一下各位专家和 CEO。

第一个问题，我们讨论有声读物内容表达的变与不变，想问我们几位演播艺术家，你们现在在变吗？王老师您先说。

王明军：其实我觉得最重要的，是我对受众的认知是不变的，同理心不变。从耳朵出发，它有各种各样的需求。我认真地从听觉需求出发，这是不变的。

李野墨：我每天都在进步。

李立宏：我在变，我今天是来学习的。

梁　言：我们都一直在变化。我们不光要改变自己，如果有机会，我们还要力图改变别人的收听习惯、欣赏习惯。

周建龙：我没见过李立宏老师之前听到过他的声音，见了面他说的话跟我听到的声音是一样的。李野墨老师、李立宏老师，他们说话的方式，他们侃侃而谈、开玩笑的样子也非常生动，跟我听到的是一样的。但是很多我的听众一开始觉得特别奇怪，周老师你说实话，《鬼吹灯》是你录的吗？我说你开什么玩笑？他说我不开玩笑。他说真是你录的吗？说不会吧！我觉得生活当中周建龙和我听到的《鬼吹灯》对不上号。我说对呀，你讲故事的嘛，它不是一个现实的。我想说明我变了。我讲故事的时候不是现在的我，是因为我把评书，把戏曲，把话剧，把我知道的姊妹艺术真的想尽一切办法，用 14 年的时间研究怎么融合到我讲故事当中。所以我现在说话可能跟你们听到的《鬼吹灯》完全不是一个人。

主持人：谢谢各位专家，我们的时间到了，我们论坛之后继续来讨论。下面我们进行第二个论坛。

圆桌论坛 2：创声与创新——有声读物互联网应用现状与趋势

主持人：我们请上“凯叔讲故事”创始人王凯，中广影音北京文化传媒公司创始人兼董事长孙雨，蜻蜓 FM 总裁钟文明，车语传媒、考拉 FM 董事长兼 CEO 俞清木，上海童锐网络科技有限公司、工程师爸爸 CEO 李文华，懒人听书 CEO 宋斌，腾讯智能创新事业部总经理吴丹，科大讯飞副总裁章继东以及北京悦库时光文化传媒总经理张蓉。有请各位嘉宾落座，本环节的论题是“创声与创新——有声读物互联网应用现状与趋势”。

王　凯:因为在座的大多数是互联网人士,我们能不能建立一个不一样的规则,我不知道这个规则建立得好还是不好,我想看看它会演变成一个什么样的状态。原来这么多论坛不管是引导型嘉宾也好还是主持人也好,都是主持人发问,咱们打破这个状态,我就给大家开一个头。每个人都是提问者,我一会儿随机提个问题,您回答了之后,才有资格向另外一个人提问题。但是面对这么多人,你的问题得让人有期待,一定要让大家有掌声才可以。

在开头的那些讨论当中,我听到有些艺术家好像有点悲观,说在这样的一个视频充斥的时代,大家的注意力不能集中那么长时间。其实我觉得咱们这一堆人坐在一块,都应该让大家听振奋的。我并不觉得有声读物现在的市场是一个悲观市场,而恰恰是一个正在直线上升的市场。也许过去的传统平台型的业态会有一些悲观的情绪,但是对于每一个创作者个体来说,绝对是迎来了一个又一个春天,我本人就是一个例子。我从 2014 年 4 月才开始创业,那时候就一个人讲故事,到现在由一个人变成 200 多人的团队,光靠给孩子讲故事,就一年两个亿的销售额。这是这个时代这些商业模式各个方面带来的加持,你发现其实不是你在做这个事情,是时代在借你的手做这个事情。

所以这个时代对于所有人来说绝对是刚刚好起来的时代。

我想向钟总提一个问题。原来我们俩见面的时候聊的是投资,现在见面的时候开始聊业务。我特别想问你这么一个问题,为什么你原来是个投资人,把钱投来投去把自己投成蜻蜓 FM 总裁?

钟文明:我相信所有人做选择、做决策的时候,都是要看到未来的。不是以过去做选择,而是以未来做选择。很显然,我到蜻蜓 FM 来,肯定也是看到一些未来的东西。未来什么东西呢?我觉得有两个:第一是所谓的内容付费,第二是人工智能。内容付费是 2016 年开始的,2017 年开始的是人工智能。这两个趋势是怎么来的?第一,内容付费。相信大家都是过来人,过去互联网的内容都是免费的。从 2016 年开始慢慢你需要花钱了,30 块钱也可以,100 块钱也可以。有了这个东西以后,对于我们平台来讲,我们可以收钱了。

更重要的在哪里?更重要的是有了付费以后,我们的主播是可以赚到钱的,或者说更多的主播可以赚到钱。主播可以赚到钱以后会发生什么情况?就有更多、更好的主播加入进来,有更好的人来生产内容,有了更好的内容就有更好的听众来听我们的东西。所以这个盘子越滚越大,我们的平台也会越做越好。从中也能赚到钱,我觉得这是第一个点。

第二,人工智能。大家都用手机,我们以前说功能机,功能机时代我们人机交互是键盘。后来到了智能机,我们的人机交互是什么?是触摸屏。现在我们都在讲人工智能,人工智能的时代人机交互是什么?是语音。所以语音这个价值突然间发生变化了。我们说天上不会掉馅饼,但是实际上你在音频这一条路上,如果坚持时间长了就会掉馅饼了。我认为内容付费和人工智能就是掉馅饼。语音交互的便利性和交互内容的直达性使得我们这条跑道重新定义。这个定义让我们的商业价值往上走,让我们用户往上走。像我们以前做电台,一开始我们向广播电台的老师学习,都是去挖电台的人来帮我们做内容;后来有了听书,我们向出版社学习,去出版社找人才;现在我们做课程,从教育培训机构招人来做内容。我们在不断地学习。

在这个学习过程中我们发现,这个东西也在丰富我们。实际上我们每年都在变,跟上这些变化的就活下来了,没有跟上变化的就出局了。所以这个过程我们认为实际上也是非常不容易的。总的来讲凯叔的问题,我觉得所有的问题、所有的决策都是基于未来对现在的。不管是内容付费还是人工智能,我们这条跑道,我认为可能是一百倍甚至更大的这种变化。刚刚前面也有人讲,我相信短则三年长则五年,我们这个行业的从业人员会越来越多,内容会越做越好,而且一定会出现爆款内容。到目前为止,爆款内容都在视频,音频里好像并不多,凯叔算一个。但是我相信未来至少有十个甚至有一百个这样的凯叔。这是我的憧憬。

王　凯:我们获取这个世界的资讯80%是靠视觉,剩下的几个感观来分别获取那20%。但是视觉获取的这个资讯特别多、特别庞杂。比如说我到一个现场,好像看到了很多东西,一闭眼,又好像没看到什么东西。它是一个多线程的获取。但是听觉是单线程的,比如这个会场非常嘈杂,在这个过程当中,它的集中度特别高。另外,声音的优势是什么呢?是多场景。视频,你必须去看,你80%的资讯都可以用眼睛看。你盯住了它就看不了其他,你认真看它的内容就看不了其他的,你开车一定不能看视频。但是声音可以浸泡在所有场景,甚至在睡眠中。

所以未来我真的觉得,当然前提是版权保护各个方面都做足的时候,有这点土壤的时候,声音一定会一飞冲天。

钟文明:我想问宋斌,你的平台目前还是听书的内容,未来会不会大举进入听课程的内容?

宋　斌:我认为大家对文学的需求是很稳定的。就像阅读一样,从有文字以来,人们对知识的获取基本上靠文字,不管是小说体裁,还是其他。文学的内容消费,对故事性的要求也是非常稳定的,受众也是非常广的,这个需求肯定是有的。从2016年开始,各个平台,不光是我们互联网平台,还有内容制作方都非常看好这个行业。风口的性质比较强,目前的话天花板也特别高。课程可能不会是我们的主要方向。我觉得主要还是要把我们有声读物的品类再扩充,质量再提高。在内容布局上面我们还是原创、出版、节目类型、知识付费类型这四块内容,我们目前的战略方向是这样。就像刚才李野墨老师说的,流行的东西赚钱但是他不去做。其实不光是在艺术欣赏这一块制造者有用户区分,我们用户割裂的情况也很严重。所以说我们在内容上面,也用人工智能对用户进行区分。我们希望千人千面,什么样的人有什么样的内容,基于我们的分析去做那样的内容。对钟总的回答就是,会投入,但不是重头。

王　凯:听了以后你觉得有点放心了吗?

钟文明:我比较放心了。

王　凯:好多人说互联网产品一种是有用的,一种是无用的。所谓有用的是这种课程。听了一些课程之后,有两种情况我愿意付费:第一种情况就是你提升了我的某种能力;第二种情况就是你告诉我此时此刻我的问题不是问题,你缓解了我的焦虑。只要你实现了这两种,作为一个课程来说我觉得都是好的。反过来会有一些所谓听起来没有用的。比如说文学、音乐作品,或者我听的这个东西花了钱,我只获得某种感受,它可能是无用的。但我想说的是有用的和无用的它都值得付费。有用的它带给我生活上的某种提高,可能是收入或其他方面;而无用的带来的是我幸福感的提高。从这两个角度来讲,我觉得二位的生意都是踏实的。

宋　斌:其实我不赞同无用这个说法。我觉得人活在世上幸福愉悦是最重要的。学习是为了幸福,每个人对文学的欣赏程度也是不一样的。目前人类解决吃穿住行需求后,剩下的就是娱乐需求。我们做很多东西,比如建造很多高楼大厦,做电视节目,做 VR、AR 的体验,其实都能满足人类娱乐的需求。为了满足人类的需求我要学习,但是终极目的都是为了娱乐。我们在吃穿这块基本上已经不再愁了。我想问一下考拉 FM,对车载这一块,您很早之前就强势介入了,当初是如何考虑的?未来的市场规模有多大?自动驾驶普及之后,汽车娱乐的发展会是什么情况?

俞清木:我们最早在广播做了十年,然后在手机这块跟蜻蜓 FM、喜马拉雅同步做了四五年,在车载这一块也做了四五年。但我不认为我们是竞争对手,我觉得我们应该是互补关系。做了十年音频,我们首先要知道音频这个市场有多大,就是你要清楚它的定位。刚才王凯老师讲,音频有很多好处,但实际上音频的劣势我觉得我们也很清楚,它的冲击力不强,坦白地讲,在所有媒体当中应该是边角料。之前我在做手机的时候,曾经想过这样的场景,互联网化以后,在公交车上、地铁里都可以听,因为看不方便。但是很遗憾,在地铁里大家都打手机游戏,看短视频,看一些小说之类的。实际上听的还是少数,这个真是让我当时觉得很抓狂。

我们做音频也不妄自菲薄。这个市场到底有多大?最近有个数据说美国的有声读物市场在增加。互联网化以后它增长率是 30%多,它的市场只有 3 到 50 个亿,并不大。美国的车载市场有多大?三四百个亿,美国的音乐市场 160 到 200

亿。那我们再看看中国，中国的广播市场大概在 200 亿不到，100 多亿多一点。我想问中国的手机音频市场有多大？我觉得我们大家都很努力。大家什么时候听音频？我们一定要弄清楚，因为这个互联网是场景化的。所以刚才好多 CEO 说，中国人基本上听音频百分之六七十甚至更高的比例是在车上。那么有多少人用手机来听音频呢？我可以给大家一些数据，这些数据一个是搜狐做的，还有一个是乐视汽车做的。搜狐做了一个调查，就是中国人用了智能手机以后，到底干什么？它们发现真正过亿的只有两个应用：微信和微博。那是社交媒体。过千万的有视频，有手机游戏，包括像今日头条这样做服务资讯的，还有电子商务，其他的都是不够千万的。

所以从这个角度来讲，音频这个市场到底有多大？我们怎么定位它？我个人觉得可能有懒人听书专门做这个，我认为这个市场肯定需要一个专门做这个的，融不下太多。人群就是这些，大家都是什么时候听音频呢？睡前，或者是想得到一些知识的时候。

王　凯：我插一句，如果这样算账的话，那就是一个老师在线下可能走穴。在线上卖得不好可能和线下等同，但是如果卖得好可能会增加他线下的身价。

俞清木：我认可你的观点，但是问题在这儿，我觉得每讲一本书或者每做一次讲座要花很多时间。你要做得精彩，就要不断地去学习，你会把自己掏空的。所以教育和培训最赚钱的是不是在线上，我觉得要打问号。如果一个教授一年不学习，但是走 100 个城市就赚 1,000 万；在网上可能要不断学习，不断地掏空，1,000 万是不容易赚到的。我就只打个比方。所以从我的角度来讲，我觉得从 2014、2015 年开始，我们在做这个定位，实际上有声读物只是读物的一种，我们的定位是把自己变成一个技术或者一个产品的解决方案。我们专注车载，就是协助厂商把车载的技术，这个产品平台给搭建起来。大家在车上听，内容我相信在座的各位老总、各位老师都可以去做。这个时候我们可以去做付费收听和广告等。

而这个市场是明摆在那里的，下一步我们要把这个做好。我觉得音频可能要分，有声读物包括节目，在每一个领域，在手机端、广播端，包括在车载端怎么去分。对音频来讲，要把这个问题想清楚。

我提问科大讯飞的章总，科大讯飞的语音交互做得很好，也在往音频内容领域拓展，不知道是什么样的想法？

章继东：科大讯飞作为一家人工智能公司，定位还是提供技术方案多一点。当然技术本身是产生不了价值的，核心还是要跟内容或者跟优秀的创作者一起。比如说我们现在跟凯叔合作，跟腾讯也有合作。实际上我们看到，大家听到人工智能就特别恐慌，觉得它会取代很多人的工作。现在人工智能发展到什么阶段呢？在声音这个领域，能模拟一些人的声音，凯叔听了我们模拟出来的他的声音，这个只在知识和信息传递的层面听起来还算是能接受的。但是比如说像我们演播艺术家,包括凯叔讲故事,人工智能还早着呢!这属于艺术创作,还有很长的路要走,其实从我们技术的角度来说,人工智能更多是服务于这些演播艺术家,把一些工作解放出来。

而机器人确实能取代一部分人力,这一部分人更多是非常普通的工作者。这就是刚才各位艺术家在论坛中讲到的,比如说我们网络上很多粗制滥造的 UGC 的内容,这是能取代的。人工智能可以取代这些,但是以后越来越多的优秀的内容和创作者会越来越值钱,因为机器达不到这个效果。外界都在担心我们会取代一些工作者尤其是艺术家,而我们回过头来反倒特别希望像李老师等艺术家到我们那儿去给我们的技术做一些指导,让我们研究机器怎么更好地服务于艺术家。但我们很担心的一点是什么呢?担心在互联网这个特别发达和粗制滥造内容充斥的环境中,优秀的演播人才反倒很难成长,或者说培养体制不好,就是以后这种优秀的人才越来越少了。如果优秀的人才越来越少,这些艺术作品就越来越少。对于内容本身,我们肯定坚持的一个思路就是,以技术为核心去服务优秀的作品,服务优秀的艺术家。这是我们一直坚持要做的。所以跟在座的各位都有一些合作,我们也希望各行各业与我们做一些深度的合作。

王　凯:刚才在台上放的人工智能模拟的李立宏的声音,其实就是用科大讯飞的产品做的。所以为什么挑起这个话题呢?我在这方面和科大讯飞也有合作。前两天在上海录一期节目,当时也有人说人工智能出来之后,你们这些声音艺术家都不要了,直接就机器生成了。人工智能来了没有关系,我们不以它为敌就好了,它是我们的工具。音质本身有没有版权?

章继东:从目前专业的法律上来讲是没有的,这是一个。但是对于技术公司研究技术来讲,很多时候没有这种机会,所以我特意找到李立宏老师,并邀请他到我们公司去看一看,是真诚的邀请。像凯叔的声音也一样,我们会服务于凯叔的平台。作为一个技术公司,除了技术研究本身需要之外,我们是非常尊重声音的版权的,这个确实非常重要。并且我们对于艺术家的艺术作品也一直非常尊重,我们特别希望与老师们形成深度的合作。

王　凯:其实我觉得这件事情是需要所有的利益相关方一起推进的,在这方面如果走在法律边缘,双方都难受。

章继东:我们首先提出来在立法方面、人文关怀方面能不能改变一个行业。我们是做技术的公司,我们尊重基本的版权,都有非常明确的版权保护,在这点上我觉得我们必须走在前面。作为亚太地区中国人工智能产业的领导者,我们必须把法律放在第一位去考虑。

既然凯叔问了我这么多,我也问凯叔一个问题。凯叔现在你讲故事这种垂直的点吸引了大量的粉丝，似乎有多元化发展的趋势，比如说做小孩的知识付费等。这中间会不会对你的人格化 IP 有影响？这是第一点。第二点就是说未来也可能因为技术的发展，会有虚拟的形象。虚拟形象对内容的包容度很强，如果是一个虚拟的 IP，它对作品的包容度和丰富度会更强。您对这个方面是否会有些担忧？

王　凯：我先说前面的问题。多元，我们是从给孩子讲故事起家的，其实最早是讲绘本，现在涉及科普、儿童文学、国学等。其实在我看来，人格化 IP 并没有超出我们的发展。其实我们服务于 2～12 岁的孩子，也就是进入童年的孩子。通过内容来服务，通过内容的衍生产品来优化他们的生活，这是我们要做的事情。我们会把适合 2～12 岁儿童的这些都用我们的解读方式重新做一遍。包括我们还会有很多原创，其实我从 2016 年到现在，应该说全力以赴做原创才一年吧，出了一百多本书，所以我们还有出版业务，跟很多出版公司一起合作。总的来说，我们会围绕儿童来深耕。

第二个问题，就是虚拟形象的问题。虚拟形象其实我自己也在打造，如果现在打开 App，首先映入你眼帘的是凯叔小知识。而凯叔小知识不是凯叔讲的，是我们两个虚拟人物讲的。所以这块从我们的角度来看，没有体裁之别，只要是为孩子服务，能够符合我们自己的定位：儿童的非课堂教育，就可以用。只有不给孩子课堂感的服务，让孩子从心底里喜欢内容，你才有资格来提高，带动他成长。因为一旦进入课堂或者进入课堂场景的话，我们和孩子、和家长之间会有一个心理契约。

我们是放在除课堂之外的场景，没有人上课时去听凯叔讲。那我们首先要做让孩子喜欢的事，所以这里面的内容其实是我们要坚持的。

我问问孙雨兄，你本身在做有声内容的创作公司，与此同时还是主持人委员会的副秘书长。主持人委员会集合了很多优秀的主持人，为孩子们播读课文。未来会不会涉足付费产品？如果涉足付费产品，会从哪方面入手？

孙　雨：我在酷听听书做过两年 CEO，负责整个运营的生产。中广影音是 2017 年刚成立的品牌。刚才在座的五位演播艺术家，其中三位跟我是密切相关的。在座的从事互联网有声行业的基本上都获得了资本的追捧，多多少少，包括凯叔这种新媒体的有声从业者也都受到资本的追捧。资本追捧就说明我们中国的有声市场是发展迅猛的。

那么下面面临的两个问题就是：第一，主播的价值还没有被发掘出来；第二，精品的有声内容还非常缺少。为什么经过这四五年的发展，才受到资本的认可和追捧呢？我觉得有两个原因：第一个是我们还在起步阶段，有声内容不够丰富，所以形成不了很好的付费；第二个是我们用户的付费习惯刚刚形成。

另外我纠正一个说法，对于 2016 年是收费的有声元年这种说法。其实大家可以搜一下，今天有个媒体朋友是《出版商务周刊》的，2012 年就有对我的专访。当时听我们一本《斗破苍穹》就要花 80 多块钱。当时我们天方听书网有很多知识类的节目,包括现在非常流行的蒋勋老师的《戏说红楼梦》,这些内容都是有的。这点我讲完了,接着来回答您的问题。

我同时兼任三个协会的副秘书长职务,主要以主持人委员会这边为主。第一个协会是当时为了有声读物成立的中华文化管理协会有声视听文化委员会。这个协会的好处就是连续每年举办一些主播的高峰论坛,并对中国的这些“草根主播”进行培训,提升这些主播的业务水平,也明确了行业的发展方向。第二个协会是 2017 年 3 月成立的中国朗读专业委员会,在文促会下面。文促会主持人专业委员会是中国目前最大的主持人群体组织,有省级以上的知名主持人 5,000 多人。12 月 9 号,我们将在深圳举办首届金牌主播的优秀主持人颁奖活动,里面就包含一个奖项,就是对我们做公益的主持人的认可和奖励。

另外,您说的“美声图书馆”是 100 多名像您这样知名的主持人,没有一分钱费用,利用业余时间去把它录出来的。做这个公益的目的就是想让中国的这些中小学生,能听到真正内容优质的课文有声读物的版本。未来这个项目也不会收费,目前小学部分基本上录完了,正在加紧录中学的部分。做公益就做公益,这一帮主持人都是有正能量的。

说完这些我还要跟叶老师说一个,今天听了您讲的,我非常感动。因为我作为一个电台从业者,像您这样为有声、为小说连播做了这么多贡献的老前辈表示致敬。广播电台是有声读物的“祖宗”,1949 年上海人民广播电台做了第一部小说连播,讲的是一个抗战故事,所以说广播电台是有声读物的鼻祖。

我问一下北京人民广播电台的张蓉。上周我在深圳给全国的广播电视负责媒资的同事们进行了一个培训,通过接触我发现,全国各地就我们体制内的电视台的媒资的转化能力还是非常有限的。其实我一两年前就在约北京人民广播电台的张总,张总这边负责悦库时光,确实把电台的媒资转化做得非常好,有具备新内容的生产能力,一直在良性循环。请张总分享一下传统电台制作有声读物,是否像过去讲的遵循一种传承下来电台制作方式,还是有一些创新的方法？今后的发展方向、目标是什么？有请张总。

张　蓉:我觉得可以用两个词来说,第一个就是不忘初心;第二个叫砥砺前行。因为移动互联网时代的来临以及现在第三方支付平台的便捷,整个音频市场有了非常大的变化。我们是从传统媒体走到市场的公司的,所以我们想的第一件事就是用户在哪儿。用户的收听习惯决定了我们提供产品的方式方法,这是非常重要的事。但是因为我们具有传统媒体的基因,所以在生产过程中肯定不可避免地会沿用一些在传统媒体中认可的东西。比如我们的表达,我们要请非常好的演播老师去制作,我们在遇到合适的剧本的时候,会评估它适合做有声剧、有声小说还是广播剧,是单播还是对播,对它的形式会有研究。

我们在渠道上也要考虑。我在用手机听的时候不一样,为什么这个片花我就不能忍受?那是因为大家会有专门的时间去听,它拾取的场景是完全不一样的。所以从这点上来说,我们在内容创作上一定是要有创新的。而且多说一句,就是在我们北京电台,原先我们和很多出版机构的合作模式,更多是有好的内容,电台去做内容推广,它是一种资源互换的模式。但是刚才好几位平台方的负责人都在讲,我们是看好未来的有声市场的,一定是看好的。因为人们的需求被放大了,支付方式的变化让人们做有声市场从“0”跨越到了“1”,就是大家开始付费来听东西了。我们这个公司是在 2015 年 2 月刚刚成立的,这两年我们就看到了整个有声市场非常大的一种变化。在我们成立之初,市场上内容鱼龙混杂,模式也是鱼龙混杂的。然后我们经历了一次性授权,慢慢走到了现在,可以让用户去付费了,这是一个非常好的市场信号。其实有声阅读的整个发展模式和电子书的发展其实是有一些雷同的。一开始,大家可能会在手机上去看很多免费的、盗版的电子书,里面有很多错别字,那是因为当时没有特别好的平台或者硬件,给我们提供这么好的内容,没有便捷的方式。当电子书慢慢发展到现在,咪咕、掌阅这些平台起来了。

有声读物最开始的平台都一茬一茬地过去了,现在我觉得能够算得上很棒的,坐在这儿的有这几位。同时在 2017 年,我感觉到 BAT 进入了,微信也开始了,还有很多很多的平台都进到这个大的市场里。那么这个市场其实就给了我们一个信号,这个市场一定是会越来越蓬勃的。那么在蓬勃的市场中,我们是做内容提供的,我觉得会有越来越多的人需要优质的内容,因为付费的方式和免费的方式它对内容的需求量绝对是不一样的,而越来越多的付费用户会对内容的精良度有特别特别多的需求。

所以从这个角度来说,我觉得今天不管请的是演播人还是内容创作者,都是一个非常好的市场信号。对于我们内容商来说,实际上我们跟 100 多家出版机构都有版权上的合作。2017 年我们做了《白鹿原》《人民的名义》,市场上反馈都非常好。同时我们自己也跟懒人听书还有喜马拉雅等互联网平台有非常好的合作,它们的这种支持让我们看到了未来变现的一种可能。虽然从内容提供商和平台的角度来说可能我们还不是很强势,这是一句实话,实际上平台比我们要强势。但是我相信随着这个市场的不断发展,好的内容、好的机构一定是稀缺的。而且我们也想,现在的这个互联网平台,从流量经济走到了内容付费的经济,微信上各种各样的渠道会越来越垂直。

垂直市场带来了细分。那我们在想,做传统媒体出来的人怎么能在互联网市场上找到自己的立足之地?第一,要保持精良的内容;第二,要知道用户在哪里,我们怎么能够真正连接用户;第三,要有清晰的面貌,因为市场非常大,你只有作出自己的品牌、自己的形象、自己擅长的类别,才能真正存活下去。这是我的一些体会。

王　凯:这个市场一定需要最好的内容。昨天我在网络视听大会上还说起,现在内容付费、知识付费风起云涌,各个平台都在做,但实际上内容的提供水平还是比较初级的。就像一开始有淘宝的时候,上面也是充斥着各种假冒伪劣产品。市场一定会越来越好的,当然也需要法规等各方面去健全。从开始有视频网站,到基本上所有的视频网站都播放正版,也需要时间。音频更好,随着支付的便利化,国人的版权意识越来越强,这个时间会压缩到根本不可想象的地步。谢谢大家!

张　蓉:我想问问李文华,第一,您的平台是专门面向青少年的平台,儿童市场到底是什么样的市场规模?第二,儿童产品的付费是什么样的趋势?包括什么样的用户?你们这个市场中,它在什么场景下会有消费需求?

李文华:工程师爸爸是我做的一个儿童垂直应用的市场,大概在2011至2013年年初,这个市场今天已经不存在了。口袋故事是我们在2012年,为这些儿童App提供发行平台的时候,发现儿童听的需求特别旺盛,频次很高而开发的。那年我们是在做一个更大的儿童内容市场的过程中发现了有声市场,但是我们很快发现,这个市场里更多的是一些公版的内容,像《西游记》《安徒生童话》《一千零一夜》,等等,还有我们小时候听过的一些我现在都能想起来的故事。除此之外,没有了。我们通过数据看到了这个市场潜在的需求和规模,所以我们一个作品平台被迫冲出来签了儿童文学的作家,然后我们"被迫"找到了上海译制片厂的大咖们,来为我们的小说配音。

所以我们口袋文学的第一批作品,签了很多像《大头儿子小头爸爸》这类作品,并且请了迪士尼的配音。这是前面一个过程。但就您的第一个问题,今天我来看这个市场,我觉得宏观来讲有几点其实蛮值得我们思考的。第一点,儿童不认识字,也就是说他获取信息的渠道要靠看和听。"看"这个通道对于孩子获取信息来讲,其实我相信不仅仅是今天,自古以来它就是最重要的一个通道之一。第二点,我们以前可能把金庸的小说看完了,然后去看电视、听广播剧,因为这里面包含的东西是其他形式给不了的。但是儿童不能阅读,他需要通过声音获取信息。所以儿童听故事是儿童的娱乐,但是它还有教育属性,孩子对这个世界的很多认知来自这些故事。今天我们来看儿童有声读物的市场,我个人觉得它可以拔到更高的程度就在于,有声读物把孩子获取信息的年龄往前提了三到四个年龄段,它把孩子获取信息的频次往前提了一百倍甚至更高。而在儿童大脑的发育过程中,他获取信息跟他的这个成长、认知还有教育成长相关性是科学已经论证过的。所谓三岁看老,大脑皮层70%四五岁之前就形成了。这几个结合起来,其实儿童有声读物市场大得超过我们的想象。不只是儿童娱乐,还有更大的儿童教育、儿童认知的发展。这是我们对于这个市场的一个宏观的看法。

第二个问题,我想谈儿童付费的场景究竟是怎么样的?我们刚刚开始做这个市场的时候其实也有很多误区,认为只有六七岁以前的孩子听,但实际上超过12岁的也很多,这是第一点。第二点,究竟什么样的孩子、什么年龄的孩子可以听什么样的内容?我们也有很多误判。我们发现,有声读物拓展了受众年龄的分布。我特别想问问腾讯的吴总,怎么看待内容跟终端的连接?

吴 丹:这是一个很好的问题。简单来说我们觉得手机是非常强大的。在未来的几年时间里面,手机仍然会是使用中心,这是不会被取代的。传统行业觉得互联网行业都是创新,都是非常快的。当你真正在互联网行业里面的时候,才知道每天是如履薄冰的。你在里面会看到新的技术出来,稍微不注意的话这个东西就会变成另外一个很新的领域,发展很快。三年以前亚马逊在美国推出了智能音箱,那个音箱是声控的,当时这个东西非常新,超过了很多人的预期。当时推出来的时候其实在整个行业里面一年多的时间是没有竞争对手的,没有另外一个同样的产品,这个在互联网行业里面是非常难以想象的。这样的颠覆、这样的创新实际上就是互联网公司在避免的,都想自己能够赶上这样的潮流。

但是我想说的是,第一点,互联网做出这样的东西来,一定是看到了里面用户的痛点,看到了用户的需求。像这样的智能音箱出来以后,在美国家庭里面推广得非常快,一年就有一千万的销量。他们使用这个东西,主要是听音乐、听新闻还有听有声书。所以我想讲的是,对于这些能够解决用户痛点的地方,互联网公司可能会走得更快一点,硬件的推出是在拓展应用的场景。第二点,我们来看,不论是各种各样的硬件,还是走到用户家里面去的新的方式,在短期内可能用户觉得比较新奇,觉得这个东西能帮助到他。谁的体验好,谁就能更快推出去。但是如果放到一个更长远的时间上来看,最后还是优质的内容才是竞争的根本。那么谁有比较优秀的主播,谁有比较优秀的有声读物资源,这个是最后能够起决定性作用的,是取胜的关键。

我想问一下蜻蜓FM的钟总,就是现在来看的话,整个有声读物领域在快速发展,但毕竟有声读物的用户群体还在增长过程中。所以一方面,我们想优秀的主播能够尽快有知识付费,享受到这个利益;另外一方面,我们希望更多的人都能进来,价格可能在互联网行业里会是一个门槛。所以这两者之间的优先级您是怎么考虑的?

钟文明:这也是我们经常想的问题。我觉得两方面:第一,如果从历史角度来看,这个问题过去就是这样发生的,视频过去十年都是免费的,我们的音频实际上从2011年到现在也基本上全是免费的,都在获取用户,从2016年到2017年开始收费。所以从历史的眼光来讲就是先免费再收费。

第二,未来我觉得这个东西有可能是同步的。好的内容不多,用户也有限,有了付费,好的内容越来越多。我经常问我的制作人,我说你能不能卖200万到300万份?他说那怎么可能呢?如果卖200万到300万份是多少?就是4到6个亿。当你一个作品能够卖到这样级别的时候,你说你做付费还是免费?肯定做付费的。这些东西我跟凯叔的观点比较类似,他讲了很多。所以任何一个产业发展起来它是需要过程的,但是它前面都有类似或者其他产业可以参考。我经常说你看电影行业放在十年前或者八年前,最好的电影票房大概十几个亿的时候,那个时候电影行业很难的。愿意拍电影的人不多,能拍出电影的人也不多,粗制滥造。谁能拍出一部好电影?到了今天,电影市场500亿,未来到1,000亿的时候你去看。所以回到这个问题,从未来来看,免费和付费这个东西应该会同步。而且付费有可能会成为爆款,甚至会超出我们的想象。免费我觉得也有空间,这个空间就依赖于用户数。

俞总也在讲,实际上我们可能看到的有些不一样。的确,到今天为止,我们整个手机端的渗透率只有10%~20%,视频是90%。如果你用历史眼光来看,这个很讨厌。但是你从未来来看,这个东西是最有魅力的,这就是魅力所在。这是因为现在渗透率还不高,如果加上所谓的人工智能,除了手机之外,肯定远远不是今天的样子。包括音箱,未来也不一定要音箱,有可能叫助手,有可能是凯叔的那个玩具,有可能是耳机,也有可能是其他的。有了非常多的这种智能硬件和相关东西以后,我这个声音的传达、分发的效果,我觉得是不可想象的。所以我想说的是,未来这两个有可能是同步的。对于我们来讲,现在两条腿走路,齐头并进,我们也希望这两者里面都能够出现好的内容。一旦出现爆款内容,说明市场就起来了。

王　凯:我相信腾讯也准备在智能音箱发力了。你觉得成人用的音箱和儿童用的音箱有什么不一样?第一,他们的需求和动作是不是一样的?第二,有没有可能他们用的是两个音箱?

吴　丹:儿童和成人用音箱都是为了满足同一个目的,都是为了听到里面的声音,但是兴趣点不一样。从技术上来说的话,成人和音箱的对话更容易一些,而小朋友因为发音还在发育过程中,所以音箱识别他们说的话可能困难一些。

章继东:我们提供技术解决方案。所以我稍微补充一下吴丹的话,儿童实际上对技术的适应是有问题的,科大讯飞在这上面做了很多工作。儿童口齿不清,但儿童对于容错率的接受度非常好。比如说发现音箱有可能答非所问,他会觉得很有意思,但成人是不行的。另外,儿童对于IP的感受是不一样的,像凯叔的IP形象以及现在各种《西游记》的形象,对孩子的吸引力是不一样的。有很多小孩是抱着玩偶睡觉的,但是他不可能抱着音箱睡觉。这两个场景之间还是有很大的不同。

成人对于音乐的需求可能比较高。我们在儿童的内容推送上做了很多工作,就是你要给他引导。成人的诉求有潜力,对内容的要求比较高,这样一个产品融合在一起非常难设计。所以你不要跟凯叔抢生意,你做成人音箱还是比较好的。

王　凯:从付费的角度来讲,儿童内容和成人内容有什么区别?

李文华:儿童市场难做首先是因为它的购买和使用是分离的,家长对孩子听的内容是不了解的。其次就是我们看到五岁以上的孩子,00后的孩子使用智能手机也完全没有障碍。将来人工智能的发展,可能把三四岁的孩子都带入自主使用中来。早期都是家长选好的,但是未来由于智能在发展,技术在发展,孩子有更强的自主性来选择自己喜欢的内容。这其实产生了一个悖论:我们应该鼓励孩子的这种自主性,还是把自主性和家长的选择性进行平衡,这是一个问题。当然从付费的场景上来讲,现在是两种情况并存。当然我觉得产品的模式不一样,产品运营策略不一样,都会导致这两种付费策略交织在一起。

王　凯:今天时间就到这里了。我觉得收获还是蛮多的,每个人讲的都是干货,而且有很多问题非常犀利。业界还会有更多的探讨,非常感谢这次论坛。今天"有声读物互联网应用高峰论坛"让我们看到,有声市场的天花板还很高,我们会亲眼看到它飞速发展。不管平台是否速生速朽,这个不重要,重要的是内容创作者的含金量要越来越高,这个时代对优质内容创作者的需求越来越高,他们的身价也会越来越高。我们就看他们是不是具备匠心,是不是有高水平。再有就是要拥抱,技术来了,不能排斥,大家应该合力为有声市场打造一片天地。

主持人:非常感谢各位嘉宾的分享。谢谢各位嘉宾、各位专家、各位领导。朋友们,今天"有声读物互联网应用高峰论坛"就要画上圆满的句号了,再会。

听觉文化价值的重新发现

——兼论视觉文化主导下有声读物的生存与发展

◎ 高贵武 周宇博

摘 要:在当前纷繁嘈杂的社会环境下,以有声读物为代表的听觉文化产品因为蕴含着早期口口相传社会的丰富而强大的生命力,正在用一种古老而深刻的力量,以一种毫无攻击性但自始至终默默陪伴的姿态,直击听众内心,成为当前社会多元文化中不可缺少的重要构成。

关键词:声音;听觉文化;有声读物

在人类发展早期,听觉对于人类的生存、社交以及文化的形成、传播的重要性都不言而喻。在文字出现前,信息交流和文化传播都只能依靠口耳相传,听觉是个人连接自然与社会最主要的通道。此时,耳是获取知识、进行思考的主要器官,是实现人际交流、处理社会事务的主要器官,甚至是用于交通神灵的主要器官。在无文字时代,人们是用口耳相传的方式来记录历史、传播知识的。这时的文化,是听觉范式优先的文化。①

在古希腊,最伟大的文学诗篇《荷马史诗》就是通过盲人荷马之口慢慢流传开来的。当时主要的文化传播者被称为"游吟诗人",一个"吟"字足以说明口耳相传在那个年代文化交流中的分量。同时,古希腊很多文化形式的发展都高度依附于听觉这一器官,比如闻名于世的古希腊悲剧正是起源于祭祀酒神狄奥尼索斯庆典活动中合唱歌队伴奏。

在作为中国古代诗歌开端的《诗经》中,拟声词是重要的组成元素。《诗经》305 篇中,有拟声词者占 53 篇之多,是将近 1/6 的数目。仔细听来,有水声、虫声、鸟声、风声、玉声、金铁之音、劳作之音、车马之音、钟鼓之音等不一而足。从结构上看,拟声词有置于句首起比兴作用的,有放在句中描摹环境的,有具体用来表情达意的。声音的摹写使得场面或宏大或细腻,音调或婉转或铿锵,节奏或舒缓或急

① 王小盾.上古中国人的用耳之道——兼论若干音乐学概念和哲学概念的起源[J].中国社会科学,2017(4):175.

促。给人带来全方位的感官享受,其可悦人耳目,畅人心意,怡人神志;展现出一首规模宏大的交响乐,反映着先民们的悲欢离合,生息劳作。①

由此可见,"声音"这个元素以及其造就的听觉文化价值是口口相传时代的文化基础,在中西方传统文化中都扮演着无可替代的重要角色。然而这种"无可替代"的重要性并没有持续至今,当前显然是视觉狂欢的时代,视觉成为压倒一切的主流形式。

一、听觉文化的衰落

(一)视觉文化的挤压:传播桎梏的打破

说到听觉,必然要提到与之密不可分的另一感觉——视觉。正如中国文字中"耳聪目明""闭目塞听"等成语所彰显的那样,即便是在人类发展早期,听觉和视觉总是同时存在且有着同等的重要性。听觉和视觉的协调也被认为是人们融入社会的关键因素。黑格尔指出,在人类的所有感觉中,视觉和听觉最终成为人类最主要的审美来源,视觉产生了图画、雕塑等造型艺术,听觉产生了音乐艺术。语言通过听觉来完成交流,又有视觉的形象表征作为基础。视觉取消了人与外界世界的距离深度,一切都以主体的三维的空间画面呈现在我们的面前。②

值得注意的是,无论从东方还是西方文化来看,视觉都被认为是比听觉更加可靠的信息渠道。亚里士多德在《形而上学》的开篇说:"求知是人类的本性。我们乐于使用我们的感觉就是一个说明;即使并无实用,人们总爱好感觉,而在诸感觉中,尤重视觉。无论我们将有所作为,或竟是无所作为,较之其他感觉,我们都特爱观看。理由是:能使我们识知事物,并显明事物之间的许多差别,此于五官之中,以得于视觉者为多。"③在西方传统的主流话语中,视觉被认为是人们认知事物、形成观点最主要的途径,"view"同时兼具"风景"和"看法"两个含义;"idea"本意为事物的外观,后被演绎为"理念、观念"之意。

中国文化中也有"耳听为虚、眼见为实"的传统。同时,整个汉字体系的表意功能主要依赖于视觉形成,从甲骨文开始,汉字都是从图形中演绎而来的,随后经过数千年的演变,汉字依然或多或少保留着象形文字的特征。一个新观念出现,通常需要造一个新字来表达,所以汉字从许慎《说文解字》中的9,000多个,历代递增至民国初年《中华大字典》中的48,000多个。与此同时,汉字仅有 436 个音节。因

---

① 李婵.来自远古的自然美——浅谈《诗经》中拟声词的妙用[J].职业圈,2007(16):93.

② 朱存明.视觉与人的生存[J].江苏社会科学,2001(14):74-76.

③ 亚里士多德.形而上学[M].吴寿彭,译.北京:商务印书馆,1959(5):59.

为音节少,古汉字便以变调(四声,再分上下而成八声)来增加其区别功能。①

尽管视觉文化在认知的强度上一开始就领先于听觉,无论是铸造在各种器皿上的形象,还是神庙和祠堂中的图画以及由石匠打造的石像,都更生动、准确、形象、清晰地记录了时代的文化面貌,但是视觉化产品的高成本和不便利带来的传播劣势让其在数十万年中并没有成为压倒性的文化范式。直到15世纪中期,德国古登堡发明印刷术,使得"文字"成为信息传播的主要媒介,视觉化产品传播的便利性和成本都得到大大改善。人类使用眼睛"看"的作用被强化,对听觉的依赖程度逐渐降低,视觉至上的时代逐渐到来。加拿大传播学家哈罗德·英尼斯明确指出,"15世纪中叶印刷术的发明,意味着一个回归的开始。我们又回到眼睛占支配地位而非耳朵占支配地位的文明中去"。②

印刷术的普及让文字代替话语成为文化的基础,并带来了文化的普及。印刷术之后,一连串的技术进步进一步打破了视觉文化传播的桎梏,大大加快了视觉文化主宰世界的步伐。电报的发明,让图片可以跨越空间和时间在全球范围内传递。电视的出现,则直接击碎了人类固有的时空,使人们只需要通过一块小小的电视屏幕就可以看到探险家长途跋涉到达的未知领域。视觉文化跟随着全球化的步伐遍布全球的任何一个角落。

随着视觉文化逐渐成为主流的文化范式,听觉文化在这个过程中逐渐被挤压,直到呈现出被漠视、被压抑的状态。

(二)听觉经验的断裂:文化分量的褪色

纵观人类文化发展历史,听觉文化至少延续了十万年,在这漫长的历史长河中,听觉文化在多个时空、多种场合都代表着一种仪式感。

从语言学资料来看,在上古中国人的心目中,耳有三个重要功能:其一是交流的器官,可以沟通外界事物;其二是思想的器官,可以获取知识;其三是处理社会事务的器官,可以辨别是非。比如"聪"字,表善听。此字的原型是"悤",而古"悤"字在"心"形的上口加点或短竖,表明"聪"的本意是说耳有孔窍连于心,心耳之间可以通彻。③

更为重要的是,耳还进入精神世界,成为沟通神灵的重要渠道。有学者指出,从古文字资料看,早在殷商以前,"圣"便代表了一种特殊的用耳——非常之人的用耳。通过长期的神圣生活,"圣"由人们心目中通达神明的人,变成各种崇高事物的象征。在战国以后的话语体系中,"圣"字依然保留了对耳崇拜的痕迹。东亚

---

① 郑彝元.汉字文化中的哲学问题——视觉型符号表意的文化载体[J].嘉应大学学报,1998(5):3.

② 伊尼斯.传播的偏向[M].何道宽,译.北京:中国人民大学出版社,2003:117.

③ 裘锡圭.说字小记[J].北京师院学报(社会科学版),1988(2):11.

的一些族群有相近的仪式习惯，即在夜间交通神灵。正是通过这类仪式，上古中国人建立了以“风”“气”概念为核心的听觉知识系统——对作用于人耳而非作用于眼睛的事物建立了体系性的认识。中国早期知识史上，于是出现了听觉知识系统与视觉知识系统的双峰对峙。①

古代社会的编钟，除了有音乐方面的作用外，更是皇家仪式典礼中的庄严代表。即便是到了近代，民国时期的留声机、“文革”时的广播大喇叭等都是带有鲜明时代特色的听觉标志。听觉文化成为一个集体、一个部落乃至一个民族的期待甚至信仰，人们的注意力高度集中在“听”上。

在西方文化中亦是如此。中世纪西方宗教文化中所有神职人员一起唱歌是宗教文化重要的议程化设置。法国大革命时期国家对“钟”严格控制，钟代表着一个集体，钟声必须在其所在地域边界内的任何地方都能被听到；一旦行政地图改变，钟必须被卸下来挂在另一个教堂的钟楼里。

然而到了现代，有仪式感的声音在中西方都开始退潮。一方面，工业的发展改变了城市的面貌，马路上汽车发动机的轰鸣声、施工现场或拆或建的嘈杂声、大街上小商贩们做生意的吆喝声、广场上大妈们播放舞曲的音响声……现实生活中分分秒秒都充斥着各种各样喧闹的声音，且混杂聚集在一起。在城市，声音甚至成为不受欢迎的要素。

另一方面，人类工业化、现代化的步伐对自然的生态系统造成了威胁。伴随着城市化率的不断提升，自然的天籁之音被屏蔽在外，泉水潺潺、流水哗哗、北风呼啸、小雨沙沙、喜鹊喳喳、莺声呖呖都只能通过电子媒介去了解，对自然律动、花鸟鱼虫的真实倾听变得十分困难。辛弃疾描绘的“明月别枝惊鹊，清风半夜鸣蝉。稻花香里说丰年，听取蛙声一片”这种享受自然的天籁之声已经变成奢侈。正如听觉生态学倡导者 Schafer 所说：“单个的听觉信号在过度密集的声音群中变得模糊。清晰的声音——雪中的脚步，回荡在溪谷中的教堂钟声以及某个动物穿行在灌丛的声音——都被宽频噪音掩盖。声音的景深消失了……”②

二、听觉文化的本性

即使是在视觉文化为主导的情况下，听觉文化的重要性并没有完全被人忘记。针对 1922 年美国新闻学家李普曼出版的《舆论学》一书中“舆论的形成主要依靠视觉而非听觉，公众通过看报纸便可形成公共舆论”这一观点，同时期的哲学家杜

① 王小盾.上古中国人的用耳之道——兼论若干音乐学概念和哲学概念的起源[J].中国社会科学，2017(4)：176.

② SCHAFER.The Soundscape：Our Sonic Enironment and the Tuning of the World[M].Destiny Books，1994：43.

威与其进行了长期争论。杜威认为,舆论的形成主要靠语言之间的交流,而非文字的情景再现,听觉文化在舆论形成的过程中更加重要。文字不如谈话能更好地传递信息,报纸上的文字只是“自言自语”(Soliloquy),而自言自语是一种断裂的、有缺陷的思想,自然不利于信息的传播与舆论的形成。所以,杜威认为,“耳朵与耳朵之间(那是带着重要而外向的思想和情感的耳朵)的联系远比眼睛与眼睛之间来的接近且多样化”①。

1997年,德国后现代主义美学家韦尔施在其《重构美学》一书中提出了走向听觉文化的观点。他指出:“视觉文化是理性主义的产物,19世纪是它的巅峰时期,往上则可以直溯至古代希腊。比较来看,听觉文化的兴起可以说是电子传媒一路畅行之后的必然结果,它更具有一种后现代气质,固然它没有视觉文化的延续性和同质性,但是它具有电子世界的共时性和流动性。”②

2009年,美国德州大学奥斯汀分校举办“对倾听的思考——人文科学的听觉转向”学术研讨会。会议认为人文科学不应沉溺于视觉盛宴中,呼吁转向听觉,但并不是要将耳朵作为“最主要的感官”,而是倡导一种多感官疏通的认识方式,如米歇尔·布尔在《听觉文化读本》中所说的那样:“只是想借用向声音转移的机会来获得用耳朵思考的可能。”③2015年,国内第一次以听觉文化为主题的“听觉与文化”学术研讨会召开,旨在探讨如何认识和应对理论与实践中广泛存在的视听失衡,推动听觉文化回归本身应有的地位。随后,国内外学者对听觉文化在文学、美学、音乐、文化产业、政治等各个领域的意义进行了有益的研究和探讨。

总体而言,声音塑造的听觉文化主要具有以下两方面的核心价值:

(一)听的想象力

相对于人的各种器官,耳朵是最开放的。眼睛可以轻易地关闭,选择不再观看世界;即便是眼睛睁开的时候,也可以选择观看某一个方向、某一个物体或者某一件事情;同时,视觉给大脑提供了辨识、思考的时间和空间,大脑可以理性分析出视觉所及的信息。因此,眼睛让人类成为世界的主人,极具主观能动性地选择接收信息并理解信息。但也是这种能动性,让视觉空间变得缺乏想象和惊喜。

耳朵不同,耳朵很难随意阻挡外界的声音,绝大多数情况下只能被动接受;耳朵也很难实现在纷杂的声音中锁定倾听某一个特定的声音;即便是入耳的声音,除了重复收听录音以外,大多数声音都是转瞬即逝的,这就使得大脑无法理性分析声音,更多停留在感性的层面。耳朵自始至终的开放性,且没有焦点、没有方向、没有

① 凯瑞.作为文化的传播:“媒介与社会”论文集[M].丁未,译.北京:华夏出版社,2005:58.

② 陆扬,王毅.文化研究导论[M].上海:复旦大学出版社,2006:216.

③ 隋欣.新媒介环境听觉文化复兴的可能[J].当代传播,2016(4):45-47.

边缘的包容性,无法停留、无法存储的动态性,让听觉空间充满了想象和感性色彩。它无所谓时间、地域及倾听者的受教育程度和认识水平,人们可以在倾听过程中结合自己的理解和想象天马行空地感受声音背后的信息,并在大脑中塑造一个神奇的、自由驰骋的多维空间,也就是人们常说的"声"临其境。

一如麦克卢汉所说:"我们可以从一个非常广泛的范围内听到任何一个方向、任何距离以外传来的声音……而眼睛却是有限的、定向的,在任何时刻都被局限在远远小于听觉世界的一半的范围以内。耳朵是包罗万象的,对无限范围内产生的任何声音都始终是敏感的……声音的基本特征是……它充满空间。"

(二)听的交流性

"听"和"说"一般都是自然而然连在一起的两个动作,"听"天然就更带有交流性。这种交流性从公共传播的角度来看,正如杜威所说,更有利于信息的传播和舆论的形成;从人际传播的角度来看,"听"则更带有情感性,能够让人际交往更加畅通和贴近。

当前,"全民焦虑"的社会现实使得情感的作用更加凸显,而耳朵从本性上来说是感性的感官,拥有独特的魅力。一方面,相较于冰冷的文字、图像等视觉信息,声音可以给人"陪伴"的感觉,具有深度介入的力量,可以实现个人的情感寄托。1933 年美国总统罗斯福就是通过广播这个听觉媒体发表了著名的"炉边谈话",其在谈话中热情、乐观的情绪为处在经济大萧条中的美国民众带去了希望和信心;同时,随和、亲切的语言给倾听者搭建了一座顺畅沟通的桥梁。当下,定位于心灵沟通的谈话类声音节目同样深受大众欢迎,如黑龙江电台的《叶文有话要说》、江苏电台的《今晚我是你的 DJ》、上海电台的《越夜越动听》等。声音的温度产生的对话感、亲密感是音频故事讲述吸引听众的根本原因。NPR 播客 Serial(苹果 iTunes 历史上最快达到 500 万下载量的播客)的制作人 Ira Glass 表示,人们在情感上与广播的深入联系超过其他媒介,播客更好地体现了这种听众与故事讲述者之间的情感联系。① 麦克卢汉对典型的声音媒介广播也有如下描述,"收音机的域下深处饱含着部落号角和悠远鼓声那种响亮的回声。它是广播这种媒介的性质本身的特征,广播有力量将心灵和社会变成合二为一的共鸣箱"②。

另一方面,人们面对现实的困惑时,需要一个倾诉的渠道。"只闻其声不见其人"的特点使得纯声音的交流具有更高的自由度,更容易建立相对私密的交流空间,既能实现交流的对话感又能避免见面的尴尬。

---

① ZONGKER.NPR chief says network positioned for growth after struggles[EB/OL].[2018-07-02].http://www.campaignasia.com/Article/402458,Podcasts+give+a+new+American+Life+to+audio+content.aspx.

② 麦克卢汉.理解媒介——论人的延伸[M].何道宽,译.北京:商务印书馆,2000:369.

与此同时,听的情感性还体现在其伴随的特点上。快节奏的生活使大众的空闲时间变得更加稀缺,对很多人而言,大段空闲时间已不复存在。听觉文化产品因其伴随的属性,可以解放人的眼睛和双手,使人在伴随状态下进入多任务运行模式。无论身处室内或是户外,状态静止或是行走,心情悠闲或是紧张,人们都可以流动收听、伴随收听且兼为他事。听觉产品就像老朋友一样,始终陪伴在人们身边,忠实地和人们最真实的情感进行交流。

在广播的发展历程中,"车轮子拯救了广播"就是因为广播作为声音媒体具有伴随性优势。车载环境下,私家车车主并非一定是因为喜爱音频产品,而是声音媒体的伴随性让私家车车主有种和音频产品交流的感觉,打破开车过程中的单调和烦躁。

三、听觉文化价值的重新发现

听觉文化因其想象力和交流性两大核心价值在数十万年的历史长河中一直存在。当前的社会环境更是呼唤听觉文化觉醒,使生活走向"诗意的栖居"。

(一)弥补视觉文化的弊端

20世纪70年代,基于电视技术的发展,视觉文化开始进入音乐这一直由听觉主宰的领域,其标志性的事件就是音乐录影带的出现。1975年,人类历史上首部音乐录影带——女王乐队(Queen)的《波西米亚狂想曲》(*Bohemian Rhapsody*)被搬上电视荧幕,取得了空前的成功。其惊人的商业价值很快为投资人所瞩目,随着资本和人才的涌入,音乐录影带以工业化的流程被不断生产出来。

然而面对不断跳动的画面、极富感染力但缺乏逻辑和连贯性的镜头,批评者认为,这种强迫式、浸泡式的精神灌输是在欣赏者完全没有戒备的情况下、无意识的状态下发生的。但是那种虚幻的美丽,如泡沫转瞬即逝,充斥着我们感官的只是一种心绪和无谓的接收,剩下的只有孤独和虚幻。从这个角度来看,MV显然已经瓦解了音乐的凝聚力,没有了音乐最初的深度、想象、哲理可言。而如生命般流淌的音乐旋律已被虚幻的影音碎片取代,在这个跳跃虚拟的后现代时空中,人们体味的只是游戏的快乐和消费审美的放纵。这种过分依赖感官刺激来理解艺术的方式,不能不说是人类意识行为的倒退和悲伤。①

正如上文描述,视觉文化在当今被打上了"霸权主义"的标签,其一统天下的特征以及这种特征对于人类的伤害已经成为一个重要的研究视角。

第一,视觉文化垄断的负面效果体现为其无处不在的空间特点,导致我们正处

---

① 欧阳昭.MTV文化现象之回顾与研究[J].长沙铁道学院学报(社会科学版),2009(2):76-77.

于一个视觉极度膨胀的非常时代，一个人类历史上从未有过的视觉富裕过剩的非常时期，一个我们无从逃避只能走向灾难的非常年代。越来越多的近视现象仿佛是一个征兆，标志着人们正在遭遇空前的视觉"逼促"。从广告形象到影视节目，从印刷图片到服饰美容，从互联网图像传输到家庭装修，甚至医院里的透视、CT、核磁共振图像，我们的眼睛从没有像今天这样忙碌。一方面是越来越挑剔的视觉索求，另一方面是越来越重的视觉负担。①

第二，视觉文化垄断的负面效果表现为其娱乐性的趋向。一如尼尔·波兹曼所提，视觉文化对连续性思维的消解以及娱乐性的趋向：源于电报和摄影技术的一个更重要的产物也许是伪语境。伪语境的作用是让脱离生活、毫无关联的信息获得一种表面用处，但伪语境所能提供的不是行动或解决问题的方法。这种信息唯一的用处和我们的生活也没有真正的联系，当然这种唯一的用处就是它的娱乐功能。伪语境是丧失活力之后的文化的最后的避难所。②

第三，视觉文化垄断的负面效果导致人们被技术理性所束缚。现代视觉文化的形成是建立在各种现代技术基础之上的，而这些现代技术的背后都有一个工具理性或者说技术理性的阴影笼罩着。换句话说，视觉文化在一定程度上超越传统理性主义文化束缚的同时，又掉入了技术理性为之设下的陷阱。视觉文化缺少一种超感性的精神维度。视觉文化满足于对感性形象的观赏和享乐，这种反理性主义取向使得它又走向了另一个极端：绝对的反本质主义。视觉文化主义者认为，只有当下所能观赏到的视觉图像才是真实的，它的背后没有什么本质和意义，这种观念造成了一个严重的后果：意义的虚无主义或者说是浮泛主义。③

面对视觉文化垄断所引发的种种问题，推动听觉文化回归成为一种可行的方案，因为相比于视觉文化的狭隘和专断，唯有听觉与世界交流的态度，听觉的开放和接纳带来的听觉文化开放、共生与包容的精神可以改变这一困境。

（二）推动社会文化多元发展

听觉文化从古至今都是人类文化中不可或缺的重要维度。其中，音乐作为人类最重要的听觉艺术形式是听觉文化的突出体现。无论是人声歌唱、吟咏，还是乐器打击、演奏，以各种方式营造的听觉文化从古至今都发挥着巨大作用。比如倾听自然之美。贝多芬的第六（田园）交响曲中"第二乐章有流水潺潺，有鸟儿啾啾。谐谑曲乐章是村民欢聚，表现民间生活的热闹，但接着被一场暴风雨打断。低音弦乐器造成雷声般的轰鸣，风声则在短笛的音区呼啸而过。等到雨过天晴，一切都豁

---

① 周宪.反思视觉文化[J].江苏社会科学，2001(5)：71-74.

② 波兹曼.娱乐至死[M].章艳，译.桂林：广西师范大学出版社，2004：100.

③ 肖建华.倾听：视觉文化之后[J].文艺研究，2014(10)：84-95.

然开朗。牧人怀着感恩的心情吹起牧笛,赞美太阳和大自然生灵的蓬勃茁壮”①。这种纯用声音的形式表达出的自然之美,用听觉美感打造出的独特审美空间,带给人的无限想象空间是无可替代的。

人们熟知的著名的安徒生童话《皇帝的新装》,曾被用摄影、舞台剧、雕塑、电影等多种视觉化表现手段呈现在人们眼前,但都不能深入地传递出其中的奥妙。直到20世纪50年代,用广播剧的方式演绎的《皇帝的新装》大受欢迎,其制胜秘诀便是完全利用声音的优势,为人们提供了一个自由驰骋的想象空间,从而让听众将这部经典作品领会得入木三分。这种想象空间在当前一切都被“程序化”的年代变得更加稀缺。

不仅如此,在当前新的传媒生态下,听觉文化有了更加丰富的表现方式和更加便利的获取渠道。伴随着听觉设备的更新换代、听觉技术的创新更迭,听觉文化产品拥有越来越多的用户。中央人民广播电台和北京赛立信媒介研究公司2015年11月在北京和西安两城市开展调查(有效样本2,000个),数据显示,在自然人口中,64.24%的被访者近期有音频节目收听行为。纯声音的介质内容独立于纯视觉与视听结合的介质之外,拥有较大的用户市场。而且,伴随着移动互联网的进一步发展,蜻蜓FM、喜马拉雅这类移动电台App大量涌现且用户规模日益扩大。艾媒咨询发布的《2016—2017中国移动电台行业研究报告》显示,2016年中国移动电台整体用户规模达2.26亿,至2019年中国移动电台用户规模预计将超过3亿。② 甚至付费音频也受到了大量用户的拥簇,2016年6月6日,马东带着《奇葩说》团队在喜马拉雅上线了一档付费音频《好好说话》,198元的课程,当天卖出25,000多套,收益500万。③

在当前纷繁嘈杂的社会环境下,以有声读物为代表的听觉文化产品因为蕴含着早期口口相传社会的丰富而强大的生命力,正在用一种古老而深刻的力量,以一种毫无攻击性但自始至终默默陪伴的姿态,重新焕发新机,直击人们内心,成为当前社会多元文化中不可缺少的重要构成。

四、结语

麦克卢汉从传播媒介的角度将人类文明的演变划分为部落时代、脱部落时代和重新部落(地球村)时代,三个时代的媒介传播方式依次偏重于口语传播、文字

---

① 李杭育.唱片经典增补本[M].北京:生活·读书·新知三联书店,1997:36.

② 艾媒报告.2016—2017中国移动电台行业研究报告[R/OL].[2017-03-14].http://www.iimedia.cn/49874.html.

③ 李佳.喜马拉雅建构声音帝国[J].中国企业家,2016(12):74.

传播、电子传播。其中,口语传播依赖于听觉,文字传播依赖于视觉,电子传播带来了听觉的回归。相对于文字时代单调的视觉主导空间来说,电子时代唤醒了耳朵的回归。没有听觉的加入,单靠视觉很难实现由电磁波造就的虚拟"现场"交流。这时候,交流似乎又回到了"面对面"的起点,人们似乎又重新返回了听觉空间的时代。[①] 一如麦克卢汉所说,电子时代单靠视觉或者单靠听觉都很难完成虚拟现场交流。作为人的两个重要的文化感觉,听觉和视觉两者之间并非完全对立,否定其中的任何一个,都不能构成完整圆满之美。当然,对听觉文化的重视,并不意味着要放弃视觉文化,未来两种文化应该互相补充、并重发展。

(高贵武,中国人民大学新闻与发展研究中心研究员、视听传播系主任;周宇博,中国人民大学新闻学院博士研究生、中央广播电视总台编辑)

① MCLUHAN,The gutenberg galaxy: the making of typographic man[M].Toronto: University of Toronto Press, 1962.

移动听觉媒介与空间再生产

——以有声读物为例

◎ 吴福仲

摘　要:本文从空间生产理论的视角出发,以有声读物的使用为例,探讨在移动互联网时代,听觉媒介如何重构社会空间。研究发现,移动听觉媒介所构筑的知觉空间具有沉浸性、私属性、虚拟性以及流动性,通过区隔、模拟、揭示、拼贴等路径进行空间的再生产。听觉空间的再生产带来了私人领域的再生产,社会交往的再生产,与权力秩序的再生产。笔者借此反思听觉文化在移动互联网的实践形式,指出听觉文化指向一种后现代性的文化,对空间权威、知识权威与话语权威构成了挑战。

关键词:听觉媒介;空间生产;后现代文化

从留声机、电话、有声电影到广播、电视、随身听、MP3 再到移动智能终端……从 19 世纪开始,听觉媒介随着技术的更迭,也一直处于动态发展过程之中。然而在"视觉转向"的现代文化中,听觉的媒介实践与文化意涵一直未被阐明。

在移动互联网时代,学者开始注意听觉文化复兴的可能性。① 移动媒介的听觉传播特性逐渐开始凸显:在"解放双眼"的口号之下,"听书"成为一种新型的数字化阅读。② 随着语音板块开始进驻微信公众号,有声内容也开始成为各大自媒体的必争之地。2015 年,全球有声书市场价值超过 28 亿美元,新书数量达到 4.3 万种。在国内,有声阅读市场规模也已达 16.6 亿元。

有声读物的兴起与发展,不仅仅是一种商业现象,更是听觉文化在当下社会的广泛实践。作为一种媒介,有声读物连接文本、人声、音响、听者与外界世界。在社会学领域,"空间"这一概念因为成为社会关系的表征而具有媒介的属性,"媒介"

---

① 隋欣.新媒介环境听觉文化复兴的可能[J].当代传播,2016(4):45-47.

② 张鹏,王铮."听书"形态的起源、发展与趋势——兼论图书馆面对新型音频资源的应对策略[J].图书馆理论与实践,2016(3):8-12.

与“空间”的本质共同指向社会关系。① 因此,本文将在空间生产理论的框架下,探讨移动听觉媒介如何进行空间生产,又如何影响听者与社会互动的关系。

一、文献综述

(一)听觉与声音

黑格尔指出,“听觉是较视觉远为聪慧的感官”。韦尔施用“持续—消失”“距离—专注”“不动声色—被动性”“个性—社会”等一系列二元对立的特征描述听觉和视觉的本质差别,并强调:“听觉是最被动的一个感官,我们无以逃脱喧嚣吵闹。”②麦克卢汉“重新部落化”的思考,将听觉作为支撑媒介生态平衡的一个动态的感官点,以此来消解所谓的视觉权威。纯声学的代表人物米歇尔·希翁拒绝将声音视为从属地位,从物理学和生理学的角度出发,考察人类听觉的构成性。他指出:“针对声音的考察应只为其自身,而不服务于影像或话语。”③综上,听觉与视觉之间、声音与图像之间显著的类型学差异催促我们重新思考听觉媒介在移动互联网时代的地位和作用。

(二)媒介与空间再生产

“空间”这一概念是经典社会学领域研究的重要议题:涂尔干关注到空间的社会属性④。空间不仅是社会的产物(products),更是一种社会的生产(production),包括生产的过程和机制。1974 年列斐伏尔在《空间的生产》中指出,与“自然”相对,空间是由人类社会生产而来的,他提出(社会)空间的三个维度:空间实践(感知的空间)、空间的再现(构想的空间)、再现的空间(实际经验的空间)。⑤ 吉登斯、布迪厄等在现代性架构下检视空间与社会的交互关系。另外,后现代社会理论家采用一系列地理学概念和隐喻来探索日益复杂和分化的社会世界⑥。

从媒介视角探讨空间生产有两大重要分支:分支一,在传播学领域,英尼斯开创的媒介生态学派,考察了媒介技术的演变对时空观念的影响。梅洛维茨在《消失的地域》中描绘了媒介技术如何构建媒介场景,继而影响人们的社会角色和社会行为。分支二,则是由社会学家帕克开创的社区媒介(community media)研究,直至鲍

---

① 李彬,关琮严.空间媒介化与媒介空间化——论媒介进化及其研究的空间转向[J].国际新闻界,2012(5):38-42.

② 韦尔施.重构美学[M].上海:上海译文出版社,2006:182-185.

③ 希翁.声音[M].张艾弓,译.北京:北京大学出版社,2013:50.

④ 涂尔干.宗教生活的基本形式[M].渠东,汲喆,译.上海:上海人民出版社,1999:3.

⑤ LEFEBVRE.The production of space[M].Blackwell:Oxford.1991:184.

⑥ 何雪松.社会理论的空间转向[J].社会,2006(2):34-48.

尔-洛基奇的传播机体论,从社区的生成和维系过程来考察媒介对社会整合的作用机制。①②

国内学者也逐渐注意到媒介研究的空间转向。王斌指出在电子媒介时代,媒介对空间的再生产甚至宣告了空间最初得以产生的基础——地点和距离的死亡。③ 李彬提出“媒介即关系,传播即建构”,并将空间的再生产机制分为“重组”“模拟”“联想”“赋值”这四种主要类型。④

二、流动的声景:移动听觉媒介的感知空间

在列斐伏尔的三元空间论中,空间实践这一维度从人类知觉的角度来探讨空间的构成方式。听觉,作为人类感觉中不可或缺的重要方式,其对空间的建构与声音的物质性密不可分。雷蒙德·默里·舍弗尔率先将“声音”与“景观”合二为一,谓之“声音图景”(soundscape),从听觉生态学的视角来探讨听觉构筑的空间形态。希翁指出,“声音物体是发声源与倾听意愿汇合的焦点”。在移动听觉媒介中,声音的物质属性与听觉的接收习惯,构成了听觉实践空间的以下重要特征:

(一)沉浸性

我们听到了什么,即处于什么样的声音空间当中。声音的传输与速率、辐射的范围与强度、音高与频率、振动、衰减与共鸣等物质属性决定了听觉实践空间的形态与样式。在有声读物常见的使用场景——房间里、私家车或是耳机当中,声音与物理空间相互作用,使听者被声音营造的听觉空间所包裹着。就倾听的位置而言,有时会让人生出“位于声音中心”的感觉,这便是听觉经常出现的自我中心主义或者向心倾向的特征。⑤ 在收听有声读物时,文本、人声与音响在这一听觉空间中交互作用,以人的听觉感知为中心,进行沉浸式的传播。从大众传播到分众传播,再到“无众传播”的第三媒介时代,移动听觉媒介与沉浸式传播充分融合。这一传播模式把人变为中心,又把人变为媒介。⑥

---

① JANOWITZ M.The community press in an urban setting[M].Chicago:University of Chicago Press,1967.

② STAMM K.Newspaper use and community ties:toward a dynamic theory[M].New York:Ablex Publishing,1985.

③ 王斌.从技术逻辑到实践逻辑:媒介演化的空间历程与媒介研究的空间转向[J].新闻与传播研究,2012(5):38-42.

④ 李彬,关琮严.空间媒介化与媒介空间化——论媒介进化及其研究的空间转向[J].国际新闻界,2012(5):38-40.

⑤ 希翁.声音[M].张艾弓,译.北京:北京大学出版社,2013:32.

⑥ 李沁,熊澄宇.沉浸传播与“第三媒介时代”[J].新闻与传播研究,2013(2):34-43.

(二)隐私性

与图像不同,当多个声源进入同一物理空间时,必然会产生叠加和交混的情况,不合时宜进入的声音被称为“噪声”。一旦置身于声景之中,收听成了被动的行为。正如韦尔施所提醒的那样:“我们有眼睑却没有耳睑,听的时候我们一无防护。”①与“电视”这一家庭共享媒介不同,移动听觉媒介凸显了听觉空间的排他性和隐私性,塑造了相应的社交礼仪和行为规范。收听有声读物的行为,是私人听觉空间的构建过程,这是对公共空间的规避与区隔,也是私人领域的一种象征和提醒。从听觉空间的隐私性出发,我们就不难理解“广场舞扰民”“高铁儿童喧闹”“城市噪声污染”等由声音引发的冲突矛盾。听觉空间的无限度扩张实则造成了对他者私属听觉空间的侵犯,即对私人领域的侵犯。

(三)虚拟性

移动听觉媒介跨越了地理意义上的空间概念,所构筑的是虚拟的比特空间。媒介的演化降低了亲身参与的重要性,电子媒介削弱了有形地点与社会地点曾经非常紧密的联系。② 听者与被听者不再囿于时空的限制,通过电子媒介的联结,就能置身于同一个听觉空间之中,并且处于共时态之中。无论有声读物的发声者与收听者相距多远,生活经历与社会阶层有何等的差异,当声音在时间维度上依次展开的时候,双方便处于“言说—倾听”的社交关系当中。麦克卢汉所说的“部落时代”的人际口语传播在电子听觉媒介中再度得以实现。③

(四)流动性

在英尼斯看来,文字因其在地理空间传播的优势,表现出显著的空间偏向。而在移动互联网时代,空间偏向不再是视觉媒介的专属。得益于移动媒介的便携性与电子听觉文本的可复制性,“流动”已然成为移动听觉媒介的显著特征。收听有声读物已经告别了借助收音机传播的广播时代,iPod、MP3 以及智能手机的发明与革新,使得有声读物的收听随时随地都可进行。无论在耳机里还是在私家车中,听觉文本构筑出一个个流动的听觉空间,与家庭空间、都市空间、公共空间形成嵌合、交错、重叠与区隔的多重互动关系。

---

① 韦尔施.重构美学[M].上海:上海译文出版社,2006:182-185.

② 梅罗维茨.消失的地域——电子媒介对社会行为的影响[M].肖志军,译.北京:清华大学出版社,2002:5-6.

③ 麦克卢汉.理解媒介——论人的延伸[M].何道宽,译.北京:商务印书馆,2000:33-64.

三、听觉媒介的空间再生产路径

空间的生产,即人类对自然秩序的改造和社会关系的建立;空间的再生产,即对既定空间形态与社会关系的改造与重构。媒介,既是空间(社会关系)的表征,又是空间(社会关系)的变量,其演变和发展,也成为空间再生产的驱动力。在移动互联网时代,以有声读物为代表的听觉媒介不仅关乎媒介技术与声音的物理属性,其文本的内容形态、传播方式与接受方式,同样影响着空间的形态与其中的社会关系。移动听觉媒介的实践,主要通过以下几种方式,进行空间的再生产。

(一)区隔

得益于听觉空间的隐私性与沉浸性,音源的远近与强弱从物理属性上便可区分出一个听者之于听觉空间的从属。进入一个特定的听觉空间,则是对其他听觉空间的规避——戴上耳机,或是在私家车中播放,成为将听者的个体知觉与公共知觉体验区隔开的一种策略。在私属的听觉空间中,听者有权选择收听什么,以何种方式收听。

(二)模拟

在麦克卢汉所描述的"部落时代"①,面对面的口语传播成为人际沟通的主要方式。移动媒介中的听觉空间,正是对人际交往场域的一种模拟。在有声读物的构成要素中,"人声"的核心地位使得人格化的传播特征得以凸显。"人声"在演绎文字脚本的同时,也是对听者的"言说"过程。电子媒介不仅能够传达声音信号,更能传达人声所指涉的情绪和态度,而这正是浅表化的视觉符号不具备的。

(三)揭示

欧洲在古登堡革命(The Gutenberg revolution)之前,中世纪的信息生产主要控制在修道院内,僧侣们从事宗教经典的手抄传播。② 印刷术的兴起使得教会阶层所掌控的知识空间昭然若揭。另外,文字媒介的阅读门槛也区分了群体的社会化身份。正如梅洛维茨所言,"权威依赖于隐私"。权威阶层正是通过对信息的控制来达成社会地位与社会空间的分化。而有声读物,揭示了曾经不可见的知识权威阶层的后台空间,更多的文学作品与专业知识在移动互联网时代被普罗大众所接

---

① 麦克卢汉.理解媒介——论人的延伸[M].何道宽,译.北京:商务印书馆,2000:33-64.

② 王斌.从技术逻辑到实践逻辑:媒介演化的空间历程与媒介研究的空间转向[J].新闻与传播研究,2011(3):58-67.

触。有声读物往往将艰涩的文字脚本或知识进行口语化的改造,再一次削减了由文字构筑的阅读壁垒,使得知识与信息的传播更加贴近人们日常生活的口语逻辑。

(四)拼贴

沙费定义了两种倾听模式:“语义”倾听与“源起化”倾听。在有声读物的收听中,听者不仅对听觉信号进行解码,还原其传达的语义内容,同时还会对声音源起信息的可能性迹象产生兴趣:是谁在听筒的那头说话?他是一个怎么样的人?而这一对发声者的想象与建构,实则是听者通过自己的生活经验来塑造一个隐含的叙事者。这个隐含的叙事者不是声源发出者本人,“他”没有确定的身份和角色,听者可以将其声音形象拼贴给任一个视觉形象。听觉符号与视觉符号的分离,听觉空间与视觉空间的分离,为空间的拼贴重组提供了可能。倾听、想象与拼贴,正是听者在听觉空间中建构意义的过程。

四、多元空间的再生产

当媒介介入空间,除了带来知觉空间和想象空间的变迁,同时也指向实际经验空间的变迁;多元空间的再生产,同时也带了社会关系的调整和再造。

(一)私人领域的再生产

公共领域总是与国家机构、法律规章、工作和经济界相连接;与之相反,私人领域则表征为个人的、情感的和家庭的领地。① 历史造就了公共领域相对于私人领域的优等地位。然而借助移动听觉媒介营造的听觉空间,我们可以从公共领域遁入私人领域,从现实世界遁入拼贴想象的世界,从集体理性转变为个体感性。听觉空间的区隔既是实质的,又是象征的。流动的听觉空间强调了私属领域的个人在场,弱化了公共领域的社会在场,模糊了公共领域与私人领域的界限,使得每个人既与他人为邻又与他人分隔。

在英国1994年最畅销的有声读物盒式磁带不仅有外语磁带、考试学习辅导磁带等,还有《塞缪尔·佩皮斯的日记》和荷马的《伊利亚特》这种“低级小说”(pulp fiction)经典。② 于公共广播的听觉空间场域之外,移动听觉媒介呈现出显著的私属化倾向:在有声读物平台懒人听书上,从人文历史到情感节目,从现代言情到玄幻奇幻,分众化的兴趣结构得以彰显与满足,私属化的倾听得以实现。在私属的听觉空间中,听者有能力也有权利管控自己的听觉趣味、听觉想象、情绪流露以及后

---

① 杜盖伊,等.做文化研究——索尼随身听的故事[M].霍炜,译.北京:商务印书馆,2003:111

② 杜盖伊,等.做文化研究——索尼随身听的故事[M].霍炜,译.北京:商务印书馆,2003:92.

台角色。钱伯斯将这一趋势称为“对公共领域的驯化”①,一部分批评者认为私属化的倾听也正在导致个性化和四分五裂,侵蚀公众生活。

(二)社会交往的再生产

事实上,移动听觉媒介使听者将自己的私人领域与公共领域、私人兴趣与公共兴趣区隔开。这样一方面挑战了原有的、既定的公共生活与公共秩序;另一方面,听者也在自己的私属听觉空间中重构社会交往,社群的组织形式也由此发生转变。

电子媒介对于空间的揭示、重组和融合,使得陌生人得以在同一个听觉空间实现共时态的社会在场,正是这种在场使得移动听觉媒介具有陪伴、助眠、抚慰等社会功能。社会交往的形式不再单纯依赖于地缘或者亲缘而展开,收听有声读物就如同倾听一个远方的朋友,这个朋友知晓你的兴趣,懂得你的情绪,为你传达知识与信息,在你的私属空间中扮演重要的角色。在移动媒介的听觉空间中,听者重塑了自己的社会支持系统。空间是虚拟的,但社交则是真实的。

而这种社会支持的感知则是听觉媒介所独有的,在以“图际”取代“人际”的社交语境中②,听觉媒介则是对“部落时代”面对面人际交往的模拟、再现与呼唤。哈夫洛克提醒:“生物学上,我们毕竟是口语动物,我们的基因是为口语而设定的。”约翰·费斯克在《理解大众文化》中也指出,“口语立足于语境,而这语境不仅是物质的,也是时间与社会性的”。从视觉空间转向听觉空间,正是从拟态声音到自然声音、从拟态感官到自然感官、从拟态场地到自然场地的转变。③

(三)权力秩序的再生产

同处在一个听觉空间之中,谁在说话,谁在倾听——听者与被听者的互动关系,实则是权力秩序的隐喻。列斐伏尔指出空间是政治化的社会产物,移动听觉媒介对于空间的再生产,本质上则是对听觉权力秩序的颠覆。

谢弗注意到都市“声音景观”(soundscape)中的“喧嚣”和“听觉污染”的问题,现代都市文明正是通过这种整齐划一的“人工”听觉空间对工业霸权进行复制,并通过听觉空间将这种权力秩序加诸每一个个体无可逃脱的听觉体验中,在都市声景中,正是对城市空间秩序的被动接受。通过区隔和私人领域的再生产,听觉权力单位被切分成更为细分的小单元,并在私属的领域中进行自主的意义生产。由此,移动听觉媒介对既定的都市空间权威和空间秩序构成了挑战。

在有声读物的传播中,信息和知识流动的秩序也得以改变。曾经垄断的知识

---

① 杜盖伊,等.做文化研究——索尼随身听的故事[M].霍炜,译.北京:商务印书馆,2003:140.

② 唐宏峰,尹倩文.自拍、朋友圈与表情包——网络图像的政治[J].文学与文化,2017(1):46-56.

③ 王亦高,吉娜.自然与拟态:试谈听觉传播视角下的手机媒介[J].现代传播,2017(1):107-110.

信息不再是文化阶层和权威阶层的专属，以知识传播为核心的有声读物成为一支不可忽视的消费主流。有声读物平台搭建的是知识信息共享的平台，且日益呈现出更加细分化的垂直内容。传达知识的自媒体人，不再是权威知识的垄断角色，而成为文本信息的“代读者”，从听者所需出发，以听者为中心进行传播。由此，以有声读物为代表的移动听觉媒介，构筑了网络化的信息权力空间，对既定的知识权威构成了挑战。

与此同时，移动互联网时代的听觉媒介不仅仅是单向广播的媒介，在有声读物平台上，更为使用者提供了上传音频进行分享的可能。听者既是有声读物的消费者，又是有声读物的生产者，发声与表达也不再是少数人的特权，大量 UGC 的音频内容使得使用者的经验、观点与情绪得以传播，这一过程正是从“倾听”这一被动权力角色到“言说”这一主动权力角色的颠覆性转变。由此，以有声读物为代表的听觉媒介，对既定的话语权威和话语秩序构成了挑战。

五、结论与讨论

本文在空间理论的视角下，以有声读物为例，对移动听觉媒介的社会功能进行了探讨。笔者将有声读物中的文本内容、人声、音响以及传播技术等都视为“媒介”，探讨其社会空间的建构作用以及对社会关系的调整。研究发现，移动听觉媒介所构筑的听觉空间具有沉浸性、私属性、虚拟性以及流动性等特征。在前人提出的媒介之于空间的四种再生产路径：“重组”“模拟”“联想”“赋值”之外，笔者发现，听觉媒介还通过“区隔”“揭示”“拼贴”等路径进行空间的再生产，丰富了媒介之于空间建构作用的多维思考。空间的再生产，即社会关系的再调整，移动听觉媒介使得私人领域得以凸显，社会交往得以变革，权力秩序得以颠覆。宏观来看，听觉媒介通过对每一位使用者进行“赋权”，又以每一位使用者为媒介，对社会空间和社会关系进行调整和再造。

从移动听觉媒介的空间生产理论建构回到现实语境，有声读物有着不可替代的社会功能，即获取私属领域沉浸式的文化体验与意义空间。人们在收听有声读物的过程中，实则也在进行社会交往，获得进一步的社会支持。我们可以借此反思“移动和社交时代的孤独”这一重要命题，有声读物之所以在文化实践中能发挥陪伴、安抚、治愈等重要功能，首先得益于移动听觉媒介构筑的私属空间，倾听的过程无须言说，无须扮演，听者的后台角色和情绪流露得以呈现，在公共领域所累积的社会压力也得以疏解和释放。然后，听觉空间对人际传播场域的模拟使得情绪的流动成为可能，和听者进行互动的，不是被抽离了的视觉符号，也不是冷冰冰的机器，而是附着于听觉符号上的人格化特征和人格化表达。最后，在听觉空间中的听觉中心体验与话语权力的反客为主，实则赋予了听者在听觉空间中的自主权和控制权,当听者从权力的弱势地位转为权力的宰制性地位,在空间秩序中,也将获得更富安全感的体验。由此,当我们希冀移动媒介和社交媒介能够缓解孤独感而非制造孤独感时,除了创造连接之外,更要注重连接的形态、连接的媒介、连接的质量及其带来的社会关系的调整。

借助移动听觉媒介对空间的再生产,我们必须重思听觉文化。与视觉构筑的现代性文化不同,听觉文化指向的是一种反形式的、游戏的、参与的、弥散的、能指的、不确定性的后现代文化①——它批判在场,批判本源,批判统一。而这一后现代文化的改变,正在社会关系和社会观念的转型中发挥着不可忽视的作用。

(吴福仲,清华大学新闻与传播学院 2019 级博士研究生)

① 陆扬,王毅.文化研究导论[M].2 版.上海:复旦大学出版社,2015:50.

三大表演体系之于朗读艺术的勾连

◎ 李峻岭

摘　要：作为区别于表演艺术、演讲艺术等其他有声语言艺术的特有形态，朗读艺术作为一项独特的有声语言创作活动，将文学性、音声性、抒情性、舞台性融为一体，呈现出多种艺术形态交叉融合的艺术特性。本文以对朗读本体的关注为逻辑起点，分析朗读艺术与表演艺术这两者间的内在勾连，并通过对照斯坦尼斯拉夫斯基表演体系、布莱希特表演体系、梅兰芳表演体系等世界三大知名表演体系，探寻它们对于朗读艺术的具体启示，包括深切地感受、离间的手法、写意的境界等，以期实现在不同学科视角下对朗读艺术进行深入探讨。

关键词：朗读艺术；表演体系；勾连

一、朗读艺术的核心认知

朗读是一项有声语言的创作活动，是朗读者依托作品文本，通过有声语言向观众（听众）传达思想感情的一种听觉艺术创作。这种创作不等同于照字读音的简单活动，而要凸显朗读者用有声语言传达出作品的核心精神和艺术美感，不仅要达意，更要传情，使听者在感情上受到巨大感染。

朗读艺术是一项综合性活动，它将音声性、文学性、抒情性融为一体。充满情感色彩和富于变化的声音形式是反映朗读艺术内涵的重要手段，这一方面表明了朗读艺术创作过程中情感在先、声音在后的基本序列特点，另一方面也强调了朗读声音形式的变化以传情达意为主要目的。这两者有机结合的再创作，既是对朗读艺术内涵的集中反映，也是朗读艺术最重要的特征，是区别于播音艺术、表演艺术、演讲艺术等其他有声语言艺术特有的结构要素，是朗读者从事朗读艺术创作实践需要达成的核心认知。

首先，深度的情感色彩是朗读艺术的灵魂。没有激情的朗读者很难创作出感人的朗读作品；同样，不能控制自己激情的朗读者也将事倍功半，甚至事与愿违。

因此,体验情感和表达情感是朗读艺术的基本要求,朗读创作如果缺乏真情表达,就意味着朗读者失去了朗读艺术的表现力和生命力。

其次,多样的声音形式是朗读艺术的本体。声音形式在朗读创作中担负着表意和抒情的双重任务,是朗读艺术最为核心的载体。朗读者将激荡于胸、情满于心的浓烈情感,通过声音的多种形式,表达出或轻快、或凝重、或低沉、或高亢、或舒缓、或紧张等多种听觉印记,并在此过程中实现虚实结合、轻重结合等多种变化,实现声音与情感的完美统一。

最后,深邃的意蕴探寻是朗读艺术的追求。意境作为文艺美学的一个核心范畴,有着丰富的审美心理,高妙艺术意境的创生依赖于审美活动中创作主体与接受主体各自的文化感悟、人格境界,进而从作品的创作中寻求“味外之旨”“象外之象”“景外之景”,抵达只可意会而不可言传,难以形容却又动人心魄的情感心绪及韵味。

二、朗读艺术与表演艺术的勾连

所谓表演,一般是表演者运用某种或者某些技能特长去表达客观或主观的、具体或非具体意象的一种艺术形式,从而体现出欣赏与娱乐等情感。[①] 这种艺术形式不限制发生的地点,但强调表演者与视听者之间的直接接触或互动,戏剧、舞蹈、歌唱、演奏等,都属于这个范畴。朗读艺术与表演艺术同属于艺术创作活动,两者之间具有不少深层勾连,具体体现为:

(一)心理双重性

表演艺术的关键就是处理好表演者和角色之间的关系。演员在塑造舞台角色的过程中,往往存在“双重性”:演员作为角色的塑造者,要最大限度地进入角色、化身角色,表现角色的想法,过着角色的生活;而演员同时还是角色的监督者,他需要时刻监督自己所扮演角色的真实性。因此,舞台表演演员只有实现“角色中的自我”和“自我中的角色”,才能更好地完成角色的塑造。这与朗读者在朗读作品时面对不同人物与情感处理“我就是”和“我就在”的命题具有深层勾连,即朗读者需将真实自己转换成文本人物,用心接近朗读中呈现的人物,变成他,表达他;抑或朗读者其实并不能完全代替文本作者想要表达的感情,在呈现朗读文本角色的同时,更需给听众、观众呈现出一个真正的“自我”。

---

① 陈朝霞.朗读艺术:从审美意蕴的内化到声音表象的外化[D].福州:福建师范大学,2008.

（二）审美双重性

《南史·颜延之传》记载，颜延之曾问鲍照，自己和谢灵运的创作孰优孰劣，鲍照说："谢（灵运）五言如出水芙蓉，自然可爱，君（颜延之）诗如铺锦列绣，亦雕缋满眼。"①由此引出了历史上两种美学形态：重在对事物神韵传输的"芙蓉出水"与重在对事物刻画的"错彩镂金"。而无论是朗读者还是表演者，其创作过程都无法缺少对细节的刻画，并在此过程中感受到编排、配乐、音响等多种要素共同作用后所带来的强烈气氛。同时，不为技巧，减少语言雕琢的痕迹，形成"艺术的生活化"也是其共性追求。

（三）人格决定性

托尔斯泰在《论艺术》一书中说："一个人欲创造真正的艺术作品，需要具备很多条件。这个人必须站在他那个时代最高的世界观水平上，他必须体验过某种情感，而且希望并有可能把它传达出来，同时他必须在某种艺术上具有非凡的才能。"②无论是表演还是朗读艺术，对于同一个创作文本，主创人员自身的学识、视野、认知、人格直接影响和决定着最终艺术作品的呈现和规格，体现为人格决定性特质。车尔尼雪夫斯基说："在整个感性世界里，人是最高级的存在物；所以人的性格是我们所能感觉到的世界上最高的美。"③人，因此成为朗读艺术与表演艺术最核心的变量。

鉴于此，探讨不同表演体系与朗读艺术的勾连有了逻辑起点。

三、三大表演体系与朗读艺术勾连的具体表现

（一）斯坦尼斯拉夫斯基表演体系——深切地体验

俄国著名戏剧家斯坦尼斯拉夫斯基对表演艺术有过如此论述："观众只要感觉到他的情感的精神真实及其表露的形体真实，他们马上就会倾心于这种情感的真实，无法控制地相信在舞台上所看到的一切。"④

斯坦尼斯拉夫斯基最先发明出一种新鲜、全面以及科学的表演艺术教学形式。他提倡利用有意识的心理方式使演员能够达到下意识发挥的效果：要求体现生活的本真面目，使演员时刻想着表演的所有均是真实的，能够让观众身入其中、形成

---

① 张少康，刘三富.中国文学理论批评发展史：上卷[M].北京：北京大学出版社，1995：218.

② 托尔斯泰.艺术论[M].刘岩，赵雪予，译.北京：中国人民大学出版社，2005：100.

③ 徐复观.中国艺术精神[M].沈阳：春风文艺出版社，1987：34.

④ 祁梦蕊.试论朗诵艺术中表演元素的运用[J].科技展望，2014（23）：283.

共鸣,触发其内心深刻的情感。作为实现此途径的重要基础,释放天性训练成为关键环节。这种训练让表演者对自己非常有信心,不管什么角色都可以胜任,哪怕是动物或者植物。与此同时,斯坦尼斯拉夫斯基也认为:情感的创作工作要借助人的精神生活,借助真正、正常的体验及其自然体现的过程来完成。正因为如此,创作体验过程成了演员工作的基础。演员要把第一自我化为人物的第二自我,从内到外向人物靠拢,化为人物,表现人物。

受益于斯坦尼斯拉夫斯基表演体系的启示,朗读者在进行有声语言创作的过程中,同样需要经历将真实自己转换成人物自己,从内心出发,接近所有朗读中呈现的人物,实现变成"他"、表达"他"的过程,从而引发和朗读中所涉及角色相同的情感与足够的心灵体验,实现"动于中,形于外"。受众只有接受了朗读者思想情感的真实,才会专注于朗读者声音形象的真实。因此,在朗读的规定情境下,拥有丰富的体验变成所有朗读者的先决创作条件。朗读者表面上是"造形",实际上是为了更好地"达意",将言语意义体现得更为透彻和深入。

一次成功的朗读是"银瓶乍破水浆迸,铁骑突出刀枪鸣"的律动欣赏。"用情感去吸引人,能做到声情并茂"是成功的关键所在。朗读者如果想做到"情声和谐",就一定要注重深切体验。如果说释放天性是衡量专业和非专业演员的指标,那么朗读者在话筒前、舞台上有声有色的声音创作,也属于在给定的范围内进行情感乃至天性释放的过程,区别只在于释放的方式与手段。

(二)布莱希特表演体系——间离的手法

布莱希特演剧的"间离方法",又被称作"陌生化方法",这是由他阐述的不一样的美学定义,同时也是一种新颖的表演方法。"间离方法"的实质在于演员要表演角色,更要驾驭角色,需要演员和角色之间有一段距离,不能将其完全结合在一起。引导观众思考及共鸣是布莱希特表演体系的核心。这个手法使表演者与作品呈现出一种崭新的陌生化关系。

人们将这种表演方法的实际意义大概理解为:从演员角度而言,哲学家主要是把人和人之间出现的所有事情,表现在这个时代里人们之间的立场,能够使人们感到惊奇。人们一定会同意,有很多的事情在某些时候是能够使人感受到惊讶的。如果人们不同意,我们的演员就需要想办法把事情变成使人诧异的,再让人们去认识它。

受布莱希特表演体系的启示,对于朗读而言,虽然朗读者要细致体会作品文本中的细致感情,但由于朗读者并不能完全代替原作者表达感情,因此,朗读过程中的"身体力行"并非完全角色化、情节化的戏剧表演,而要呈现出一种离间效果:一种既要表演朗读中所呈现的人物,又要做好现实角色的行为,从而给受众一个真正的“自我”。这种离间旨在追求“神似”：避免追求形式化的一味模仿，着重于内在思考的体现。

这种离间效果建立于两种离间关系之上：

关系一：朗读者明确自我意识与朗读中涉及角色意识之间的分离与统一。

关系二：朗读者自身的真实性与朗读文本角色假定性之间的分离与统一。

只有处理好这两组关系，才能实现朗读过程整体表现的从容与控制。

（三）梅兰芳表演体系——写意的境界

梅兰芳的表演体系是我国极具代表性的戏剧表演艺术，其特有的表演形式体现为写意的境界，即将一系列心理活动与一系列技巧融合在一起，例如流畅性、伸缩性、雕塑性和规范性等，同时，在此基础上实现生活写意性、动作写意性、语言写意性、舞美写意性等一系列特质。如果说斯坦尼斯拉夫斯基的表演体系重在“体验”，布莱希特的表演体系重在“体现”，那么梅兰芳的表演体系则重在“写意”。曾有学者这样阐述几者的区别：西洋艺术像“苦功夫用在忠实于他眼睛所看到的上面，但是中国艺术家却把苦功夫用在人们头脑中所能洞察到的”。可以说，梅兰芳的表演体系深层特质体现在“所关注的是对象的精神和本质而不是对象的表面”。

最能在朗读过程中体现梅兰芳表演体系精髓的首推中国古代文艺作品（如古诗词）等文学性较高的作品。一般来说，这类作品本身具有深刻的文学内涵，其艺术本质已经蕴含在作品内容中，而梅兰芳表演体系恰恰是以我国文化为基础衍生的，可以说是同本溯源。朗读者在进行有声语言表达时，凭借写意化追求可将语言表达提升到美学的层次。如苏轼《题西林壁》：“横看成岭侧成峰，远近高低各不同。不识庐山真面目，只缘身在此山中。”这是一首极为“写意”的诗歌，不仅依靠短短两句描写了庐山的面貌，更将哲理蕴藏在诗中。诗文表面上描写外观，实则写自然本质，写意性质尤为突出。开头两句“横看成岭侧成峰，远近高低各不同”，生动又形象地描绘出移步换形、千姿百态的庐山面貌。“不识庐山真面目，只缘身在此山中”，这两句更具深意，体现出一种力图摆脱某种单一意义，而趋向多义的思维。诗文中显在层次的成像为实像，潜在层次的成像为虚像。全诗的意境体现为由实像借助象征暗示关联等手段繁衍生发出虚像，即衍生意象，而主体情意的多样性和丰富性常常又是物象所不能完全对应的。这就要求朗读者在物象的基础上，凭借自身的想象力，通过“象外之象”，对有限的物象进行拓展和弥补，使物所蕴含的生机获得更充分表现。一方面是“常恨言语浅，不如人意深”的现实文本；另一方面是从“言不尽意”的起点，到“立象以尽意”的过程，再到最终“言能尽意”的有声语言创作境界。而在这一系列过程中，梅兰芳表演体系中的写意境界追求对朗读者境界提出了两大高素质要求，即美学追求、哲学追问。

四、结语

朗读艺术是通过有声语言对文学作品再创作而产生的一种语言表演艺术。从三大表演体系的视角研究其与朗读艺术的勾连,我们得知朗读者如何依据朗读文本,在深入分析和研究作品的基础上把握其中涉及的不同角色,探寻角色的潜在动机,感受角色细微的情绪变化,掌握规定情境和人物关系,解析隐藏在作品字里行间的思想意涵。在这一系列过程中,朗读者只有把握好自身与角色的辩证关系、假定性与真实性的辩证关系这两组关系,才能更为准确地理解角色、体现角色,并实现角色创造。

研究三大表演体系的核心逻辑,有利于进一步丰富朗读艺术理论并积极指导实践创作,为厘清朗读业界的一些认知误区提供理论依据,最终提升朗读艺术的美学价值。

(李峻岭,广东外语外贸大学新闻与传播学院副教授、播音与主持艺术系主任,中国传媒大学2015级博士研究生)

经典有声文学作品保护与传承的必要性与可行性

◎卢 彬

摘 要:有声文学是文学的本源回归;有声文学具有文学与艺术的双重属性,是一种独具形态、不可替代的艺术形式。演播表现的唯一性决定了有声文学作品的不可再生性。作为民族精神与语言文化的重要载体,经典有声文学作品具有极强的保护和传承价值;传统广播音频技术的限制使得经典有声文学作品的保护与传承具有紧迫性和必要性;在全媒体时代,经典有声文学的保护与传承具有政策支持、组织保障、技术支撑和理论指引,因而具有相当的可行性。

关键词:经典作品;有声文学;保护传承

近年来,随着智能手机和移动音频平台的迅速发展,"听书"成为很多人在不同场景下的选择,"朗读"也成为新型的热门电视节目和新媒体平台的创作元素,如较有代表性的电视节目《朗读者》《见字如面》和新媒体音频节目《为你读诗》《凯叔讲故事》等,创造了可观的收视、收听、流量佳绩,吸引了众多粉丝的关注。"有声读物"也成为声音行业的热门话题,"有声文学"作为有声读物的重要类别,成为快节奏生活中,人们学习和阅读的"新宠"。

一、有声文学是文学的本源回归

书籍作为最重要的媒介之一,几千年来,记录和传承了丰硕的人类文明成果。阅读书籍是人们获取知识、陶冶情操、提高表达能力的重要手段。在我国,自古以来,读书一直被视作一项高雅的活动。在书籍并不普及的年代,阅读书籍是较为奢侈的事情,只有具备一定社会地位与经济实力的人才能享受阅读。在民间,人们则更多通过"听书"的方式获取文化知识,了解历史传奇,获得休闲愉悦。

口口相传的口头文学是文学的最初表现形态与传播方式。因而,"说"和"听"也就成了文学的最初传播方式。这种传播方式来源于民间,兴盛于民间,是真正属于普通民众的一种文学形式。即便在书面文学兴盛的年代,口头文学仍然在民间广泛地发挥着作用。进入电子媒介时代后,人们不单聚在茶馆、书场等场所听说书人说书,更可以借助广播、电视等有声媒体,在家中等更为自由的场所收听文学作品,感受文学的精妙,欣赏有声语言艺术的魅力。随着智能手机等移动设备的普及,人们的生活、学习逐渐进入移动互联时代,种类繁多、功能丰富的音频平台层出不穷,人们收听声音作品变得更为容易,有声文学再次迎来蓬勃的发展。速途研究院发布的《2017 年第一季度有声阅读市场调研报告》显示:"从 2012 年起,我国有声阅读市场规模呈现倍数增长趋势,据公开数据显示,全球有声阅读市场的价值已经超过 28 亿美元,预计 2017 年国内有声阅读市场规模将达到 31.3 亿元,同比增长 36.7%,2018 年将以更快的增长速度持续增长至 44.3 亿元人民币。有声阅读作为移动阅读的衍生领域,在移动端的优势相对明显,用户使用设备大多以移动设备为主。49%的用户通过手机使用有声阅读 App,24%的用户通过平板电脑使用有声阅读 App。"①经由广播、电视、手机等有声媒介的传播,文学作品由躺着的文字变为立体的声音,由可以看的书面文学成为可以听的有声文学,文学再次回到人们的口耳当中。因而在某种程度上可以说,有声文学是文学传播的本源回归。

二、有声文学艺术作品具有不可再生性

(一)有声文学兼具文学与艺术的双重属性

有声文学是书面文学经过演播者艺术化的有声语言再创作,融合主题化的音乐、音效等听觉元素,借助广播、故事机、网络、手机等电子有声媒体进行传播的一种文学形态。它以作家创作的书面文学文本为创作依据,在内容上充分尊重书面文学原作;它又以声音为物质载体和表现空间,诉诸受众的听觉器官,在形式上体现有声语言等声音艺术的特性。它不仅仅是对原作书面文学的声音化还原,而且兼具文学性与艺术性的一种不可替代的听觉文学艺术形式。

(二)有声文学艺术作品具有不可再生性

如前所述,有声文学以书面文学为创作依据,在创作过程中受到原作的制约与限定。同时,有声文学又是对书面文学的创造性听觉艺术表现,具备书面文学无法替代的传播优势和艺术特点,赋予书面文学崭新的表达媒介与艺术价值。它解放了读者的眼睛,仅占用受众的听觉器官,因而侵占性较弱;相对于文字语言,有声语言传播对听者的文化程度要求更低,因而更易于接受与普及。此外,借助演播者艺

---

① 速途研究院.2017 年第一季度有声阅读市场调研报告[R/OL].(2017-06-05)[2017-07-14].http://www.jiemian.com/article/1370929.html.

术化的有声语言和音乐、音效等手法,它的表现也更加形象、生动。而相对于影视作品视觉形象的确定与制约,有声文学既可以给听众保留更大的想象空间,对原作的还原度也更高,是更忠实于文学原作的一种艺术再造。

经典文学作品之所以能够广泛流传,主要在于它思想内容的精深与语言艺术的精湛。在有声文学作品创作中,基于声音媒介传播的特点,离不开对原作的改编,以适应有声语言"播读""演播"的表现方式。但相对于影视作品的改编,有声文学作品的改编程度可以更低,从而使作品更贴近原作。同时,有声文学的创作成本也更低,在创作中,仅用少量的演播者甚至一名演播者即可完成一部作品的演播,因而创作效率更高。

书面文学具备相对的稳定性,不管如何再版,内容都不会发生太大变化。而由于演播者音色与艺术创造力的个性,加上演播者、制作者的不同,创作条件和创作理念的不同,使得创作者对作品的艺术理解和艺术感觉无法复制,因而每部作品都呈现出唯一性,同样的文学作品由不同的演播者进行有声化表现,必定会呈现出不同的听感和韵味。即便由同一位演播者在不同的时间进行演播,其语言风格与作品形态也会因为声音状态、语言状态、理解程度、审美认知的变化而呈现出截然不同的状态。因此,有声文学作品具备唯一性。

从这个意义上讲,有声文学作品具有不可再生性。因而,优秀的有声文学作品具有珍贵的历史价值。

三、经典有声文学作品保护与传承的必要性

经典有声文学,是有声文学的优秀代表,它不单包含经典的长篇连播(有声小说),更包含经典的诗文朗读、儿童有声文学等内容,它应兼具健康深刻的思想主题、准确生动的语言演播及精致细腻的声音制作于一身,"具有思想的穿透力,审美的洞察力,形式的创造力"①,并通过有声媒介得到广泛的传播,在受众中产生过较大的社会影响。作为一种独具特征且不可替代的文学艺术形式,有声文学尤其是经典有声文学,应与民族戏曲、传统戏剧、民间艺术、影视作品等其他艺术形式一样得到应有的保护与传承,这在当前是一项必要而紧迫的工作。

(一)保护与传承经典有声文学作品有利于弘扬民族语言文化

语言与声音是民族文化、时代审美的重要符号。有声文学作品从技术、题材、演播风格上都带有鲜明的时代特征,是对时代审美倾向的重要记录。有声文学是

① 习近平.在中国文联十大、中国作协九大开幕式上的讲话[R/OL].(2016-11-30)[2018-03-05].www.xinhuanet.com/politics/2016-11/30/c_1120025319.htm.

以有声语言为主要创作手段的艺术形式,由于语言文化的民族性,有声文学也成为具有民族性的文艺形式。经典有声文学凝聚了文学作家、演播艺术家、声音编创艺术家等多重优秀的文化精神和声音技艺,具有重要的思想价值、文化价值与社会价值。我们可以在声音编创艺术家的精心编辑中领悟作家高远独特的思想精神,感受演播艺术家独一无二的声音魅力与语言艺术。

艺术作品往往带有时代与民族的烙印,有声文学亦是特定时代的民族语言与民族精神的凝聚和体现。我们可以从不同时代的经典有声文学作品中,体味那个时代的主题和风貌,也可以感受不同时代的表达风格与语言审美倾向。在广播繁盛的年代,小说连播以其独特的艺术魅力吸引、滋养了大批听众。《杨家将》《李自成》等作品播出时,很多听众会提前守在收音机前,静静等候,这些作品的名字连同声音一起,成为一代人的美好记忆。然而,随着时代的发展,这些作品的内容及演播在某种程度上不能吸引现在的听众,尤其是年轻听众。如演播艺术家王刚的长篇连播代表作《夜幕下的哈尔滨》演播语言生动,技艺丰富,表现力强,曾经在20世纪80年代产生了非凡影响。而2017年7月"有声读物评价体系课题组"采访王刚时,他提到,"现在再听《夜幕下的哈尔滨》,会感到其演播力度过强,听感很累,那样的播法不适应当今的语言审美"。其他的很多作品亦存在这样的问题。虽然我们不强求当今的受众要普遍接受这些艺术作品,但这些艺术作品的价值却应该被记录、认知、传播。不管时代如何变迁,它们产生过的巨大影响是不可磨灭的,是应该留存在长篇连播历史档案中的。它们是我们民族语言文化精神的优秀代表,是散发着独特听觉韵味、彰显着特定时代色彩的珍贵语言史料。在语言艺术的教学、研究、交流等多个方面都能够发挥作用。

(二)保护与传承经典有声文学作品有助于促进语言健康发展

手机等移动媒体与移动互联网兴盛之后,有声文学的播出平台得到了空前拓展。懒人听书等专门性听书平台,喜马拉雅等综合性音频平台迅速崛起,在几年的时间内收获了数亿用户,给传统广播媒体的发展也带来了一定影响。由于具有强大的开放性,新兴音频平台上的作品数量也空前庞大,由专业人士生产(PGC)的有声产品与"草根主播"生产(UGC)的有声产品"同台竞技",可谓参与者众,作品丰富。虽然对于受众来说,选择丰富固然是一件好事,但是在用户需求多元与播读标准不统一的背景下,更多用户生产的有声文学作品主题低俗、演播风格随意、制作质量粗糙,不管在内容主题方面,还是演播制作方面,都带有较强的"快餐性"。这些"快餐文化"虽然能够在短时间内吸引受众的耳朵,为其带来浅层、短暂的愉悦,但它们难以代表我们优秀的民族文化与语言品质,也会拉低行业的水准,降低用户的审美质量，更难以经受人民和历史的考验，造成时间与空间的资源浪费。这样的作品广为流传，对受众的思想提升与语言发展益处有限。

一些音频平台也认识到这样的问题，通过市场运营与用户调研，它们发现用户愿意付费的产品，仍然是那些声音精品。因此，将发展方向倾向于专业用户生产内容(PUGC)，培育具有专业水准的“签约主播”成为不少平台的选择。

张颂谈传媒语言的文化身份需要维护与识别时提到，要“用最好的文化产品和优秀作品吸引人，感染人”①。经典有声文学作品通常是有声语言艺术精品，在内容选择、语言表达与艺术制作等方面都蕴含着各环节创作者的“艺术匠心”，主题健康、语音标准、语言规范、表达精确、艺术独特更是这些作品的普遍特点。收听这些作品，听众能得到心灵的滋养与语言素养的提高；传播这样的作品，能树立语言艺术典范，引领民族语言健康发展。

(三)保护与传承经典有声文学作品有助于保存语言艺术精品

上文提到，经典有声文学作品具有不可再生性。文学内容具有稳定性，虽然几经再版，但文学作品本身的内容基本不变。然而，广播影视作品却不具备这样的稳定性，即使尊重原著，在原版的基础上翻拍和重录，广播影视类作品也难以还原原版的艺术形式和艺术品质。从这个意义上讲，广播影视类艺术作品具有唯一性。

在视听媒介较为发达的当代，对文学作品进行影视化改编创作已经成为一种普遍的现象，但是同时也存在一些不尊重原著的恶搞改编、劣质改编现象，最终有损经典文学作品的形象和影响力。有声文学可以在较大程度上保证对作品的还原，因为通过声音进行艺术创作，可以最大限度地在场景环境、人物形象等方面保留听众对原作的想象空间。听者在收听时可以借助视觉思维和自己的审美经验进行想象，而不像影视作品那样具有确定性，受导演思维限制。对经典文学作品进行有声化的创作，既是丰富艺术作品的重要途径，也是对文学作品进行传播的良好方式。

此外，由于物质载体的技术限制和外界环境的侵蚀(如损坏、潮湿等)，有声文学作品在某种程度上存在着损坏或消失的风险。如有些广播作品最初刻录在开盘带或磁带上，经年累月，带子破损或完全无法播放。声音内容一旦损坏或丢失，很大程度上无法复原，丢失一个时代的声音将与丢失一个时代的文字一样，是我们民族文化的重大损失。因此，在技术条件允许的情况下，对经典有声文学作品等历史声音进行电子化翻录、整理、备份甚至播出，是传媒工作者的职责，也是当前文化遗产保护中的一项重要内容。

---

① 张颂.传媒语言文化身份的当下识别[J].现代传播，2005(3)：45-48.

四、经典有声文学作品保护与传承的可行性

经典有声文学的保护与传承是一项重要的文化工作。当前，这项工作已经得到了相应的重视。并且随着各项政策的出台、组织的建设以及声音处理技术与大数据技术的日益进步，这项工作也具备了相当的可行性。

(一)文化政策的出台为经典有声文学的保护与传承提供了政策支持

多方资料显示，有声书近年来不断被视作出版业的下一个重点。在市场需求的推动下，音频类平台在各类媒体上迅速发展，同时，有声书也成为政府大力扶持的文化项目。

习近平在十九大报告中指出："要繁荣文艺创作，坚持思想精深、艺术精湛、制作精良相统一"，"发扬学术民主、艺术民主，提升文艺原创力，推动文艺创新。倡导讲品位、讲格调、讲责任，抵制低俗、庸俗、媚俗"。这为新时代的文化艺术工作指明了发展方向。

文化部"十三五"时期文化发展改革规划的主要任务就包含创作生产优秀文艺作品，加强优秀作品的传播推广等。"抓好有声读物的精品工程"也是国家新闻出版总局在"十三五"时期着力打造的十大精品工程之一。[①] 在 2017 年新闻出版改革发展项目的八个重点支持方向中，传统出版和新兴出版融合发展就是其中的一项，其中包含听书项目。

在 2017 年新闻出版改革发展项目库中，咪咕数字传媒有限公司的"基于人工智能和媒体融合的灵犀智能有声阅读云平台建设项目""咪咕听书语音融合发展项目"，湖南出版投资控股集团有限公司的"中南有声书内容集成与传播平台"，广州市朗声图书有限公司的"听读中国——经典作品听书再造工程"，深圳出版发行集团公司的"全民听书——全球华文网络文化主播移动直播平台"等项目纷纷入选。2017 年 7 月 15 日，文化部文化艺术人才中心在北京举办"有声读物播读艺术素养提升班"，来自各级电台电视台的主持人、高校教师、非公领域文化企业的优秀播读人员、其他行业从事相关工作的宣讲人员以及部分有声读物播读爱好者等参加了培训。

近年来，类似的政策和项目在各级新闻出版和文化领域层出不穷，有声读物的版权保护、出版发行、播读标准制定等各项工作都在一定程度上得到了有效的政策支持，这也为经典有声文学作品的保护与传承提供了专业土壤。

---

① 2017 年，出版的政策风向[EB/OL].[2017-02-13].http://www.sohu.com/a/126098076_488741.

(二)相关组织的成立为经典有声文学的保护与传承提供了组织保障

有声文学不算一个新事物,在广播繁盛的时代曾经兴盛。相应的广播电视管理机构和文化部门为其健康、有序发展提供了组织保障。中国广播电影电视社会组织联合会广播文艺工作委员会(小说连播)作为小说连播的专业组织,组织进行了多年的广播小说专业评奖与学术探讨等活动,为推动广播长篇连播事业的健康有序发展发挥了重要的作用。

进入移动互联时代后,随着各类有声读物的兴盛,与有声读物相关的组织也不断涌现。如 2014 年 10 月,播读者的专业委员会——中国文化管理协会有声视听文化委员会成立。此外,近几年还成立了中国音像与数字出版协会有声读物专业委员会等有声读物专业组织,这些专业委员会组织常规性的专业交流与探讨,为有声读物行业、经典有声文学作品的保护与传承提供了一定的保障。随着全媒体有声读物行业的不断发展与新现象、新问题的不断显现,更专业、更细化的有声读物行业组织也必将不断出现。专业组织的成立,为经典有声文学作品的保护与传承提供了保障,专业组织的评选、认定与推荐,使经典有声文学作品的价值得到认可,使其艺术地位得到肯定。

(三)声音技术的进步为经典有声文学的保护与传承提供了技术保障

声音作为一种看不见、摸不到的现象,需要借助一定的物质载体才能得以保存。声音载体的生命力在某种程度上决定了声音作品的生命力。古代的语言艺术资料因为没有声音技术的支持才没有完好地留存,只能通过人们口口相传的方式得以传播,艺术作品在这种传播过程中对原作的忠实程度势必会受到影响。广播时代,录音技术的进步使得一些有声作品得以保存,但磁带、光盘等的体量较大,存储占据较大的空间,检索冗繁,且容易受到外界环境的影响而损坏、丢失,仍不能有效保存、保护有声文学作品。

数字视听技术的发展与普及,使得有声文学等视听资料的保存具有更大的可能性。数字音频资料占据空间小,清晰度高,检索容易,且可以借助多个平台的海量云空间进行存储,打破了原来广播技术对时间和空间的限制,有利于对各种声音资料进行抢救性的数字化保存和传播。当然,有声文学的传承和保护不是将作品"束之高阁",而是依据有声文学传播的规律性与科学性,充分发挥"传播"的保护作用,借助各声音传播平台,通过丰富的策划、推荐、重播、重录、专题报道等形式将作品在影响更广泛的声音平台上呈现,用科学有效的方式引导受众全面认识有声文学作品的价值。只有真正实现经典有声文学作品的"常播不冷",才是对作品进行保护与传承的正确途径。

(四)学术研究的发展为经典有声文学的保护与传承提供了理论支持

近年来,随着有声读物的迅速发展,与有声读物有关的学术活动和学术成果等也日渐增加,笔者以“有声读物”为关键词在中国知网论文数据库中检索,得到相关结果350余条,其中近3年的论文数量均在40篇左右,是前三年的1倍左右,且不乏硕士、博士论文等,可见“有声读物”已经成为业内新兴学术话题,吸引了学界的众多目光。这些理论成果总结了国内外有声读物的发展历史与现状,对全媒体时代有声读物内容的选择与标准,出版与经营,播读的艺术与风格等方面存在的问题进行了不同角度的评价与展望。新媒体时代的有声读物发展有了日渐丰厚的理论指引与文献成果,为经典有声文学作品的保护与传承提供了一定的理论支持。

五、结语

经典有声文学作品作为有声读物的优秀代表,在文艺事业繁荣发展与有声读物发展日益蓬勃的当代,具有重要的社会价值与示范作用。作为一种不可替代、不可再生的艺术作品,它的保护与传承理应在学术理论与实践操作上得到应有的重视,在传统广播日渐衰落与新兴音频存储传播技术日益发达的当代,这一课题已具备相当的必要性与可行性。

参考文献:

[1]史秋雨.中国有声读物研究综述[J].图书馆论坛,2012(7).

[2]张颂.传媒语言文化身份的当下识别[J].现代传播,2005(6).

[3]刘宇,张礼敏.民间口头文学的当代保护问题探析[J].中州学刊,2017(5).

[4]叶咏梅.中国长篇连播历史档案[M].北京:中国广播电视出版社,2010(12).

[5]曾志华.中国故事广播频率有声语言艺术创作现状与思考[J].现代传播,2016(1).

[6]余人,王令薇.从传播学视角看新型电子有声读物的崛起与发展[J].出版发行研究,2016(9).

[7]李婕婷.对有声文学节目发展的思考——以微信公众号“为你读诗”为例[J].青年记者,2016(27).

[8]刘慧梅,姚源源.书写、场域与认同:我国近二十年文化记忆研究综述[J].浙江大学学报,2018(4).

(卢彬,浙江传媒学院播音主持艺术学院讲师)

有声读物提升受众审美的多维空间*

◎ 刘　超

摘　要：本文从接受美学的视角出发，依照审美期待、审美感知、审美升华等过程，有序梳理了有声读物受众审美的生成机制。有声读物具备文学美、语言美、技艺美等审美特征。当前全媒体有声读物在提升受众审美方面存在内容单调、质量不高等问题。在全媒体时代，作为纸质书和电子书的补充，有声读物能够在审美选择、审美态度、审美感受等多维空间提升受众的审美能力。

关键词：有声读物；审美空间；听觉美育

"有声读物"起源于美国，起初是由专业人士将文学作品录制成磁带，供视力障碍人士、伤残军人以收听的方式"阅读"。20 世纪 80 年代，有声读物逐渐走向市场，被称为 spoken words 或 audio book，受到人们的普遍欢迎。随着电子媒介时代的到来以及新媒体的日益普及，有声读物市场也日益扩大，受众越来越多，"长篇连播""广播剧院"是广播电台重要的有声读物内容。移动互联网的发展，也催生了许多网络有声读物平台，如懒人听书、咪咕听书、蜻蜓 FM、喜马拉雅等，微信公众号中的有声读物内容也层出不穷。在这样的新背景下，有声读物被概括为以纸质图书为内容，以数字音频为载体，以"听"为接受方式，以广播、互联网和智能手机为传播平台的有声语言制品。①

一、有声读物审美机制的生成

（一）有声读物受众的审美期待

接受美学创始人姚斯提出了"审美世界的期待视野"，他指出：读者在接受作

---

* 原载于《青年记者》2018 年 12 月（下），第 70-71 页。

① 郭楠.我国有声读物市场研究[J].编辑之友，2009(2)：22-24.

品之前都有一定的“期待视野”,包括人生观和世界观、文学视野、艺术文化素养、文学能力四个层次。① 有声读物的受众在收听作品之前,就对有声读物的内容、演播者的音色、表现形式等有既定的期盼与估计,对自己想听的作品有一定的审美期待,在脑海中描绘出自己对作品期待的印象。在有声读物的欣赏过程中,动听的人声、丰富的音效、优质的录音效果、和谐的配乐调动起受众的审美动机,带给受众收听的审美体验。同时,受众不仅可以收听,还可以参与录制,并且能借助转发、评论等功能评价作品,使得审美体验更加深刻。这种审美体验是一种主动的行为,源于受众的审美需要与审美期待。有声读物欣赏不仅在于声音层面,更在于通过文字与声音的结合能充分调动起受众的情感体验。这种情感所引起的审美期待来源于作品内容,它更为强大与持久,能够满足受众深层次的心理需求,也有着更深层次的沉淀与回味。在接受过程中,有声读物与受众的审美心理发生交互作用,审美期待就由模糊、朦胧变得明晰与具体,也会产生不同的审美效果。

(二)有声读物受众的审美感知

审美感知是受众对有声读物欣赏真正的开始,这种感知来源于受众的听觉。它借助演播者的有声语言,结合各种声音的刺激,由听觉系统接收,形成对有声读物中所传递的故事、情感、情节、知识等多元素的认识,并形成一个整体。受众通过想象对听觉产品进行再创造。有声读物属于听觉艺术,缺乏视觉上的直观性,特别是颜色、形状、大小等性质,受众是无法形成具体直观视觉感受的,但这恰恰使其具备了广阔的想象空间。受众借鉴以往的审美经验,对听觉形象进行丰富的联想与想象,使自己与有声读物作品进行融合与交流,并以此为基础产生一个更为深远的审美世界。最终,受众的想象融入有声读物,从而获得极大的愉悦和满足。有声读物引起受众的感情投入,它的情感影响涵盖了受众,占有了受众。

(三)有声读物受众的审美升华

受众与作品相互交融之后,就会产生深深的感动,激起共鸣,这是一种高度的契合状态,是想象、情感等许多心理因素的集中表现。这种情感不是受众对作品内容的单纯投射,而是受众与有声读物因情相通而融合为一体。有声读物的特殊性在于,文学作品不直接作用于受众,而通过演播者的有声语言表达传递给受众,因此这种共鸣分为两种情况:第一种情况是受众与作品产生共鸣,第二种情况是受众与演播者产生共鸣。这是有声读物特有的审美现象。许多演播者拥有悦耳的声音、精湛的演播技巧、深厚的文学修养,他们演播的作品深受受众喜爱,他们的声音

---

① 朱立元.接受美学导论[M].合肥:安徽教育出版社,2004:204.

成了标志性的符号,能够得到受众的认同。演播者共鸣产生之后,受众的审美体验从声音形式突然“顿悟”般地加速转变,由感性认识上升到理性认识,进入作品的主旨、思想、精神和境界,领略到隐于外部表象的深层次意蕴,因此形成审美的升华,受众体验了作品的艺术美,净化了心灵,从而产生深深的愉悦。

二、有声读物的审美特征

有声读物的内容非常广泛,文学、科学,包括专业知识都有所涉及,它运用文学、戏剧、广播、曲艺、音乐等多种表现手段,不仅具备较高的艺术价值和美学特征,还能激发受众的阅读兴趣,提升受众的综合素质。有声读物的审美特征一般包含如下几个层面:

(一)有声读物的创作依据彰显文学美

有声读物的内容包罗万象,人声与文字作品的结合使有声读物具有文学特征。因此文学艺术的审美特征也存在于有声读物当中。首先是文学形象的间接性:受众通过“收听”来阅读文学作品,在这个过程中会受到两个中介的影响,一个是文字语言,另一个是有声语言。受众通过中介接收到作品内容之后,结合自身的经验、阅历、文学素养展开丰富的想象,从而在大脑中产生鲜活的文学形象。其次是文学反映生活的广阔性。人的思维是无边无际的,而语言又是“思维的物质外壳”,因此以语言为载体的文学作品不仅能够反映世间的万事万物,还能细致展现人的复杂内心世界。最后,文学具有思想感情的鲜明性。文学作品是作者丰富思想感情的表达工具,它依托语言文字将作者对生活的描绘、评价生动地展现出来,其中渗透着作者鲜明的倾向性。相较于其他艺术形式,文学作品因其情感更为复杂、深刻、鲜明、细腻,而更适合展现人的感情,并且发人深思、催人泪下。

(二)有声读物的创作手段呈现语言美

这里的语言美专指有声语言的美感。有声读物是以有声语言为中介进行传播的。我国的有声读物从早期的小说连播开始到如今的网络有声读物,培养出一大批拥有高超表达与演播技巧的从业人员。他们的语言精致、准确、富有感染力,为文学作品的传播作出贡献,达到“锦上添花”的效果。语言美主要体现在:第一,演播声音美。经过严格选拔和专业训练的演播者声音优美动听。男声音域宽广,既能浑厚沉稳,又能透明嘹亮。表达作品时,时而如丝绸般华丽,时而如铜钟般沉稳。女声善于变化,声音穿透力强,但不刺耳;音色甜美,但不造作;柔情时如泉水,刚劲时如利剑。再加上他们强大的气息运用能力,让声音控制稳健,在松弛的同时还能自如地进行音色的变化与调整。第二,语言形式美。语言表达蕴含丰富的技术,从外在形式看，有停顿与连接——使语言线条疏密有致，形成或对称、或参差、或铺排、或回环的美感；[①]重音——使听觉产生轻重不一、重点突出、语义清晰、强弱分明的美感；语气——使文字具备快乐、凝重、愤怒、忧伤等多种情绪，使语言更具情感美；节奏——在语势上产生抑扬顿挫、轻重缓急的韵律美。第三，语音面貌美。语音面貌就是演播者的形象，是吸引受众的突出外部特征。我国的有声读物演播专业人员大多用的是“世界上最美的语言”——汉语普通话。它独特的声韵调系统，使语音本身具有听感上的吸引力。声母颗粒感强、弹发有力；韵母动程流畅、圆润饱满；声调高低起伏、宛如流水。此外，语音面貌的美还体现在吐字技巧上，经过专业训练的演播者咬字松紧适度，清晰集中，字字珠玑。

（三）有声读物的创作载体显示技艺美

由于有声读物具有综合性的特点，因此在制作手段与表现方式上也融合了其他艺术门类的表现元素，具备综合多样的特征。以有声小说为例，它包括文学、演播、音乐、音效等，凡是有利于听觉接受的元素都能囊括进有声小说中。也就是说，除了不能看，话剧、电视剧、戏曲等艺术门类的许多手段在有声小说的制作中都能得到体现。另外，一个演播者往往兼任多个角色，不仅是叙述者、扮演者，有时还是演唱者。不论主人公性别、年龄有何差异，演播者都能通过音区、语气、音色、语速等变化进行惟妙惟肖的刻画，显示出精湛的手段与技艺美。许多演播者以故事、相声等曲艺为演绎对象，融合说、学、逗、唱等多种语言手段，展现了高超的演播技巧。此外，传播技术的突飞猛进也让有声读物更具时代特征。有声读物与智能移动客户端结合之后，更具有参与性与自由性，点播、评价、快进、回退等新技术的发展让有声读物焕发了新的光彩。

三、当前有声读物在提升受众审美力方面存在的问题

（一）有声读物内容良莠不齐

目前，我国在全媒体上的有声读物内容呈现鱼龙混杂、良莠不齐的状态。几大有声读物网站的排行榜上，排名靠前的大多数是“穿越”“仙侠”“盗墓”“鬼怪”“幽默段子”等内容；而中外经典、知识、教育等内容则较少，一些平台上甚至充斥着暴力、低俗等内容。出现这种情况的原因：一方面，伴随性收听与浅层阅读的习惯让“无深度”“娱乐性”内容有了适宜的接受环境；另一方面，知识性较强的内容需要多感官的投入和安静的环境，再加上点击率的制约，使传播平台较少提供优秀内

① 张颂.朗读美学[M].修订版.北京：中国传媒大学出版社，2010：74

容。宣扬色情、充满暴力、渲染凶杀、歪曲历史的内容,是对人的本质力量的否定,堕落为艺术丑。[①] 这样的艺术品对受众的审美影响危害极大,会使人形成低级的审美趣味,进而影响个体的行为,危害他人及社会安全。

(二)有声读物制作水平参差不齐

有声读物的艺术质量需要专业的录音设备和制作技术来保证。传统广播电台的广播小说是由专业编辑团队制作的。从文学作品的选择、改编,录音、音效设计与制作,到背景音乐的搭配、音频的剪辑,都要经过精雕细刻并合作完成。广播小说的录制需要隔音效果较好的录音室,调音台、话筒、剪辑设备、丰富的音乐音效素材、先进的编辑设备都须配置齐全,这些都是高质量有声读物的保障。而当下,有些平台只需一台手机等移动终端就可以录制、上传录音作品,其对制作质量的审核也不够严格。很多作品背景音乐与内容不符,杂音较多,从作品选择到演播再到合成甚至只有一人完成,使作品效果大打折扣,实在不具备艺术性和欣赏性。

(三)有声读物演播水平普遍不高

演播水平是有声读物艺术性的重要体现。优秀的演播者需具备规范的语言、悦耳的声音、纯熟的表达技巧、充沛的情感、深厚的文学功底、丰富的人生阅历、充足的演播经验。但目前,许多有声平台由于资金等原因,将文字作品简单地用人工智能语音进行合成,使有声语言听起来生涩、不自然。这样的有声文学作品无法产生与文学内容相符合的情感,大大降低了文学作品的感染力。此外,目前制作一部优秀的有声读物耗费时间长,演播待遇也不高,导致演播者对有声读物的录制兴趣不高。再加上私自刻录、盗版、非法链接等,使优秀的演播者对网络作品望而却步。这样,一大批没有受过专业训练、不具备演播天赋、声音不悦耳、语音不标准、表达不准确、情感不充沛,甚至还会出现念错字、别字的网络主播纷纷加入有声读物的制作中。这样录制的作品势必会影响受众的感受力。

因此,我国有声读物市场应进行规范管理。首先要建立法律法规,重视版权,规范互联网市场。其次,以有偿收听的方式吸引更多专业人员进行有声读物的制作。最后,媒体要广泛宣传,提高受众对有声读物的认识度。

四、有声读物提升受众审美力的多维空间

审美力也叫审美能力,是指受众对美的理解、感悟、欣赏、鉴别、评价的能力。审美力只能在实践中产生,它是一种后天形成的社会性能力,审美力的发展也是人

---

① 顾永芝.美学原理[M].南京:东南大学出版社,2008:123.

类文明的标志。① 有声读物作为一种听觉艺术作品,在传播、鉴赏过程中,对受众的审美力具有多重的提升作用。

(一)有声读物提升受众的审美选择力

受众的审美选择力既受先天因素影响,也可以在审美实践中逐步得到提升。因此,好的作品能够提升审美主体的审美选择力。优秀的有声读物具备高尚的思想内涵、健康的人生态度、优美的文字语言、精湛的演播技巧。在这样的作品引导下,受众的审美力会得到“水涨船高”式的增长。对优秀作品的鉴赏可以为受众的审美选择打下牢固的基础,使受众自觉地对劣质作品进行排斥。目前,我国有声读物市场尚不规范,演播者准入门槛较低,许多不具备演播能力的“主播”也加入有声读物的制作与传播中,一些从业人员甚至选择思想境界不高的网络畅销书进行播读,这将对受众特别是青少年产生不良影响。对于高尚审美理想还未形成的受众来说,这些作品的益处无疑是有限的。因此,有声读物的制作人员不能仅仅将网络上的排行榜作为参考依据,而应该注重作品的内容,让思想性、艺术性高的作品影响受众,提高其审美选择力。

(二)有声读物培养受众的审美态度

审美主体的审美态度与审美对象有着直接关系,审美对象会对审美态度产生巨大影响。人们在社会生活中,通过实践认识世界,往往会带有一种实用色彩。看到一件物品,常常首先判断其“有用”或“无用”,在商品经济发展到一定阶段后,人们更会判断其“价值”几何。实际上,审美态度与实用态度不同,审美主体在欣赏审美对象时,要与之保持一定距离,才能摆脱生理需求,从而形成审美态度。有声读物以听觉为接受方式,屏蔽了受众的视觉直观,扩大了艺术的想象空间,也拉开了审美主体与审美对象的距离,使受众形成一种审美观照,使审美实践活动少了一些实用功利的色彩。因此,优秀的有声读物能够使受众摆脱功利性、实用性的态度,并最终对其人生观、价值观产生积极影响。

(三)有声读物提升受众的审美感受力

审美感受力是审美活动中重要的主观条件,任何审美活动都必须以审美感受为基础,审美感受也始终贯穿于审美活动中。审美感受力包括审美领悟力、想象力等。在有声散文、诗歌等文学作品的接收过程中,受众会被作品中深刻的意蕴吸引,从而产生置身其中的丰富想象。一系列领悟与想象的过程使欣赏者的审美能

---

① 曾繁仁.美育十五讲[M].北京:北京大学出版社,2012:51.

力得到提升。长期进行这样高质量的审美实践,会使欣赏者的审美感受力大大增强。由于有声语言艺术相对其他艺术形式更具易感、易上口的特性,使得听者更易模仿与学习。在审美过程中,演播者的创作能形成驱动力,让受众产生创作的冲动,使其跟随有声文学作品一起诵读。这样的实践能使受众的审美感受力得到飞跃性的发展。

五、结语

有声读物中蕴含的文学价值、思想情操、人生经验、道德修养、生活技能、理论知识等可以潜移默化地引导受众,使其形成良好的个人品质。丰富的内容与精湛的演播相结合,构成有声读物的综合艺术特征。欣赏有声读物对于提升受众的领悟力、感受力、想象力、审美力等大有裨益。由于移动音频平台的普及、新媒体技术的发展及受众审美的需要,有声读物在当今社会的影响力越来越大。我国有声读物的制作与传播还不够成熟,尚未形成系统的评价体系与规范的准入门槛。因此,有声读物的制作者、发布者、演播者都要对作品进行精心遴选与制作,本着对受众负责的态度,创作出精良的作品,充分发挥文艺作品引导人、鼓舞人的作用。

参考文献:

[1]张颂.朗读美学[M].修订版.北京:中国传媒大学出版社,2010.

[2]叶咏梅.中国长篇连播历史档案[M].北京:中国广播电视出版社,2010.

[3]曾繁仁.美育十五讲[M].北京:北京大学出版社,2012.

[4]秦俊香.影视接受心理[M].北京:中国传媒大学出版社,2006.

[5]曾志华.中国故事广播频率有声语言艺术创作现状与思考[J].现代传播,2016(1).

(刘超,浙江传媒学院播音主持艺术学院副教授,中国传媒大学2016级博士研究生)

有声读物的内容选择与语言表达的创新融合*

◎ 王海燕

摘　要：以有声读物内容选择和语言表达的创新融合为研究对象，对有声读物内容、生产方式、内容载体和局限性进行阐述，简要分析有声读物内容现状和存在问题。提出语言表达是有声读物的核心生产力，悦耳悦心是最好标准。语言表达方面，本文运用播音主持理论，借鉴朗读美学理论，提出文本语言要精练、演播综合语言要丰富，演播要准确，在个性化、感染力等方面进行了探析。并提出坚持精品意识，加快推进PUGC模式；坚持垂直细分，实施精准提升计划；坚持重点突破，抓牢关键竞争要素的创新融合建议。

关键词：有声读物；内容；表达；创新融合

高品质的内容供给是有声读物的核心竞争力。在移动互联网时代，有声读物满足了人们碎片化阅读需求，提供了丰富的收听体验。但是个性化、高品质、不断变化的用户需求，也对有声读物提出了更高的质量要求。内容选择和语言表达，是有声读物的核心要素和生命线。两者的有机融合更是有声读物的发展线。本文通过对有声读物的内容分析、对语言表达的研究探讨，提出两者创新融合的有效途径。

一、有声读物的内容选择

随着互联网技术和受众阅读方式的发展，有声读物的内容类型、载体形式和外延也在不断扩大。有声读物，《辞海》中的定义为：录制在磁带中的出版物，也就是人们常说的可发音的“电子书”。时至今日，笔者以为有声读物是一种以文字为基础、以声音为媒介，通过传播要素的集成生产来满足受众需求的文化产品。

（一）有声读物的内容

有声读物内容最早是将可视产品变形为听觉产品，以名篇广播、名著连播为

* 原载于《中国广播》2018年第4期，第18-20页。

主,综艺语言类产品为辅。随着受众需求多样性和个性化发展,有声读物内容覆盖日益宽泛,有文学艺术、情感励志、实用科学等内容类型。近几年,发展最为迅速的就是网络文学,有声阅读成为受众逐渐依赖的内容形态。据调查,听书人群中24.61%的人每天听书时间达到30分钟到1个小时,而其中66.71%的人以听小说为主。目前,我国有声产品用户超过1.3亿,移动音频总用户规模达到8.6亿。以喜马拉雅平台采样推算,有声读物日播放800万次左右(250万小时),蜻蜓FM用户规模超过2亿。①

(二)有声读物的内容生产方式

有声读物按照内容生产方式分为UGC(User-generated Content,用户生产内容)、PGC(Professionally-generated Content,专业生产内容)和OGC(Occupationally-generated Content,职业生产内容)。UGC模式是有声读物运营平台利用互联网进行内容生产的通用方式。经过近几年的模式演进和实际考量,随着受众对于有声读物内容质量诉求日益强烈,精品化、专业化的PGC内容成为行业竞争力所在。有声读物的未来发展必将走向职业生产的OGC之路。

(三)有声读物的内容载体

有声读物主要通过存储播放、智能终端、定向一体机等三种载体进行渠道推广传播。光盘等存储播放是目前有声读物在机构推广中依然使用的载体形式,以教材教辅、益智文学等附赠光盘为主。定向一体机是针对老年、儿童等特殊群体量身定制的产品,如听书机、故事机等。

而电脑、手机等智能终端成为有声读物最重要、最便捷的载体,也是有声读物市场拓展的必争之地。目前具有听书功能的App多达数百款,懒人听书是目前发展最成熟的一款。自2012年上线以来,懒人听书以优质的内容、精良的制作一直占据着有声读物市场较高的市场份额。

(四)有声读物的内容局限性

一是有高原,缺高峰,内容不能满足受众的多样化需求。目前有声读物的内容海量但同质化严重,迎合媚俗,结构不甚合理。奇幻、穿越等铺天盖地,娱乐、综艺等良莠不齐,快餐消费盛行,高端产品供给不足,受众选择产品的自主性没有完全覆盖,获取感官体验及情感满足的需求没有充分填满。

二是门槛低,品质不能满足受众的精致需求。好的音频需要正版文本、优秀

---

① 沙孟影.专注内容,声工厂想要为用户提供全品类的有声读物听书服务[EB/OL].(2017-10-18)[2018-05-03].http://www.lieyunwang.com/archives/373518.

演播者和精良制作的严密闭环。文本删减不全,混音合成嘈杂无序,尤其是演播者的角色带入、音色、感情表达不悦不畅,成为制约有声读物内容质量的痛点。

二、有声读物的语言表达

在浅阅读时代,碎片化的移动阅读成为主要趋势。受众在选择收听内容的同时,对演播者的声音、风格和品质的要求越来越高。目前市场上有声阅读内容尚未形成全行业的通用制作流程,导致作品水平良莠不齐。处于内容生产核心环节的语言表达能力强的专业演播者,成为有声读物运营商全力争夺的资源。比如,懒人听书通过主播招募计划打造专业演播资源链条。

对于有声读物来说,语言表达就是核心生产力,悦耳悦心就是最好标准。要提高受众对有声读物的黏合度,就要在语言表达上精准分析、精确投放。

(一)文本语言要精练

在有声读物极大丰富的情况下,受众最稀缺的是注意力和时间。有声读物的文本要足够精练,才能够快速并精准地推送受众想收听的内容。如果文本语言晦涩难懂,就会让受众失去兴趣与耐心;如果文本语言冗长拖沓,就会影响受众对有声语言的理解,造成信息传递的失真和遗漏。有声语言不能撇开文本内容,只能真实转换。所以有声语言表达要回归本源,注重文本语言的高品质传播诉求,在此基础上进行有声语言表达的再创造。

(二)有声语言表达要丰富

文本语言的意义意境,要通过有声语言来表达。“有声语言最为明显的特征,就是韵律美。从语义上说,必须清晰、完美;从情感上说,必须真挚、丰满;从声音上说,必须圆润、自如;从语态上说,必须精致、细腻;从表象上说,必须贴切、鲜明。”① 表达时,声、情、气等各种要素要完美结合,演播者综合运用各种表达技巧,进行有效的信息加工。

1.演播要准确

其一,对文章的理解要准确。演播者要发挥主观能动性,注重对文本语言文字的研究把握,全方位解读文本语言,表情达意要准确,尽量保留文本的原汁原味,让受众接收准确信息。其二,吐字发音要准确,符合演播的语音规范。

---

① 张颂.朗读美学[M].修订版.北京:中国传媒大学出版社,2010:7.

2.演播要生动

演播是艺术,能够以声传情、以情带声,能够让听众省去对文字的咀嚼并得到文字以外的更加丰富立体的感受。这需要通过演播者的综合再创作,通过演播者对文本层次、段落、语句之间逻辑的理解与强化,综合有声语言表达的声音形式、情感色彩、技巧运用、分寸拿捏和表达方式,来打动受众、吸引受众、感染受众。从而使有声语言的传播达于耳、入于心。

3.演播要个性化

演播因文而异、因人而异,受众需求也是各有不同的。在高度社群化、交互式的网络平台,个性的标榜与认同是快速传播的前提。相同的文本语言,演播者在个性化语言表达中,通过音色的变化、韵律的起伏、节奏的快慢、语气的转换等,传递出极具个性化的信息,对于拓展粉丝长尾效应具有重要作用。

三、有声读物的内容选择与语言表达的创新融合

对于有声读物,声音语言就是核心生产力。要遵循有声语言传播规律,把握有声语言表达特点,做到有声语言表达艺术性与贴近性的统一。“朗读同其他的艺术活动一样,应该在给人们信息的同时,也要给人以美的感受,提高人们的欣赏水平。如果只是一味地迎合,千方百计地俯就人们的低级趣味,随意改变语言的样式,违背汉语的特质,那就会造成艺术上的粗制滥造,必然为大多数听者群体所唾弃。在追求‘感官文化’‘快餐文化’的今天,尤其要警惕艺术的平面化、私语化倾向。”①

(一)坚持精品意识,加快推进 PUGC 模式

目前,有声读物的内容资源极大丰富,供给琳琅满目,结构却不甚合理。我们在扩大数量同时更加要弘扬工匠精神,努力打造精品。要在录音设备、数字合成等硬件技术上突破。当硬件技术在一个起跑线上时,高素质的演播者和制作人就成为决定有声读物产品质量,决定用户认可度的重要因素。归根结底,人力资源是提高有声读物内容的关键。比如,蜻蜓 FM 着力增强专业主播的内容生产能力,目前蜻蜓 FM 已经有超过 12,000 名签约主播。喜马拉雅从 UGC 模式转为更为精品化的 PGC 模式,在 400 万“草根”主播中根据评价体系精选 8 万名认证主播,并设立喜马拉雅大学对平台主播资源进行专业培养,定期进行主播培训,大多数核心课程都采用付费模式,既有利于自身演播者素质的提高,又能获得变现收益。酷听听书独家签约鞠萍、董浩等国内著名主播 300 多名,还有柴少鸿工作室等国内知名广播剧专业团队。懒人听

---

① 张颂.朗读美学[M].修订版.北京:中国传媒大学出版社,2010:93.

书则通过主播招募计划,为受众提供更加优质的有声产品。名播、名品、名段的精品化趋势会成为今后有声读物内容与表达相融合的重要路径。

(二)坚持垂直细分,实施精准提升计划

要确定有声读物的目标受众,为有不同兴趣和爱好的受众提供精确的多边互动体系,实现产销对路。现在有声读物的主力消费人群是年轻的80后、90后。他们具有强大的消费预期和现实需求,拥有碎片化的阅读时间,处于多元化的阅读场景。有声读物网络平台要利用大数据分析,在内容推送、偏好设置上下足功夫。在5~20分钟的产品中实现重点、精品内容精准推送,提升受众体验。可以从性别、年龄、职业、兴趣等多个维度进行内容专业化与表达精品化融合的细分投放。比如,对于正统严肃的内容,播音表达就要声音浑厚、辨识度高,不时配置舒缓的音乐来提高用户收听兴致。对于综艺娱乐的内容,明快清脆、生动活泼的声音就会更加吸引听众,对于观点评论的内容,演播者就要运用严谨犀利、一针见血的语言表达。提高有声读物的不可模仿性,有利于内容选择和语言表达的有机统一。

(三)坚持重点突破,抓牢关键竞争要素

有声读物的内容越多,知名主播越多,听众越多,三者的匹配度越高,良性循环越持久。要达到此目的,一是要完善标准评价体系,建立授权执行机制。鉴于目前国内有声读物平台的内容生产模式,要对直接上传到有声读物平台的作品和内容制作者进行标准评价、筛选。二是加快品牌打造,吸引演播专业队伍创新创业。演播者的品牌代表着演播者的个性风格、个人魅力。一个品牌播者可以吸引一个庞大的收听群体。通过长期孵化的演播专业人才的加入,不同群体之间的共建共享,就可以实现有声读物精细化生产运营。比如,2016年11月,喜马拉雅与四川大学文学与新闻学院合作建立"声音双创基地",成为融合音频新媒体内容创新与创业实践为一体的发展平台。笔者认为,这种模式会在不远的将来得以迅速复制,实现内容与表达的紧密融合。

参考文献:

1.张颂.朗读学[M].修订本.北京:中国传媒大学出版社.2009.
2.张颂.朗读美学[M].修订版.北京:中国传媒大学出版社.2010.
3.张锐.视听革命:广电的新媒体战略[M].北京:新华出版社,2015.
4.傅乃芹.移动互联时代有声读物发展潜力研究[J].中州学刊,2015(6).
5.武晓莉.当移动听书遇上FM[N].中国消费者报,2015-04-29(B01).
6.姚争.新兴媒体竞合下的中国广播[M].北京:中国广播影视出版社,2014.

(王海燕,山东青年政治学院文化传播学院教授,播音与主持艺术专业负责人)

一次共生共赢的成功尝试

——出版与传媒跨界融合,挖掘与传承京味文化

◎张 璐 张 蓉

摘　要:近年来,新媒体蓬勃发展,各种有声 App、私人电台和“草根”主播纷纷亮相,极大地冲击了传统媒体市场。传统小说节目积极尝试,与出版界和新媒体联手合作,打造出一个成功的案例——《红案白案》,促使图书与有声小说实现完美“联姻”。

关键词:有声小说;立体出版;京味文化

一、新媒体现状分析

智能手机和移动互联网成为现在人们生活中的必需品,信息传播和接收方式改变,似乎将传统媒体逼到了绝境。不管是放眼整个传媒行业,还是私下与其他兄弟电台交流,大家无不对新媒体的迅猛发展表示感慨。更有甚者,一些杂志与报纸已经悄然退出了公众的视线。

面对时代浪潮,如何与时俱进,如何迎难而上,如何不被裹挟,成为媒体同仁竞相讨论的话题。部分“有人有阵地”的强势媒体积极转型,或打造官方新媒体平台,或用新的方式传播内容,作出了很好的成绩。但据了解,结合新形势相对容易的仍以娱乐类和音乐类节目居多。而在传统媒体中占有一席重要位置的传统演播类节目如何生存,成为每一位小说编辑最需要攻克的难题。

二、《长书天地》曾经尝试过的改革创新

北京人民广播电台十分重视节目的创新创优,早在新媒体时代来临之前,各节目制作人就已开始针对自己的节目进行积极尝试。而一直以来,传统小说节目的创新之路走得并不顺利。

比如“互动性”的要求,娱乐类和音乐类节目十分轻松地就能从以前的热线短

信平台改为微博和微信平台。但小说节目制作周期长、内容相对固定(忠实于原著内容),受众长期被动收听,较少发表互动信息。就算发表,也多是读后感、听后感。比如:"这部作品我很喜欢""演播人播讲很精彩"等。在这其中很少有效反馈,比如"我想听××演播的××作品",媒体很难完全满足听众的愿望。

另外,一些受众收听讲究短、平、快;一些受众能看字就不会听声音,能看图就懒得看视频。每集近半小时的小说,如何吸引司机和居家人士以外的上班族、学生等人群,成为我们思考的问题。

新媒体的花样层出不穷,视听表现十分花哨。与之相比,娓娓道来的小说演播该如何扩大受众群?我们尝试用丰富片花和垫乐烘托等方式,却接到了中老年听众这样的反馈:他们更喜欢原来的播讲方式,需要听清楚每一个字,而不要太多的修饰。

综上所述,以《长书天地》为代表的传统广播小说节目,一直在尴尬前行,虽然在业内和忠实听众那里得到认可,却很难打开新局面。

三、《红案白案》的强强联合

面临如此挑战,该如何应对新局面,满足新媒体形势下的受众需求,这对于每一个小说节目的编辑来说都是一道难题。

在笔者看来,小说连播类节目,一方面要坚持自己的艺术审美,坚决不能放松我们一直以来保有的近乎严苛的节目要求。虽然此时此刻,在各类平台上频频出现的"草根"博主、播客,都在以自己的方式朗读或演播作品。严格来说,我们认为这样的作品不算是"有声小说",更遑论"演播艺术"。另一方面,由于网络的发达,让我们看到了数量如此巨大的有声小说爱好者,他们既是我们服务的目标,也是我们的坚强后盾。

该如何满足这样一批网络用户的收听需求?该如何为我们的忠实听众——中老年团体继续服务?这两点是否会矛盾?挣扎求索以后,在 2016 年 10 月北京人民广播电台的这次跨界合作当中,我们似乎找到了解决之路。

在"第十一届中国北京国际文化创意产业博览会"上,著名京味作家刘一达的新书《红案白案》及同名有声小说,在文博会同步首发。

《红案白案》是刘一达最新的长篇小说,延续了他一贯的京味小说风格,融"悬疑、惊悚、真情、人性"各种元素于一体,剖析都市老宅面临拆迁的房主隐情,揭示现实生活中各类人的心态。

由北京人民广播电台精心策划、改编录制的同名有声小说《红案白案》惊艳亮相。北京人民广播电台著名主持人、全国"金话筒"奖获得者梁言,凭借自己对京味文化的深刻理解及多年小说演播的丰富经验,将小说中个性鲜明、命运多舛的各个人物演绎得出神入化。梁言老师独特深沉的嗓音和娓娓道来、行云流水的演播方式令整个故事愈加跌宕起伏,引人入胜。

故事广播节目《长书天地》责任编辑张璐,经验十分丰富,制作的小说多次获得国家级和省级奖项;项目策划统筹孟庆煜、李琳、张蓉,打通节目上下游资源,联系作者、敲定出版社版权,并与懒人听书联合,形成多方共同发力的跨界合作;专业录音师胡汀兰,制作了精美的节目包装,并在小说录制过程中根据情节内容添加背景音乐和音效,渲染人物情绪、推动情节发展,令作品更加精彩、更富有可听性。这部精彩的有声小说在北京故事广播与懒人听书上同步首发。读者使用手机扫描书上的二维码,就能听到《红案白案》的有声小说。而不习惯使用手机的中老年听众,仍然能通过收音机听到自己喜爱的小说节目。

四、立体融合新模式的未来

文学出版物与有声小说的同步首发是一种全新的立体出版模式,一部优秀的作品通过声音的创作和演绎,使图书的文化价值得到升华。

随着移动互联的飞速发展,有声读物正在成为一个蓬勃发展的新生力量。越来越多的人喜欢通过手机终端在碎片时间里,随时随地、有选择性地收听自己喜爱的内容,人们对声音产品的消费需求在激增,消费方式随之改变。作为专业的音频内容生产者,我们一直在思索、在尝试,如何在这种激烈的市场竞争中找到更适合的发展之路。

其实,移动互联时代是一个“合纵连横”的时代,新媒体、新技术打破了我们的传统思维和行业壁垒,相互合作、互联互通、共享共赢成为当今时代的共同主题。融合发展也不仅是传统媒体与新媒体的融合,更是不同行业间互补性资源的融合,传播力和影响力的优势结合。

《红案白案》是一部蕴含传统文化的优秀文学作品,经由广播媒体的专业内容生产,通过声音的创作和演绎,使图书的文化价值得到升华。同时,通过北京人民广播电台强大的媒体影响力进行信息发布、媒体宣传,在北京故事广播播出;并且与移动互联网音频平台懒人听书合作进行快速产品发布,打破了时间和空间的局限,让这部优秀的作品通过声音的方式以最快的速度传播到全世界各个角落,满足了受众对一部作品“可读、可听、可以自由选择”的多种需求。此外,我们借助与全国 90 多家电台的合作、与三大运营商的合作以及与更多互联网音频平台的合作,大力推广优质的音频内容。这种立体化、融合化的出版发行新模式必将成为未来文化传播的主流。

《红案白案》在故事广播节目《长书天地》播出以后,2016 年 11 月至 12 月,《长书天地》在故事广播全天节目中名列第一,收听率平均值在 9.68%左右,市场份额远超第二名，在同类节目中也表现良好。截至 2016 年 12 月，《红案白案》在懒人听书上的点击率近 11 万。

五、音频版权保护和开发

北京人民广播电台非常重视对知识版权的保护，尤其尊重内容创作者。2015 年，北京人民广播电台成立了一家音频版权公司——北京悦库时光文化传媒有限公司，全权负责北京人民广播电台有声产品的版权合作与版权运营，目前已经集纳包括《红案白案》《一句顶一万句》《老炮儿》等在内的一大批优质的有声版权资源，为今后的有声内容生产提供强大助力，也为将来拓展全版权孵化与产业链开发做准备。

我们将继续开拓更加多元的合作方式，也期盼在不久的将来能够与更多的出版机构、作家及互联网新媒体合作方强强联手，通力合作，进一步创新理念、创新合作模式，将更多优质的文化产品真正地推广与传播出去，实现真正的共赢。

六、结论与建议

传统广播节目在新形势下艰难探索、刻苦创新，多方寻求联合，开发新的播出平台和播出形式。《红案白案》的探索获得了成功，也给未来传统小说节目的发展增加了新的方向。而在此过程中，版权是未来文化产业的核心，是媒体产业链中最关键的一环。不管是播出前的图书作品签约，还是播出后的有声作品保护，都是十分重要的工作。

目前，小说连播盗播现象非常严重，各类非法网站层出不穷，不但对各家电台辛苦制作的小说节目实行“拿来主义”，以增加网站点击率，获取费用，更有甚者还附加不良内容。这种行径极大地损害了各家电台的形象，损害了作者、小说编辑和演播人的利益。有声读物相关协会组织应以中国音乐著作权协会为榜样，替广大作者编辑和演播人维权，遏止此类非法行径，为小说连播事业的发展开辟出更加光明的道路。

（张璐，北京人民广播电台故事广播工作人员；张蓉，北京人民广播电台产业发展部工作人员）

人格化语言传播的优势

——新媒体有声读物播读者“好声音”分析

◎ 潘 洁

摘 要:基于新媒体信息传播的背景,采用定性与定量结合的研究方法,分析与探讨有声读物播读者“好声音”的内在与外在之间的关系。发现人格化的语言传播是播读者适应新媒体发展、巩固传播系统中个体之间“情感关系”的重要方式。

关键词:人格化;语言传播;新媒体;情感关系

人格化语言传播,指的是播读者作为创作主体,在进行有声读物文本的二次创作时,将个人的有声语言表达风格、文化积淀、人文修养等融入创作,在表达文本精神内涵的同时,完成声音形象塑造的过程。① 人格化语言传播在新媒体时代具有独特的传播优势。

比如,凯叔讲故事、为你读诗等,都是人格化语言传播的成功案例,使“情感关系”成为信息传播的关键因素,掌控信息传播的数量、质量,激活与整合的主动权,成为稀缺产品。②

在手机成为“第一媒体”的今天,用户与有声读物之间,存在着怎样的“情感关系”?人格化语言传播的优势是如何体现出来的?播读者如何关照用户心理与情感需求?如何通过声音形象的塑造,传递核心价值观,打造品牌并产生价值?新媒体时代的播读者们,幸运与压力并存。

本文试图从中国播音学的研究视角,运用传播学、受众心理学以及市场营销学等学科理论,采用定性分析与定量分析的方法,分析与探讨播读者与人格化语言传播以及有声读物创作之间的关系。

---

① 席妍.传播学视阈下主持人在自媒体中的人格化语言表达[J].渤海大学学报,2017(5):145-148.

② 喻国明.从连接一切到深度挖掘,互联网的下半场[EB/OL].(2017-09-22)[2018-03-05].www.yidianzixun.com/article/OHKlow4L? from=singlemessage.

一、有声读物播读者人格化语言传播的优势

在广播媒介发达的20世纪90年代，张家声演播的《钢铁是怎样炼成的》《复活》《毛泽东的故事》，王刚演播的《牛虻》《夜幕下的哈尔滨》《寻找回来的世界》，曹灿演播的《李自成》《西游记》《红楼梦》，袁阔成演播的评书《三国演义》，等等，风靡大江南北，家喻户晓，甚至带动了当时的"经典读书热"，成为现象级媒介事件，是人格化语言传播优势的早期体现。

这些作品在听众中至今享有极高的赞誉，达到了难以企及的创作高度。细究其成功之处，在于艺术家们用自己独特的解读方式（如语言表达风格、生活阅历、文化底蕴、智慧和见地等），挖掘作品的精神内涵，传递出中华民族传统文化中的精粹。从本质上来说，是"符合当时时代需求、符合受众审美诉求、符合正常传播规律，展示独特思维方式、阐述角度、语言风格的综合表现"①。

新媒体时代有声读物的优秀演播者，在创作理念与手法上，与前辈一脉相承。其人格化语言传播的优势，在媒介快速融合的当下，体现为：

（一）能较大限度满足用户对"情感关系"的需求

大众传播时代，传统媒体处于中心，占有信息传播主动权，但与受众的关系比较疏离，信息流通不对等，其传播模式有利于传播语言规范性以及对语言艺术性的维护，对语言传播的多样性则难以兼顾。因此，受众对广播或电视媒体中有声语言的判断标准与品位相对统一，相对简单。②

新媒介时代，信息呈"网状"流动，用户既是信息源，也是内容制作者与传播者，甚至可以把控媒介产业链条中的内容、渠道、终端、用户与营销等要素（见图1）。"个人"成为信息传播网络中的焦点，而连接海量"个人"的关键因素，是情感关系，而非过去的理性逻辑关系。因而，"稀缺"（或称"独特"）成为用户对内容的首选标准——"能反映生活品质，满足用户某个具体的时空节点上所产生的需求，具有体验性的内容"③。

比如，凯叔讲故事塑造的温和亲切而又睿智的"邻家叔叔"形象，满足了学龄前儿童在听故事的过程中，既能学习语言表达又可训练形象思维的需求；初为人父母的家长还能获取许多理性、中肯的育儿知识，共同探讨教育过程中存在的种种问

---

① 席妍.传播学视阈下主持人在自媒体中的人格化语言表达[J].渤海大学学报，2017(5)：145-148.

② 柯慧新，黄可.从平面化(2D)到立体化(3D)——对新媒体时代受众测量的思考[J].现代传播，2011(10)：103-106.

③ 喻国明.从连接一切到深度挖掘，互联网的下半场[EB/OL].(2017-09-22)[2018-03-05].www.yidianzixun.com/article/OHKlow4L? from=singlemessage.

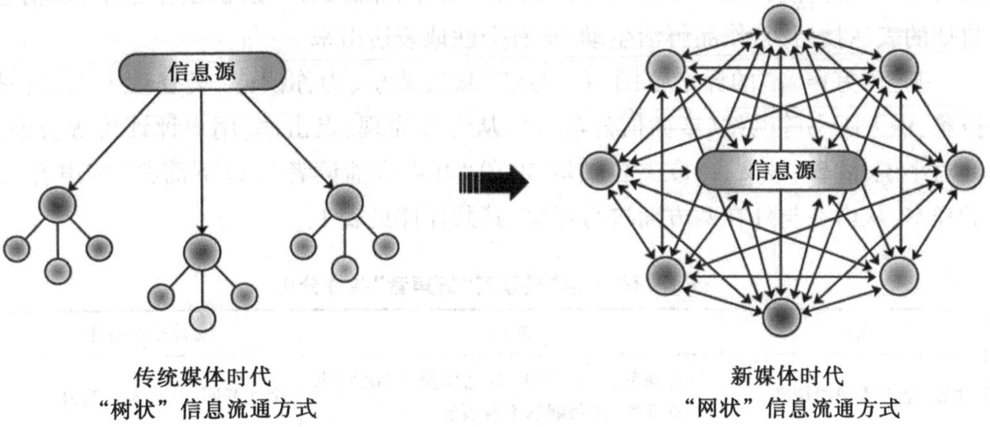

图1 传统媒体时代与新媒体时代信息流动方式的对比

题。从社会层面来看,“凯叔”是连接学龄前儿童与社会之间的“桥梁”,是知识丰富、轻松幽默的老师、家庭成员、邻居,让众多小朋友及家长即使足不出户,也能获取如幼儿园或学校传授的信息。

(二)可将人际传播优势最大化

“新媒体发展的今天,面对海量信息,每个人都有表达的机会,都有选择与被选择的权利。基于这样的选择权利,更多社会网络由此建立,观点相近的人连在一起,观点迥异的人分开,物以类聚、人以群分的情况成为常态,价值观区分个体。”可以说,新媒体传播就是人际传播,是价值观传播,传统意义上的差序格局社会关系由此打破,并迅速重建。

而人格化语言传播的突出优势,就在于能塑造个性鲜明、形象突出、极具魅力的声音形象,“从生活中来到生活中去”,用人们最能接受、最朴实、最本真的艺术手法传递价值观,传递正能量。比如为你读诗,通过大量富有个性的文本与播读者,塑造出理性、平和、温暖、智慧的声音形象,犹如浮躁社会中的一股清泉,为焦虑的人们提供了放松与思考的机会,赢得众多用户。

二、人格化语言传播的内在与外在:播读者“好声音”分析

“个性鲜明”是人格化语言传播的突出优势。借助播读者“好声音”的分析与判断,能观察与思考文本与创作者之间的关系,以及播读者展现人格化语言传播优势的方式。

首先,如何界定“好声音”?我们从内在(精神内涵)与外在(声音表现力)两方

面将其概括为:能将创作主体的价值观与生活体验融入有声读物创作当中,以精准自如的表达技巧,将作品鲜活生动、富有个性地表达出来。

基于"好声音"的界定范围,我们从凯叔讲故事、为你读诗、樊登读书会、喜马拉雅、懒人听书等网站(或微信公众号),从专业表现、点击率、用户评评价等方面,针对小说、故事、散文、诗歌类各抽取30份"好声音播读者"(以下简称"好声音")的样本,从内在与外在两方面进行考察,其共性详见表1:

表1 有声读物播读者"好声音"共性分析

内在	外在	总体呈现效果
主题、基调等把握精准	语音规范、字音清晰、音色优美,层次变化丰富细致,技巧娴熟不着痕迹	个性鲜明,具有人格魅力
有自己的体验与价值判断	个性突出、风格鲜明	温和、睿智、热爱生活、充满正能量、形象清新而又不失温暖

从本质上说,"好声音"是用"生命的感悟"在创作有声读物,是播读的最高境界,整个过程融入了播读者自己的生活经历、观察、积累、生命状态与情感,它高于技巧,超越技巧。①

其次,在处理内在与外在的关系时,"好声音"还具备以下两个特点:

(一)修为与涵养是文本"人格化"的内在动力

有声读物创作,是有文本依据的二度创作。播读者一方面要通过艺术化与生活化的语言挖掘文本的精神内涵;另一方面,要以极具个人风格与魅力的艺术手法进行再创作。优秀的播读者擅于将自己对生活、对生命的理解与感悟渗透进创作的每个细节当中,用最质朴、最本真的声音去打动听众。

比如为你读诗,作家蒋方舟朗读《东京一年》的节选《凡·高与高更》(2017年10月17日播出),她用柔和、略带鼻音的声音,平静地讲述强者与弱者生活中的表现以及背后隐藏的残酷现实。蒋方舟从未受过专业的声音训练,但她的声音极具说服力。经年累月的良好教育与修养,使蒋方舟对周遭世界的观察与思考具备同龄人少有的豁达与通透。她对文本的解读,宁静中充满了力量。人如其声,"唯美、安静、智慧"是听众评价蒋方舟最多的词语。

(二)声音表现力是文本"人格化"的基础

小说、散文、诗歌、故事等文学体裁的演播,技巧各不相同,但就声音表现力来

① 林洪桐.表演教学手册:稻草怎样纺成金[M].北京:中国电影出版社,2008:13.

说,对演播者都极具挑战。比如小说演播,尤其强调声音的造型能力,演播者至少要具备两点能力:"一是根据人物的不同基调和不同条件来设计其语言造型;二是能用不同的吐字发声手段来区分不同人物并表现出来。"①声音的造型手段,主要包括咬字、气息、共鸣、语调以及特殊造型手段(如裹唇、咬舌、结巴等)。

"好声音"大多拥有出色的声音条件,语音标准规范,音色优美,高中低音域自如转换,表达技巧丰富而又不露痕迹,作品主题与基调把握精准,节奏恰当,层次分明,情感细致入微。其功力之深厚,绝非几日能养成,除了多年在播音、主持、配音、表演等领域"切换"演练,还得有几分天分,有常人难以企及的语感与听辨能力。

三、"好声音"分析引发的思考

新媒体时代,信息传者与受者的界限日渐消融、日益模糊,唯一清晰的就是两者之间的关系纽带——情感。人格化的语言传播可以让声音形象变得更清新、更鲜明,也让信息传递变得更有温度、更具情感。

因此,有声读物"好声音"的选择与判断标准也要与时俱进。

(一)更新"好声音"的判断标准

过去,常把"声音好听"作为播读者的首选标准,侧重物理层面的要求,以胸腔共鸣好、音色浑厚(或柔和)、气息稳健等作为选择标准。新媒体时代,这些要求远不能满足受众,因为除清晰度之外,还要有温暖的、多样化的、富有人格魅力的信息,才能真正满足受众"亲近与补偿"的心理需求。

当下有声读物播读者的选拔标准已经大幅提升。除了嗓音、语音等物理层面的要求,文化素养、生活阅历、性格特点、知识架构、感受力、表现力等,都应纳入选择与判断标准中。

(二)依据文本选择"好声音"

小说、散文、诗歌、故事等,体裁与题材各不相同,呈现的精神气质更是千差万别。当前有声读物总体质量不如人意,原因之一就是没有依据文本来选择播读者,而是沿用过去的思路:只要普通话标准、声音好听,就可以播读所有门类的作品。

比如,国内一家颇具影响力的网站,通过大赛选拔播音专业三年级本科生播读知名专家所写的育儿专著,录制结束,总感觉不尽人意,不是声音不好听,也不是内容传达不够清晰,而是因为播读者声音"太稚嫩",不像是有育儿体会的人总结出

---

① 罗莉.文艺作品演播[M].2版.北京:北京广播学院出版社,2003:190.

来的经验,缺乏说服力。因此,依据文本来确定精神气质与之相符的播读者,不失为提升播读品质的明智之举。

四、结语

"新媒体时代的转型成功,首先取决于对用户需求的注重,其次才是技术驱动和商业逻辑。"①凯叔讲故事、为你读诗、樊登读书会以及喜马拉雅、懒人听书等有声读物品牌的成功运营,都说明满足用户需求是有声读物生存与发展的基石。

当下有声读物用户最迫切的需求,就是优质内容,而人格化的语言传播方式,"讲人情,说人话",个性鲜明并富有人格魅力的文本播读,是促生优质内容的必要手段,也是吸引用户、增强黏度的重要方式。

播读者"好声音"的分析与思考,未必客观与全面。但有一点可以确定,无论传播技术如何更新,传播方式如何变化,让用户听到精神内涵丰富又极具美感的有声读物,可以确保我们不迷失目标与方向。

参考文献:

[1] 席妍.传播学视阈下主持人在自媒体中的人格化语言表达[J].渤海大学学报,2017(5).
[2] 周美芝.中国有声书产业生态模式及对策探析[J].传媒,2017(4).
[3] 喻国明.从连接一切到深度挖掘,互联网的下半场受众研究中心[J].受众研究中心,2017(9).
[4] 张洪忠.社交媒体时代的变革与重构[J].受众研究中心,2017(9).
[5] 柯慧新,黄可.从平面化到立体化——对新媒体时代受众测量[J].现代传播,2011(10).
[6] 张晗,卢嘉杰.澳大利亚数字出版趋势与特色[J].现代出版,2016(1).
[7] 罗莉.文艺作品演播[M].2 版.北京:北京广播学院出版社,2003:190.
[8] 林洪桐.表演教学手册:稻草怎样纺成金[M].北京:中国电影出版社,2008:13.

(潘洁,中国传媒大学播音主持艺术学院副教授)

① 张晗,卢嘉杰.澳大利亚数字出版趋势与特色[J].现代出版,2016(1):77-80.

知识诉求型有声读物的内容选择与语言表达

◎ 杨海波

摘　要：互联网改变着人们获取信息的习惯。知识学习也更多借助音频、视频等多种媒体手段。同时，传统音视频的生产模式也在改变。技术的低准入，使得有声读物成为其中的热点。将以往专业表达扩展到“草根化”演播，内容更趋多元化，简单的商业模式演变为多元化的变现渠道。有声读物内容的选择以及播读者的言语素养和技巧的实现更受关注。

关键词：有声读物；受众心理；传播手段；表达技巧

近年来，随着人们生活节奏的加快，个人可支配时间日益碎片化，阅读书籍、学习知识、了解信息的大段时间越来越少，慢慢形成了独特的信息接收形态，多数人利用碎片化时间选择收听特定的有声内容，于是有声读物越来越受到人们的关注。实际上，早在 1934 年，世界上第一部有声读物就在美国诞生，此后，不少教科书出版商均以唱片、磁带、录音带等形式出版语言教材。而在智能终端普及的时代，有声读物的收听更为便捷，数字化和传统出版相比具有其独特的优势。有声读物创造了越来越显著的社会价值与经济价值。

有声读物的受众可按照年龄、性别、行业等进行多元化精准划分，也可以依据受众对内容的诉求进行分类。不同受众对于有声读物的诉求大致分为知识诉求、娱乐诉求、陪伴诉求。笔者依据个人实践，对知识诉求型受众所关注的有声读物的内容选择以及语言表达进行初步探讨。

一、知识诉求型有声读物的内容选择

（一）受众心理诉求对内容选择的影响

受众心理诉求是进行有声读物内容选择时的重要参考依据，以学习诉求为主的儿童有声读物为例，一般情况下，儿童对于有声读物选择的主动权并不是很大，往往家长的判断和好恶决定了孩子听什么。这样一个特殊的具有刚需特性的群体,在选择有声读物时主要以有利于孩子身心健康以及知识学习为目的。少儿有声读物在内容上可依据“N+1”的模式进行设计,“N”是适合少儿年龄的相关知识,“+1”是适度的拓展,先吸引受众关注,再以此完成拓展,既锁定受众实现传播的有效性,也能实现教育理念的引导和知识多元化的传播。相关内容选择如果能与学校教育体系相融合,会使受众在选择上更具倾向性。“少儿有声读物”是播读者与受众的重要“战场”。但是,市场上相关产品质量良莠不齐,内容也庞杂纷乱。有声读物在内容选择上若与少儿的知识学习、心智模式及教育背景紧密结合,必然能得到受众良好的反馈。

以成年人知识诉求型内容为主的得到,也是在互联网思维下对受众进行细分,依据不同人群做分众定制。内容以互联网时代下的思维方式,创业、就业模式等为“N”,由此再做“+1”的知识拓展和引导。

(二)传播形式对内容形式的影响

有声读物的受众多数选择智能终端设备为收听载体,收听时间具有碎片化和随意性的特征,这就要求有声读物在内容设计上也以碎片化、精练化以及单元化为重要原则。

由于用户时间的碎片化,有声读物时长设计不宜过长,以符合碎片化时间的特点。冗长的系列内容一般容易降低受众的收听黏性,尤其当播讲者的状态无法达到收听者的心理预期,或者文本内容不足以吸引关注时,受众就会转而选择其他能够满足收听需求的平台及内容来消费。

如何避免此类情况出现?如何把厚书读薄,把晦涩变得通俗?让文字表述更有利于有声语言的传播?得到可供我们借鉴:将大部头的作品浓缩提纯,并进行适合有声传播的语言风格转换,内容设计符合有声读物受众的接受方式。

收听方式的随机性要求内容以单元化呈现,各单元彼此有关联,但关联不要过于密切。来自《财经》杂志的数据表明,截至 2017 年 6 月 13 日,得到总用户达到 810 万,日活量 66 万,订阅总份数 133 万,25 个付费专栏销售额达到 2.5 亿元。数据背后的支撑是:得到当中的绝大部分内容都以碎片化的形式出现,内容与内容之间既有概念上的联系,同时又各成章节,彼此独立。这种类型的有声产品单品时长一般都不超过 15 分钟,充分迎合受众的收听习惯。它的媒体传播方式,就是将其内容碎片化、精练化以及单元化。

(三)受众的接受心理对内容选择的影响

受众的接受心理对内容的选择有很大影响。幼儿能够接受并理解内容的年龄一般在3周岁左右,3至6周岁的孩子往往没有太多课业压力,家长给孩子收听的内容通常以科普、故事类居多,而科普内容又以动物、植物、生活常识、事物认知等为主;故事类内容心理健康、积极向上,充满正能量。一般来说,经典的童话故事更符合儿童受众的心理特点,是父母主要选择的内容。

3至6岁年龄段的孩子通常在晚间收听有声读物,因此播讲者讲述的大部分内容是睡前故事。这也是为什么在喜马拉雅上,《晚安妈妈睡前故事》能达到1.5亿的播放量。20点至22点是孩子入睡前的安静期,所以相关内容不要过于夸张、跳跃、刺激,应符合儿童受众的心理特点。

全国少工委主办的微信公众号"中国红领巾"在每周二、四、六的晚间20:30左右推送《童·话》,每期时长在2分钟左右。笔者在处理这类型有声读物的时候也充分考虑到在内容固定的情况下的推送时间,处理技巧是在生动活泼的基础上,控制整体音量和情绪,既达到传播目的,同时也顾及孩子睡前的心理状态。

不论是以儿童为主要受众的"中国红领巾",还是以成年人为主要受众的得到,都着意设计有声读物角色和受众的心理位置。得到进行内容转化时,经常用"你"这样的称谓,有别于传统媒体的"您""大家"等,以此来强调与受众的互动性,建立与受众对等的关系,拉近与受众的距离。

二、知识诉求型有声读物的语言表达

目前绝大部分在线平台有声内容的播讲者,都是未经过专业语言训练和实践的普通大众。2017年,很多业界大咖也加入有声读物的创作队伍中来,他们播读的内容对受众的吸引力远远高于语言魅力。那么,当内容被时间稀释,这些"铁粉钢丝"还能剩下多少呢?所以,无论是少儿有声读物还是成人化的有声表达,语言魅力的形成、表达技巧的运用,显得尤为重要。

(一)"草根"播讲者语言表达内在诉求

"草根"播讲者的流行除了具备大众参与的热度,更满足了受众对平易性表达的需求。这也为从业者提供了创作的依据和方向,即让播音技巧的呈现不露痕迹。目前大部分内容生产者都没有专业学习语言表达的经历,很多人的表达技巧和能力不能精准、持续地提供内容。虽然"草根"播讲者具有亲民、朴实、进入有声读物市场较早等优势,但是优质的内容迟早会占有市场的法则很难被打破,这个"优质"就包括优质的语言表达。有声读物内容的有效转化、信息焦点的准确传递、收听感受的持续提升、传播效果的有效实现,都需要一定的专业表达训练作为基础。电视观众的审美提升促进电视媒体对于生产内容质量的提升,而有声读物的表现方式并不一定比电视媒体更加多元。当以内容为主之后,有声读物的传播形式和手段是否能更有利于传播？觉醒的专业播讲者进入有声读物市场将对整个行业产生巨大影响，人们对于“好声音”的需求是未来的发展趋势。

（二）语言专业表达的技巧

有声读物的播讲者要针对目标受众来塑造声音形象。譬如，播读少儿有声读物要设想出受众的年龄层次、接受程度、识读能力和收听耐心。只有在开口前做足案头工作，才能明确目标、有的放矢。而成人化的表达与之就有明显不同，需要播讲者在声音运用的基础之上，对内容领域有充分了解。在表达熟悉的内容时，播讲者声音状态的自信度就明显提高。

1.播出媒介决定播讲者的声音形象

有声读物中，播讲者的声音形象由播出媒介决定。比如得到在进行有声转化的时候会选择与原著作者声音气质接近的播讲者，或者将声音形象设计为书籍解读者。而在《童・话》中，声音形象定位为小朋友的同龄人，而非传统的少儿主持人。

有声读物比传统媒体更加私人化。落实到具体播音创作理论中，即播讲对象感更私密，更近场化。声音呈现的社交心理距离较近，这些都是播讲者声音创作的依据。

在不同的平台上，播读声音状态一定要有所区别，甚至在不同平台的不同板块中，声音定位也应该不同。声音定位要根据播出时段、受众群体、传播目的、内容的价值属性等来确定。首先，播讲者要明确技巧的运用只是“术”的层面上的表现，而在处理不同播出媒介的不同内容时，在“道”的层面上的理解才是最重要的。落实到具体播音创作中，就是语言样态的选择。在有声读物中，播讲者的语言节奏应以舒缓为主，演绎过程中还要注意声音状态平和，音量相对较小，声场的设定就是一对一说给“你”听。

2.语言样态的综合运用

少儿类有声读物的声音形象塑造要变化丰富，声音共鸣位置可以向口腔前部偏移，语气轻松活泼，虚声与实声的转换要迅速，跳跃感要增强。除了外在的技巧之外，对于少儿的喜爱与耐心也是非常重要的内在因素。播讲者的爱与关怀可以通过有声读物传递给受众。播讲者要根据具体内容调整不同的角色定位，从而满足受众的收听需求。从这个层面来讲，经过专业语言训练的播讲者的角色变化能力相对较强。但是专业的播讲者有时也存在声音状态机械、感情抒发做作，由于过分炫技而忽略播讲目的等问题。

根据著名儿童文学作家霞子老师的《星星落在麦垛上》改编的8集儿童有声读

物《鬼奶奶与黑母鸡初二》，描写的是"中国鸟王"童年的故事，在中国少年儿童出版社"知心姐姐"微信公众号中推送。在播讲的过程中，需要有不同的形象定位，不仅要模仿母鸡的叫声，还要塑造鬼奶奶、阿兴、锯缸等不同的角色。在播讲备稿时要以收听者为参照，而不是单纯从技术层面简单变换声音位置。所以，此类作品的表达仅将语气和节奏等作为形象塑造的手段，而深层的分析理解才是结果和目的。

成人知识型有声读物得到在演播上去掉了更多专业色彩，多以亲和的状态交流，采用的语气节奏也更生活化、口语化，运用播音外部技巧的程度更弱。但为了传播效果，语气、重音、节奏依然保留，只是程度较传统播音样式更弱。

3.生活化与专业度的关系

我们的播读要源于生活，追求原生态的表达方式，但如何平衡生活化与专业度的关系？吐字发音用普通话的方式，更多借鉴生活中的语气、节奏。所有的播音创作以信息传递为基础，借用语言学的观念，即更注重语句的焦点信息的传达，而非具体的播音技巧。播音理论是具体创作的手段，创作的最终目标还是实现传播效果。

参考文献

[1]张颂.中国播音学[M].北京：北京广播学院出版社，2003.

[2]张颂.播音语言通论：危机与对策[M].3版.北京：中国传媒大学出版社，2012.

[3]鲁景超，李洪岩，丁龙江.电视口语传播理论和实践：校台合作人才培养模式启示录[M].北京：中国传媒大学出版社，2012.

[4]吴郁，曾志华.播音主持专业人才培养研究[M].北京：中国传媒大学出版社，2009.

[5]叶家铮.电视传播理论研究[M].北京：北京师范大学出版社，2000.

[6]王福生.诗歌朗诵艺术[M].北京：中国广播电视出版社，2008.

[7]周康梁.做最牛的主持人：英国电视名主持和他们的节目[M].广州：南方日报出版社，2009.

[8]朱光潜.谈美书简[M].北京：中华书局，2012.

（杨海波，中央电视台《新闻1+1》配音员，中国传媒大学艺术硕士）

浅谈对象感在互联网音频分享平台的延伸与扩展

——以喜马拉雅为例

◎ 罗景昕

摘　要：有声读物兴起，掀起一股“听”的热潮，成为移动互联时代大众群体的刚需。研究对象感这一概念对提升有声读物质量有很大帮助。除了传统调动情感的方式，在移动互联传播平台上，有声读物艺术创作有其特殊性，对象感有了新的扩展与延伸。本文主要以音频分享平台喜马拉雅为例，探讨在有声读物创作时获取对象感的新变化。

关键词：对象感；喜马拉雅；场景；分享

对象感的概念，出现在有声语言表达内部技巧章节中，因传统媒体有声语言创作通常在面前无人的环境中，因此对象感便作为一种调动思想感情的方法在教学或实践中存在。“‘对象感’正是被播音员、主持人用来作为使感情动起来的一种手段、一种途径，它属于某种联想和想象中的东西。播音员、主持人必须设想和感觉到对象的存在和对象的反应，使之处于运动状态。”①

是否拥有对象感对有声语言创作至关重要，直接影响表达效果的呈现。在对喜马拉雅有声读物的收听中，笔者发现有些播讲者欠缺对象感。当然，这和有声读物“录音”的创作环境不无关系，缺乏播讲经验的主播很难做到“心中有人”。而近年，传统媒体的播音员、主持人也去抢占新媒体有声平台，这样一个群体是否就拥有对象感呢？诚然，也并非能完全获得。在移动互联新载体上，想获得对象感并非易事。对象感概念因“自主选择”“点赞”“评论”“分享”“订阅”“关注”“入群”“赞助”“消费”“弹幕”等悄然发生了变化。

一、对象感更为具体——“只对我讲”

有声语言传播是有距离感的。如电视的传播距离是 2 米，即客厅中沙发到电

① 张颂.播音创作基础[M].北京：北京广播学院出版社，2004：77.

视机的距离。即使信号源远在天边,但传者始终似近在眼前。从心理学的角度来讲,1.5 米至 2 米的空间传播距离被称为“普通社会空间”,这是处理公务或普通社交时所需的空间,在此空间内是可以用较大的声音交谈的。广播的传播距离较电视更近一些,0.5 米至 1.5 米的空间是听众和收音机常有的距离,那是一般朋友、同事、熟悉的合作伙伴等的空间,可以看清对方的表情,甚至接触对方的身体,但感觉不到呼吸。而有声读物多在手机上播放,当载体变为绝对个人化、私有化的手机时,收听有声读物便虚拟成为一种似“一对一”“点对点”的传播形式。这种距离就似“0”,可以带着它去任何地方,包括枕边、洗手间等。因此,“对象”便产生了:这个节目是我订阅的,主播是我喜爱的,内容是我感兴趣的,收听时间和地点是我定的,“我”变得如此主动。而在喜马拉雅平台上,还设置了多种渠道增加这种用户体验,如下载到手机、点赞、评论、赞助榜、建群等。传统媒体所说的“过 5”“过 10”的收视率、收听率,在这里变为了直观的“这一个”。受众的评论、点赞等行为,都在影响着有声读物的创作,而“这一个”就要求有声语言创作者的对象感来得比传统媒体更为直观、清晰、准确和具体。

二、一种全新的对象感——分享

媒介的每一次进化,都会带来人际交往互动方式的革命性变革。如今,微信已成为人们生活的重要组成部分,也是有声读物的一个传播平台。朋友圈也是有声读物占领的传播阵地,无论哪一个有声读物传播平台都有转发朋友圈的功能。在喜马拉雅,有声读物可一键分享至微博、QQ、微信、开心网、百度、人人、豆瓣……互联网世界中的种子用户所生发出的力量,促使主播要考虑“对象”的一个新需求——分享。

朋友圈这个“对象”较过去传统的受众不同,回归到熟人或半熟人的社会,“信任”“人情”等情感会影响有声语言创作者。从朋友圈衍生出的“点赞文化”,在有声读物传播平台显现得淋漓尽致。听众对于播讲者的喜好跃然于那一个个竖起的大拇指上,反馈出现在一条条评论上,效益产生在一个个“赞助”上,极为直观。因此,“分享”不是“求”来的,而需要播讲者的有声语言表达更为精湛,在内容和形式上都能够打动受众,想其所想,解释其所惑。

三、对象感的扩展与延伸——场景

“曾经一直在提及的广播电视的发展趋向窄播化、栏目化,要求传者要对受众的接受心理做认真的研究和探讨,重视前馈、反馈,以期待得到最佳的传播效果和社会效应。所以要熟悉传播对象,重视收听收视过程中受众的个性心理特征,对受众的不同层次与需求及审美态度进行分析，只有当你了解了受众对所宣传的内容和所反映的情趣与愿望时，那么你的有声语言创作才能更有的放矢。”①这种窄播化、栏目化以及对受众的分析在喜马拉雅上显现得更为直观，窄播化变为“分类”，栏目化变为“专辑”，主播更加能动地去考虑受众的喜好。一个新的概念随即被提出，即“场景”。

在喜马拉雅的21类节目中，有5类节目在创建一个新专辑（节目）之前需考虑场景的设置（见表1）：

表1　喜马拉雅新专辑创建场景标签

场景	按标签出现的顺序，可自己添加一个标签，最多选两个标签。						
儿童	睡前	起床	深度学习	随时听	带孩子		
音乐	午后	运动	学习	御宅	开车	放松	催眠
情感生活	睡前	晚上	午后	看书	发呆	生活	约会
	清晨	城市	床上	路上	工作		
商业财经	炒股时	上下班	在路上	睡前	起床	跑步	午休
头条	上下班	在路上	睡前	起床	跑步	午休	课间
	运动	晚上	车上	午后			

从场景标签出现频率来看（见图1），使用次数最多的竟是“睡前”。若在传统媒体，谁希望节目做出来是让人睡觉的？即使是午夜档节目，也希望吸引更多的“不眠者”参与，似乎“听你节目，我都快睡着了”是一种贬义和嘲讽。但是在互联网有声读物分享平台，这类节目不仅存在，而且很火。有声读物搭上了“睡眠经济”这趟列车，有的人压力大，早早产生了睡眠障碍；有的人是“手机控”，一直玩到深夜，伤害眼睛。如此，有声读物恰恰是一个可以关上灯，静静陪伴你安然入睡的伙伴。

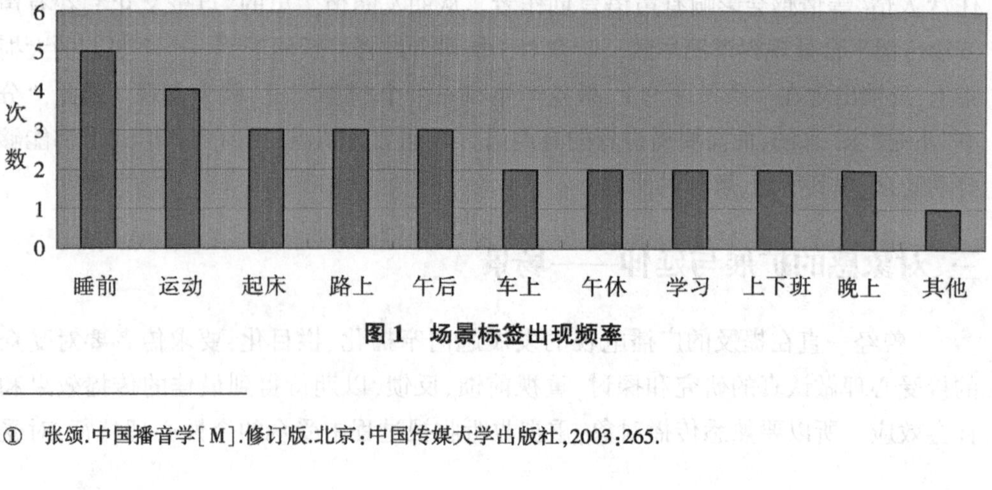

图1　场景标签出现频率

① 张颂.中国播音学[M].修订版.北京：中国传媒大学出版社，2003：265.

说到场景，人们曾把电视和广播安置进卫生间、床头柜、汽车里，但因为谁也不会在那样的空间里待很久，节目收看往往被打断，再想去看或听重播，就不太可能了。而这种场景传播在互联网有声分享平台的成功，得益于碎片化时代的到来。其好处是，完整内容被分解为片段，用户可以迅速获取所需要的信息，在乘车、走路、吃饭、午休甚至去卫生间时都可以听。

考虑使用场景，对主播最直观的一个影响就是播讲时长。如城市白领通常乘坐地铁，主播就会将有声创作设置为 1 分到 1 分半钟，差不多是地铁行驶一站的时间。再比如，一个儿童有声读物绘本故事一次性播放完需 16 分钟，考虑到给一、二年级的小学生收听，可将故事一分为二，设计成两个 8 分钟、分为上下集的故事。除了播讲时长，设想听众使用场景，对于有声语言的表达也十分重要。假如要制作一档“睡前”节目，就要把音量变小、语速变缓，语势变化幅度不能过大等。

四、寻找“对象”的新体验——数据导流

与传统媒体预设对象感有所不同，在以喜马拉雅为代表的有声读物分享平台上，主播可以按照已录制好的内容去寻找听众，即“送货上门”。

如果主播遇见一本对自己触动极大的书，其对文字作品有全新的理解和解读，有一种强烈的“想说的欲望”，这就是有声语言创作最好的状态。“您只需要提供优质的有声内容，剩下的交给我们。”喜马拉雅可以对有声作品贴标签，通过站内导流，为你寻找受众。例如（见表 2）：

表 2　有声作品标签

有声书类	类别：言情、悬疑、幻想、历史、都市、文学、社科、武侠、官场商战、经营（只能选一个标签）
	人群：男性、女性、80 后 90 后、上班族、宅男、文青、管理层、小清新、儿童（可自己添加一个标签，最多选两个标签）
	主播性别：男、女
	有声书类型：图书、网文
儿童类	类别：儿童文学、科普百科、少儿音乐、少儿影视、学前英语、学科教育、少儿国学、儿童教育、健康、父母教育、少儿艺术（只能选一个标签）
	年龄段：孕期、0—2 岁、3—6 岁、7—10 岁、11—14 岁

情感生活类有声作品标签最为细化(见表3):

表3 情感生活类有声作品标签

情感生活类	类型:情感节目、阅读、脱口秀、对话、访谈(最多选1个标签)
	内容:故事、美文、爱情、女性、恋爱、夜话、心理、感悟、两性、婚姻、时光、星座、日记、美文故事、犀利、文章、情感教学、原创、非原创(最多选2个标签)
	场景:睡前、晚上、午后、看书、发呆、生活、约会、清晨、城市、床上、路上、工作(最多选2个标签)
	情绪:安静、甜蜜、孤独、忧伤、烦恼、幸福、思念、失落、欢快(最多选2个标签)
	风格:治愈、清新、励志、文艺、浪漫、尖锐、性感、怀旧、心灵(最多选2个标签)
	人群:70后、80后、90后、00后、单身、学生、白领、男性、女性(最多选2个标签)

当有了这样的导流之后,主播新的对象感可以由"人"变为"内容",完全解除了主播的后顾之忧,可令其全身心地投入对内容的关注、对作品的解读和思想的传播。

五、结语

在有声读物领域中,对谁播、播什么、怎么播都和对象感有关。录音往往要比直播更难获得对象感。作品的对象感不仅取决于创作者,还需要声音的把关人。在此,呼吁"有声作品编辑"的出现。目前,出版社有声读物的审核还是由传统的文字编辑完成,这就要求编辑具备辨别有声语言表达好坏的素养。编辑要有听出对象感的耳朵,"从听觉、感觉上可以判断出哪次播音有无'对象感'。这种凭耳力、眼力的感觉功夫在心理学上称为'感觉阈限'。我们需要这种本领,只有对声音语言的听觉能力发展了才能提高鉴别力,为播音质量的提高创造条件"①,不能固守在照本宣科上。

参考文献:

1.张颂.中国播音学[M].北京:中国传媒大学出版社,2003.
2.张颂.播音创作基础[M].北京:中国传媒大学出版社,2004.
3.中国传媒大学广告学院"新媒体创业"课程第3讲:喜马拉雅FM联合创始人余建军"拥抱知识新经济"。

(罗景昕,浙江传媒学院播音主持艺术学院副教授)

① 张颂.中国播音学[M].修订版.北京:中国传媒大学出版社,2003:263.

“以变应变”

——让教学参与到有声读物创作中来

◎ 汪海燕

摘　要：当前，有声读物发展迅猛，涌现出大量的有声读物作品。但是很多有声读物播读者的播读水平并不高，有声读物作品良莠不齐。我们希望从播音主持教学中打开思路，让教学参与到有声读物创作中来，帮助播读者找到提升播读水平的有效方法。同时也让播音主持专业教学更加适应当今信息传播的方式，培养更多时代需要的人才。

关键词：有声读物；语言艺术；表达创作

随着信息技术的飞速发展，信息传播方式不断创新，各种新媒体以其互动性、即时性、开放性等特点向各个领域发展。新媒体的迅速崛起改变了传媒格局，人们的媒介接触行为、媒介产品需求、价值评判标准都发生了变化。全媒体时代来临，有声读物在新兴媒介发展中呈现出一片繁荣景象，大量有声读物媒体平台应运而生。总体良性的发展态势不容忽视，发展前景非常广阔。

目前有声读物发展迅猛，涌现出大量有声读物作品。我国产生过很多优秀的有声读物作品，但是如果把这些优秀的作品放到当下的有声读物领域中，在数量上就显得不足了。现在很多有声读物播读者的播读水平并不高，有声读物作品良莠不齐。在有声读物播读评价体系课题组的研究论证过程中，设置了一个调查问卷，其中有对播读者播读水平的调查选项。结果只有不到4%的用户认为当下有声读物的播读水平很好，不到28%的用户认为播读水平高，剩下68%用户都认为当下有声读物的播读水平一般或较低，甚至很低。这样看来，大部分播读者的播读水平都不能达到令受众满意的程度。如此低的受众满意度激发了笔者的思考。如果能让高校播音主持专业教学参与到有声读物的创作中来，一方面能让学生在实践中检验自己的学习，更好地成长；另一方面，也能为有声读物的播读质量提供一定的保障。

当今媒体环境日新月异,对从业者的要求也跟以前大不相同。目前,传统的广播电视媒介播出平台依然是播音主持专业学生的主要就业方向,但是这些平台的就业机会越来越少,而且优势也越来越不突出。新媒体的音视频传播平台,则为播音主持专业学生的就业打开了另外一扇门。作为播音主持专业的教学者,我们不得不考虑如何让学生更加迅速地适应新的媒体环境。从教学的角度来看,我们要“变”。但是在谈“变”之前,必须先要明确哪些是“不变”的。不变的是教学应该坚持正确的舆论导向,遵循科学的传播规律,遵守语言传播的基本原则。而“变”则是在媒介融合变革格局中,要秉承媒体人应有的创新精神,和基于这种创新精神基础上的创新方法。

一、教学的形式可以变

在教学中,我们要改变传统的教师角色。教师不仅仅是信息的传播者,学生也不仅仅是信息的接收者,学生不能处在一个被动的学习状态。要确立学生自主学习的主体地位,教师仅仅是课堂的组织者和引导者是不够的,还要做好学生学习的合作者和促进者。

笔者曾经尝试将节目引入课堂。每次课前给学生十分钟时间,让学生在这十分钟之内给大家直播展示一档完整的节目。学生在准备节目的过程中就会意识到,要想把一档节目做到令人满意的程度,用平时的练习状态来应对是不够的,因为练习可以错了再来,而直播不能出错,必须打足精神,用百分之百的实战状态来完成节目,才能基本保证节目质量。刚开始练习时,学生都比较紧张,需要花很长时间来准备,而且还容易出错。多练几次之后,不断解决出现的问题,学生做节目时就越来越从容,对自己的满意度越来越高,专业信心也建立起来了。这样一来,学生成为课堂的主体,教师跟着学生的节奏走,学生会自己提出需要解决的专业问题,教师在帮助学生解决问题的过程中传授知识,帮助学生建立起专业理论体系。在这样的教学形式下,学生乐于接受,课堂效果很好,学生的专业能力也提高得很快。教师则改变了单一的信息传播者身份,成为学生的合作者和促进者,为学生的专业学习保驾护航。

二、教学的方法可以变

传统单一的教学方法适应不了当代媒体对学生能力的要求。以前的教学大都依托于书本和教学大纲。但在全媒体时代,信息瞬息万变,书本上的内容不能完全满足教学的需求。在当前手机媒体、网络媒体迅速发展的大背景下,开放式、多元化的学习方式给学生提供了有利的学习条件,教师也应该尽可能地将新媒体手段应用到教学中,激发学生自主学习的积极性。当前各种新媒体技术被广泛应用,播音主持实践教学可以充分利用这些新的技术,锻炼学生的实际操作能力。比如,可以让学生把作业上传到公共平台,让更多的人听到学生的作品,教师也可以根据阅读量和转发量对作品进行测评和相关指导。这样就促进学生每次都认真对待作业,力争把作业做到最好。同时还能尽早帮助学生建立起传媒人应有的传播意识。

另外在教学中还可以融入更多的实例。播音主持专业是一个实践性和操作性极强的专业,但是如果不讲究方法,只注重机械重复,效率是极低的。比如练声虽然有助于磨炼意志、锻造声音,但是如果缺乏目的和方法,盲目地机械重复,不但效率低下,还会弱化学生的独立性和创造性。让学生通过实例明确声音控制的原理,了解自身发音器官及其性能,懂得练声的针对性和目的性,以相应的理论知识为指导,比盲目练习更重要。在语音发声阶段的教学,对学生的训练大都停留在声音和字音的练习上,这种训练的好处是能让学生在尽可能短的时间内建立起良好的声音状态和标准的普通话语音体系,但弊病是学生读不好整段的文章了,甚至不会说“人话”了,一张口,声音和字音总是跑在要表达的内容前面。很多学生进入后面的学习阶段后,会用相当长的时间纠正这个问题。然而在纠正的过程中,因为注意力要向内容和表达上倾斜,又失去了对声音和字音的把握。教学中,我们尝试在学生语音发声的学习阶段,融入句段的练习,并通过让学生听大量的优秀的有声读物作品,从听感上先建立起来好的作品应有的架构,然后尝试自己播读,这样学生才能把语音发声的学习和实际使用结合起来。

三、教学的内容可以变

第一,在课堂上,海量的有声读物作品为教学提供了极大的便利,这里面的优秀作品可以作为学生学习的范例。教学中,可以让学生听大量的优秀的有声读物作品,让学生知道什么样的作品是好的作品,同时把播音基础知识的学习贯穿其中,这样学生才能更好地把书本知识和实际使用结合起来。而那些播读水平不高的作品也可以成为教学中的研究对象,带领学生一起分析,找出水平不高的根源所在,并研究解决方法。

第二,在专业实践环节,与各大有声读物平台展开有计划、有方向、有规律的深度合作。为学生搭建专业的实践平台,让学生把实践教学环节的内容当作课堂学习的有效补充。同时,平台也能因为大量专业人才的涌入而提高整体播读水平,进而提升用户的满意度。

播音是一门实践性很强的学科,教学如果能参与到有声读物的创作中,再把创作中遇到的问题反馈给教学,教学和实践相结合,我们就会看到教学攀得更高,实践走得更远。

参考文献：

[1]朱屿.新媒体视域下高校播音主持人才培养途径[J].安徽电子信息职业技术学院学报,2017(5).

[2]毕春富.用全新的人才培养模式塑造“全媒型”新闻人才[J].新闻爱好者,2016(10).

[3]张政法.新生态下播音主持教育的适应与调整[J].现代传播,2016(12).

[4]王欢.互联网时代播音主持教育的创新[J].新闻爱好者,2017(10).

[5]白莲莲,王伟伟.广播播音主持语言表现力的提高策略分析[J].视听,2017(10).

（汪海燕，中国传媒大学播音主持艺术学院讲师）

Shenglingqijing

Quanmeiti
Yousheng Duwu Yanjiu
Zonglun

汇　思

课题调研访谈实录

（以访谈时间为序）

白钢:小说演播的变化与工作中的经验、感悟

专访嘉宾:白钢

嘉宾简介:白钢,北京人民广播电台播音指导、北京故事广播节目管理部主任。中国传媒大学播音主持艺术学院首届艺术硕士(MFA)。作品曾荣获播音主持金话筒奖、中国广播奖、北京新闻奖、广播影视大奖提名、华表奖等;主持的栏目多次荣获北京广播影视优秀栏目奖、北京电台优秀栏目奖;监制的节目曾获中国新闻奖、广播影视大奖。在广播节目研发、创优、流程管理、人才培训等方面多有探索,积累了丰富的经验。

访谈时间:2016 年 1 月 13 日

访谈地点:北京人民广播电台

参与人员:李峻岭、胡子豪、周思涵、胡津瑞、张馨予、王耀民

课题组:您是在一种什么样的情况下接触到小说演播的呢?

白　钢:我是一个广播爱好者,从小就特别喜欢听中央人民广播电台的广播节目。后来上了初中、高中,又接触了很多像《阅读与欣赏》这样的广播节目,特别喜欢。在高中的时候就报考了北京广播学院,当时特别希望能够在话筒前表达这样的文艺作品。后来在学习中,包括在以后的工作中,也就有意往这方面去靠。

我 1998 年从广院毕业后来到了电台,首先做的是新闻播音,工作了三五年后,台里开辟了一个纪实广播小说栏目。当时说谁要做这个?我就义无反顾地申请“我要做”。我的想法就是希望自己能够录一些东西,尽管这个节目给的钱很少,一本书,签订合同后进行编辑、录制,再把它剪辑、包装、播出,这一系列的工作一集才 50 块钱,这都谈不上是演播费用。纯粹是因为喜欢才会去做。我就是喜欢!

纪实广播小说做了大概两年多的时间,录了不少书,我应该是从那个时候开始起步。我觉得很多录广播小说的人,也都是因为对广播小说有一种情结才会做这样的事情。坦白地讲,到现在不管是北京台、中央台还是各地方台,通常意

义上的广播小说，一集也就是 100 到 150 元的演播费用，很低。可是我们大家都没有觉得掉价，因为录一本书就是一部作品，算是对自己的一种情结或者一种情怀的实现吧。

课题组：在您录的这些作品当中，印象最深刻的是哪部作品？

白　钢：印象比较深刻的有季羡林的《另一种回忆录》，还有《怀念启功先生》，黄万里的《长河孤旅》。因为这些都是我最开始录广播小说时特别全情投入的。当时录制这些小说不可能用上班的时间，上班的时间一般都是录新闻啊、直播啊、外出采访啊。通常都是夜深人静的时候，大家都走了，这时候机房空出来了，小机房都没有窗户，楼道里非常安静，你可以静下心来和作品对话，和作品里的人物对话。

那个时候我刚工作没多久，录的东西也比较青涩，可是你会觉得在这些作品当中感受到了这些大家从骨子里透露出的人格魅力。你会觉得读这些作品会增加你的深度、拓宽你的视野，自己就会特别感动。比如说录到“启功管他的爱人一直叫姐姐，一直到最后他说我就拜托给你啦，启功老先生那样一跪”，还有像季羡林对自己母亲的怀念，会让你沉浸在里头，也会情不自禁地被里面的很多情节所感动。我觉得这种美的感受是在做其他的东西时所不能够得到的。因为当时做采编播，一线的采访会遇到很多现实题材的内容，这些东西可能会有很多冷暖人生、世态炎凉。但是在这些文学作品当中，在真实的纪实文学作品当中，我感受到的是特别温暖、特别具有人文情怀的东西。我觉得这些对我个人来讲是一种极大的财富，所以也坚定了我录制广播小说的信念，只要有机会就不惜代价。这个和经济效益、奖项什么的都没有关系，完全是自己对美的一种感受。

课题组：您是更青睐人物传记的小说呢？还是更青睐一些情节性的，比如故事类的小说？

白　钢：纪实类的作品是我接触最早的，相对来讲也是我比较擅长和有把握的。另外，我个人认为纪实类作品在锻炼语言功力，在心灵感触这样一些基础性方面，更容易入手，从这个起点起步会比较好。

我后来也录了很多小说类的，比如说麦加的《暗算》，影视剧改编的《我们生活的年代》，类似悬疑的《天眼》，还有《新乱世佳人》，这些都是我们电台现在播的小说。老百姓愿意听那些情节推进比较快，人物转换相对比较丰富的作品。从我个人来讲，我觉得它毕竟是虚构的，没有真人的东西那么直接、那么真实，但是它对于技巧的要求，对于男女主播的配合，对于人物语言的锤炼可能就更多，当然挑战也会更大一些。播音专业的人最擅长的就是叙述性的语言，我们的语言在逻辑性、连续性，重音、停连整体的表达方面是非常有优势的，但是很多小说作品当中它会涉及人物的语言，需要你跳脱出来，要区别于你的叙述性语言。而那些学表演的人，他们的语言相对于我们更强烈，他们很能放得开，一下子就能进入人物。所以，播音专业的人员做广播小说，在语言上的突破性没有演员那么大，那就得补这一课，需要对自己有所突破。

我认为广播小说不同于广播剧，广播剧中我就是这个人物，我就负责这个角色就好了；但是广播小说的过瘾之处就在于，是一个人的独角戏。你是旁白，是男女主人公，又是其中的一些配角，甚至还要有一些拟声的东西在里头。广播小说其实是一个人把它全贯穿了，人物语言做到神似就可以。但这个神似也有一个程度深浅的问题，也是仁者见仁，智者见智。总之这既是一种挑战，也是一个让你很有成就感的工作，你需要经过数量的积累，经过自己的不断揣摩，很重要的一点是还要有悟性，然后去做到。

课题组：您录小说从开始到现在，自己对于作品的评价标准，业界对于有声小说演播的评价标准有没有发生变化？

白　钢：那是一定的。20 世纪的文学作品为什么有一些经典还要重录，像中央人民广播电台的《平凡的世界》等，叶咏梅老师找李野墨、韩涛他们，将十几年前录制的小说在十几年后又重新录制，就是因为那个时候的语言和当下人们的审美发生了很大的改变。除非你就是一种怀旧的心态，我就乐意看黑白片，爱看那些老电影。现在还是要用现代人习惯的语言去演播，所以演播肯定是有着时代烙印的。那个时候大都是匣子，都是几个人在一起听，放在电视机的那个位置，全家人一块听。现在大家都是戴上耳机，感觉他就是在跟我一个人说。整个作品的基调也好，节奏也好，跟你的距离感、对象感都完全不一样，所以你必须要针对现在人们的审美和现在的传播特点来做演播。

课题组：您在接触整个行业当中，有没有遇到过比较棘手的挑战？

白　钢：好像没有那么鲜明。因为这个和你完成一个大的宣传报道不一样，作品演播更多的是自我评价、自我感受。首先你认为这部作品你是不是满意，相应的这部作品的反响对你也会是一种认可。现在的广播不像以前那么火热了，它有自己固定的听众群，固定听众他就喜欢你的声音，或者他就听你的声音、听你的节目习惯了，一直在追着你。还有一些听众，他可能是你专业内的老师、同学，他们会给你反馈。另外，一些听众素质相对比较高，跟业界关系也不是很大，但他可能会给你写信，给你实时的反馈：你播的力道啊，或者说你对情绪的挖掘，等等。这样的反馈回归到你做声音作品最纯真的初衷，其实就是一种传播的愿望。我希望在这样的作品中能够完成自己对美的感受，同时我也愿意把这个感受传播出去，得到一些人的共鸣。

课题组：有没有这种情况，您自我感觉、自我评价还不错的作品，但是播出之后引来的评价是多样的？

白　钢：还没有。首先你选择一部作品的时候就不要有太大的反差，比如说有一些惊悚悬疑类的，或者是有一些暴力倾向的，等等，相对来讲可能会有一些不同的反响。再比如说有一些夜间播出的节目，如果拿到白天去播，听众就会觉得这是少儿不宜。

但是作为我个人，可能更偏重于文学性强、底蕴深厚的作品。这样的一些东西往往不是能够博得眼球、赚得收听率的，总是有一定的风险性的。另外，从我的声音形象上来讲，从我的创作愿望上来讲，我更关注的是那种细细去听，你能从中感到一些力量、一些能量、一些营养等这样的一些东西。毕竟作为一个大众传播者，你给大家的东西应该是一种积极的、阳光的、正能量的，当然不是说一味高大上、主旋律。不过事实上这么多年以来你会发现，这是一个公共媒体的传播义务和责任。

课题组：谢谢您接受我们的采访。

查谦:有声文学的听觉享受不可替代

专访嘉宾: 查谦

嘉宾简介: 查谦,中国传媒大学播音主持艺术学院副教授,博士。2003年起,执教于中国传媒大学广播播音主持教研室。工作之余,积极参与专业实践,2005年、2006年参与演出名家名篇朗诵会,先后在中山音乐堂、清华大学、中国传媒大学巡演。2005年参与中央电视台端午诗会录制。2009年参与演出的朗诵作品《祖国啊,一首唱不完的恋歌》获北京市教职工文艺汇演一等奖。演播的长篇小说《红颜岁月》2010年在北京人民广播电台播出。

访谈时间: 2016年1月6日

访谈地点: 中国传媒大学明德楼

参与人员: 阎亮、胡子豪、周思涵、胡津瑞、张馨予

课题组: 您的第一部小说演播作品是《红颜岁月》,还能否回忆起当年演播这部作品时是一种什么样的心情和状态?

查　谦: 我现在已经不愿意去听我演播的第一部小说了,我更满意第二部《绿肥红瘦》。从播出效果上来看,第二部的评价整体上都还不错。我从小对小说演播有一个情结,因为20世纪80年代是我们这代人的童年,我的小学、中学,每天中午12点到1点都是听着小说演播和广播剧的。所以我们对广播,尤其对广播里的那种声音有着特殊的情感。只闻其声未见其人,广播给了你极大的想象空间,这种魅力可能多少影响了我当年对大学专业的选择,一直到现在,我的专业兴趣和爱好始终没有改变。我演播第一部小说是在上大学以后。2006年以后我听过一部小说,是徐涛老师和李慧敏老师演播的《穆斯林的葬礼》,首先我非常喜欢这部书,从大学到现在,我看了三遍以上。这部一百集的小说演播,我也听了三遍以上。这部书中两代人的情感纠葛以及把人物置于大时代命运之下的写法,对我的吸引力特别大。书里两代女性人物的命运变化也扣人心弦。两位演播者的表现,让你能深深

地感受到情感的投入。我不仅自己爱听，我把我家人、我朋友，都拉着一块听，他们听完的感受也是一样。我听了三遍，仍然会经常回味一些段落。我经常躺在沙发上或者在家里做饭的时候就把这个小说放着听，很多段落会让我放下手里所有的事情，我坐在那听完了以后潸然泪下，那种语言的魅力，深深地打动我。

后来也是很偶然的一个机会，大概是2010年，北京人民广播电台故事广播的编辑手里有这么一本书，叫作《红颜岁月》，邀请我来播。说实话，我当时完全是懵的，因为我觉得一个好的小说演播者应该从自己力所能及的作品开始。而我最开始拿到《红颜岁月》的时候，里面男、女、老、少，还有带方言口音的，各种人物太多了，全部由我一个人来播。所以我现在已经不忍再去听我播的第一部书，因为那完全是在踉踉跄跄当中把它给播完的，虽然我是很认真的。那部书我看了两遍，也学一些老演播家做了一些笔头上的准备，比如说主要人物形象是什么样子，她在不同年龄，从少女时代，到青年时代，到中年，声音应该呈现怎样的变化。我自认为我都做了设计，但我觉得自己当时的语言表现能力是很有限的。到第二部书，就是我播《绿肥红瘦》的时候，我把握得更好。那部书我播得很投入，因为里面人物关系相对简单。《绿肥红瘦》讲的是一个女人在人到中年，女儿上了大学之后，突然发现丈夫在外面有情人而且已经生了一个孩子的故事。人物关系很简单，就他们一家三口加丈夫的情人，这么几个人物之间来回来去的一种纠葛。第二遍再看这部书的时候，再做一些比较充分的案头准备，因为也有朋友家里遇到过这样的事情，所以我在播这部书的时候能比较容易调动生活经验和真实感受。而第一部书《红颜岁月》它讲的是知青的故事。那一段往事我只能从我父母这一辈的讲述中了解，这是一个间接的了解。有场戏我播得很过瘾，让我第一次觉得播小说是挺好玩的一件事情，能把自己的情感特别酣畅淋漓地放在里面，有好些次不得不停机。编辑说，你先哭会，哭完了再接着录。把自己置于角色当中而且是不同的角色里面，是挺幸福的一件事情。因为我自己同时也做教学，去年在课程"文艺作品演播"中，我们把廖菁老师请过来给学生做了一场听评会。那一场配音作品听评会反响特别好，因为我跟廖老师私下也有很多交往，她觉得她这辈子活得特别值，因为她配过几百个女性的角色，在这几百个人的命运里都活过，无论是配年轻的、美丽的女人，或者是事业成功的女人到了年老的时候，比如撒切尔夫人。在配《铁娘子》最后那场戏的时候，她要把撒切尔夫人那种老态龙钟的状态展现出来，想来想去找不着那感觉，后来她就在配音间里想了一个办法，就是躺在那儿配。因为躺着的时候你的呼吸状态和你正常说话的呼吸状态是不一样的。她躺在那儿突然就找到了那种垂垂老矣的感觉。她一边配，一边看着屏幕，对着词，念台词，眼泪一边淌。录音室的编辑在外面也跟着她一块儿掉眼泪。真的，进入创作状态是很幸福的一件事。

课题组：您刚刚参演了有声剧场的《一段》，这种形式很新颖，有什么感受吗？

查　谦:《一段》是很好玩儿的一件事情。导演曾湉在一开始想做这件事的时候,我就跟着出各种主意,中间我也在帮她找,想什么作品适合谁来做。有一次,她给我发了一篇文章,就是这篇《一人食》,讲了一个单身女人,每天在家给自己做各种各样的饭。我为什么觉得这篇很适合我?我的生活经历和她不是完全重合,只有部分经历是重合的。我有过那种自己给自己做饭的生活,有很长的一段时间,我先生在国外工作,我一个人在北京,那时候也不知道该做什么,就学做饭。所以里面的很多场景,什么到市场去买菜啊,包括在家一顿又一顿做饭,一边看电视一边吃,那个过程、那个场景对我来说太熟悉了。我虽然跟她的经历不完全一样,但是我能体会到一个女人在一个人的状态下的心情,所以我说也许是适合我的。而且当时导演希望每一个作品找的不是"她就像",而是"她就是"。我从前也没有接触过这类型的作品,散文、小说我录过,纪录片我也录过。可是偏偏《一人食》跟这所有的作品都不一样,它更类似于一个女人的独白,但又要在剧场里面呈现出来。最开始我只是想,用声音怎么去实现它,可能语态上要有一个很大的变化。它不同于诗歌的朗诵,也不是散文的朗诵,它是角色的语言。我们需要对语言赋予很多想象力,就是你是在什么样的状态下去说这个《一人食》的这个女人呢?我最开始也找不到感觉。后来我跟导演探讨,她特别喜欢台湾的一个老演员叫金士杰。有一个电影是舒淇和金士杰一块儿演的叫《剩者为王》,讲的就是大龄剩女的故事。电影里面金士杰有一段六分钟的角色独白,当时她在朋友圈里看到了就转给我,说你找找这个感觉。其实我知道她想要什么。我的语言感觉能立刻把它和诗歌区分开。比如她的第一句话叫"我刚来北京的时候,在东南角租了一套房子",就是要平时说话的感觉。可问题是,如果我们完全把生活当中的语言不加删节地放到舞台上或者放到话筒前,它就是零碎的,没有节奏感也没有美感的,显然这不是我们在舞台上想要的东西。所以有很长一段时间,我知道我是什么样的方向,但具体怎么去呈现,我其实是不太清楚的,也找不着感觉,金士杰的这段六分钟的独白,特别打动我。你会感觉到他全都有设计,但是他展现出来时,抹掉了所有的痕迹。这个父亲想让他三十多岁的女儿找个好男朋友,她女儿当时可能有点着急,就找了一个看起来条件非常合适的医生。但是她的父亲说,你是不是为了让我们安心,而找了这么一个条件很合适的人?我不希望是这样,我希望你还是有爱的。他就表达了这么一个想法。然后他对那个医生说,我把这个女儿养这么大,可能因为她妈妈现在生病,所以她着急,找了一个条件合适的人,我特别害怕她仅仅是为了结婚,而不是为了爱。我的女儿我了解,她还是需要有爱的。所以如果你爱她,我希望你能呵护她,你也要明白她是不是真的因为有爱而选择了你。说到最后,这个父亲也特别动容。

后来我想来想去,好像找到了一点感觉,是来源于生活里的,但需要在你的稿件里进行重整。在现场部分对《一人食》这个作品的文字做了一些改动,需要你在文字里发挥一些想象力,将文字里看起来平淡的部分想象出充足的场景,她为什么要因为这件事情而开始学习给自己做饭?因为她感受到了人间烟火气带给她的温暖,而这种温暖可能之前在独居生活里是没有感受到的。那几段我读的时候就想,无非就是包饺子、熬香菇酱嘛,没什么特别的。其实不是,它还是在讲点滴的烟火气怎样一步步感染了她。为什么她后来对做饭这件事情欲罢不能?因为没有别的事情能让她觉得自己不孤独,都是孤独的。后来在自己给自己做饭的时候,深深地感到自己爱自己。

我在这个过程中得到的创作体验与小说演播、纪录片解说截然不同。这个作品在舞台上呈现出来的效果与录小样时也完全不同。在录音棚,我有大段的留白,但在舞台上,因为有调度,呈现出来的间隔完全不同。在录音棚里,我一口气把作品录出来,就算中间有留白,5 秒、8 秒这就是非常长的留白了。但是人们看到的是一个由声音完成的视觉作品,是这个女人在这儿说完这两段之后,有一段一定意象意义上的走位,讲她到市场里面去,走到这个位置再开始接着讲,这个停顿是非常长的。所以这个作品跟我们以前完成的单纯的语言作品完全不一样。而它又不是戏剧作品,为什么叫"声音剧场"没有叫戏剧呢?因为戏剧会有很多肢体语言,但我们都不是专业的话剧演员,所以导演说要减掉肢体的难度,尽量以声音为主体,走位辅助灯光、音效和剧场的环境,最后呈现出来的我们也不知道叫什么,有点像独白,它不是一个戏剧片段,但也不是一个朗诵作品,所以是挺好玩的一件事。

课题组:您对有声读物的平台了解吗?

查　谦:喜马拉雅和荔枝我听得比较多,喜马拉雅会更多。我比较喜欢《晓松奇谈》、梁文道的《一千零一夜》还有音乐节目马世芳的《听说》,包括小说等。

课题组:您觉得每个平台各自的特点是什么?

查　谦:各自的特点我关注不多,内容方面我还是在喜马拉雅上听得比较多。荔枝听得多是因为女儿会听《凯叔讲故事》,还有一个是我的朋友韩涛的《Michael 钱儿频道》给他儿子讲故事,他们一家三口都在里面讲。喜马拉雅和荔枝我都会下载,其实这两个平台是同步更新的。喜马拉雅可能种类更丰富吧。现在的有声读物平台会比较精准地知道你的需求,不会像以前在电台听节目,经过很长时间才能知道哪个时段的节目是我爱听的,而且我还得守着它的播出时段去听。手机里面的 App 收听起来会更方便一些。内容选择上,定制服务的特点会更鲜明一些。

课题组:您觉得有声读物平台存在什么问题?

查　谦:我希望再细分一些。我并不是以研究的姿态把喜马拉雅上所有的有声读物或有声节目进行非常详细的研究,也许还有一些很适合我的,但我还没有发现。

课题组:让您选择一家有声平台合作,还有进行有声语言演播,您会选择哪一家?

查　谦:我和女儿共同录了一些诗。家里不具备录音条件,我就希望在一个比较简单的录音环境里面,录出音质更好的节目,满足我的需求。横向比较的话,我发现荔枝比较方便。

课题组:有声小说现在受到很大的关注,很多人参与到演播中,您怎么看这种现象?

查　谦:老一辈艺术家演播小说,这个群体不大。有些老师本着对声音艺术的热爱仍然在做,像李野墨老师很喜欢录经典名著。那个群体的老师还录经典的作品,但是市场已经不允许只有一种类型的作品了。很多平台都是都市的、现代的小说,甚至网络上的一些作品也被搬上来。我推荐了两个学生在北京故事广播录制了一部《我爱男闺蜜》,这部小说的电视剧版是由黄磊、陈数演的。现在的演播群体越来越低龄,未见得非要成为语言大家才能做这件事,门槛相对低很多。好处就是更多年轻的力量注入进来。我发现,很多年轻人语感和灵气都很好,需要平台去推荐他们,或者需要这样的机会去展现。现在门槛低一点,倒是一件好事,但我在一些平台上听到一些鬼故事、探案、言情小说等,很多是爱好者传上去的作品,真是没法听,好的作品特别少,总体质量水平被拉低了。

课题组:现在无论传统媒体还是新媒体,都在进行新的探索,您在演播上有没有作出一些改变呢?

查　谦:我跟电台编辑聊过,他们挺悲观的。我举个很实际的例子,很多年以前的小说演播,一集 20 分钟,电台里价格非常低,低到两位数一集,难以想象,我们播小说真的不是为了挣钱,就是喜欢。去年我跟人对播一部小说,两个人分,可能每集拿到的钱不到 100 块,播 40 集也就三四千块钱。如果想市场化,首先劳动者要物有所值,不能鼓动所有人仅仅出于热爱、出于情怀来做这件事,那是做不起来的。问题在于谁来给这些人付高额的报酬,这个问题如果不解决的话,可能这个市场很难做得特别热。电台里的收听人群购买力不算特别强,所以你让广告商把钱投到这上面不太现实。这样就成了一个死循环,你的报酬特别低,听的人也就那么多,需求也就那么大,电台就始终做不过手机或自媒体平台上的人。而自媒体的瓶颈就在于大量的人水平都比较低,那么怎么营利,可能是挺难的一件事。至于语言形式上,艺无止境,对于我个人来说,我始终处于学习的状态中。

课题组:作为演播者,您在拿到一部小说的时候是怎么准备的?

查　谦:读原著。有些重要的篇章我可能不止读一遍,我会在脑子里把人物设计一下,比如这个女人年龄跨度比较大,这个人的声音形象是什么样的,我用什么样的音色,我用声音中的什么元素来塑造她的少女时期、青年时期、中年时期等。

然后，这个女人她性格中有几个极端的地方，比如脆弱的时候，爆发力特别强的时候，大概能到达什么样的程度，我可能在笔头和脑子里都有一个想象，包括人物关系，我会把人物关系捋得比较顺，在脑子里充分理解。准备时要把人物的命运线和性格线捋得细一点。我觉得，你不把这本书想透，而是一边播、一边想，这是不能容忍的，我一定要把这本书看完。其实你演播什么书，选择权比较小，通常是编辑觉得这本书很适合你。我拿到一部书，首先要找到与这本书的共同点，情感上的、心理上的，经历上未必有共同点，但总会有一些，我要认同这个人物。我觉得每一个可悲、可恨、可爱之人一定有其道理，所以我不对每个人的人性做道德评价，而是在他们自己的境遇上找到合理的地方。我觉得这样的人物出来才不会是标签化的、脸谱化的。

课题组：现在年轻的学生在演播小说或有声读物的时候，会存在什么问题，您是怎么要求他们的？

查　谦：这学期的"文艺作品演播"是小课教学和大课教学相结合，这一阶段的小说演播我们用的是《穆斯林的葬礼》。我们把原来的演播者徐涛和李慧敏都请过来，专门拿出小说中演播得很精彩的段落做分析，然后同学们也会现场演播，接受指点。我发现在第二遍教学的时候，比第一遍教学的体会更深一些。同学们现在主要的问题还是对于作品的理解，因为年龄所限，像《穆斯林的葬礼》这样深度、广度和厚度都很有分量的作品，对他们来说理解起来是有难度的。我们曾经在第一节课的时候，四个小时基本上都在分析作品，从纵、横等多个层面分别拉出整个作品的情节线。针对作品，在课堂上也会有争论，比如你们能不能理解为什么梁冰玉爱上了她的姐夫？当时这个问题在我们小课组里引起了激烈的讨论，有的同学于情于理都不能接受。然后我们会一起来分析为什么。年轻的学生还是应该花时间去读原著，去理解人物。我曾经带着教学组去旁听表演系老师上的专业课，老师讲了一个很重要的理念，说人物的语言逻辑是受行为逻辑和心理逻辑支配的。以前更多是带着学生去练习，现在回头看觉得我们不是带着学生操练语言本身，而是语言背后的行为逻辑和心理逻辑。这两点你分析透了才会在语言上呈现出变化来，才会在不动声色中呈现出微妙的语气变化，才能慢慢去实现精准的表达。所以我觉得，理解是学生学习过程中最难的部分。

课题组：现在有很多学生、语言爱好者加入有声读物的演播中，您觉得他们的特点和问题是什么？

查　谦：我的一个朋友韩莹棣最近做了一个广播剧《我想和你虚度时光》，近来因为收听方式的改变让广播剧一下子特别火。在美国，广播剧的火热程度堪比电视剧，而且制作成本相对来说比较低。现在利用电子设备很方便，所以做广播剧可能是未来一个新的方向。我觉得未来有声小说和广播剧会很火，但还得解决一个问题就是怎么营利。从技术上来说,韩莹棣做的《记忆森林》是科幻加爱情的,而且他是找了一批专业的广告配音员一起做的,做得挺好,很好听。很多爱好者的作品数量很多,但质量堪忧。

课题组:既然有很多爱好者加入这个群体,您是否觉得这个行业应该有个标准来规范?

查　谦:其实听众的耳朵就是标准,我不爱听就不会选择你。所谓大浪淘沙,最后淘出来的金子就是少数那些人。然后他们慢慢形成口碑效应,形成品牌,他们做的东西,爱听的人就会多。

课题组:对于演播者,您觉得是否应该设立一个准入机制?

查　谦:有声读物这一块儿目前还没到监管的程度,会有一些简单的审核,但是我觉得准入门槛太低了。而且我觉得过早地谈评价体系和准入标准会钳制民间爱好者的创作热情,因为没有人生来就是演播大家,需要给他们平台和空间去成长。另外,艺术的评价标准很难去量化。即使是评大奖也还是会有评委去打架。评委A和B谁的水平更高吗?不是,而是艺术上每个人的口味不一样。现在市场里,听众那么多,听众的口味那么丰富,恰恰要警惕的是以少数人的口味替代多数人的口味,这是一件很可怕的事。当你有这样的权力的时候,你反而要慎重地使用,否则我觉得会扼杀大家的热情。不可否认,很多作品是没有办法听的,但评价起来还是要慎重一点。

课题组:作为听众,您怎么评价一部作品的好坏?有没有自己的标准?

查　谦:就我个人而言,我喜欢的就是那么一类作品,我不喜欢的不代表它不好。但是将文学作品音声化之后,标准就是你能不能打动我。哪怕一部作品只有那么一两句、三四处能让我心中一动,我也觉得是打动我了。就像前两天听学生的期末作业,我让他解说的是《梁思成和林徽因》中的一段,那学生非常认真。我非常喜欢那部作品,听了很多遍,而且我觉得董倩非常好,一般人很难比她更好,她的功力比很多人都强,她很特殊,学历史,又做电视,她很知道这样的作品中什么样的语言能跟画面相贴合。但是那天学生的解说还是打动我了,他有一种非常朴实的诚意在里面,不是说他在功力上比演播者本身强很多。所以我觉得真诚、朴实、能打动我就是标准。问题在于每个人被打动的标准和点都是不一样的。

课题组:您喜欢的演播者有哪些?

查　谦:我特别喜欢李慧敏老师,喜欢她的《穆斯林的葬礼》。当然她演播过很多作品。你们要是听过她的演播,你们就会认同我说的。我推荐给我的同事、我的学生,包括专业的、非专业的,很多人都听过。且不说她将那么多女性角色都玲珑生动地呈现出来,她对重点人物非常复杂的内心世界的呈现,那种层次、那种细腻,尤其她对人性上诸多矛盾的地方,都展现得非常透彻。我特别佩服她,她声音里面有戏，有很大的想象空间。单纯的声音就可以给你营造出这种世界。北京电台播出的《采桑子》我也特别喜欢，里面人物很丰富，有大格格、二格格，一直到十四爷，这14个孩子人物命运各不相同。大格格是个戏迷、没落的公主，她爱上了一个拉胡琴的琴师，他俩注定是没结果的。她的家庭不允许她爱这个琴师，跟他生活在一块儿。大格格的命运就是个巨大的悲剧，她是活在戏里面，也为戏而死。她整个人其实是人戏不分的。而这个人物在小说里面本身就是很打动人的。演播者讲到大格格去世时，你会觉得演播者的魂魄和声音附在大格格身体上了。人死掉了，这个声音也随着灵魂飘走了。我可能还是会选择听一些大家的作品。跟我选择作品的口味也有一定关系，我不太喜欢特别都市的小说，我在手机上看就可以了。你知道听比看要慢，我能花更多的时间去听，首先这部作品要能打动我。现在很多都市小说、网络小说从内容到艺术性都没法和经典相比。《采桑子》得了鲁迅文学奖，这样的作品从思想、艺术、文学性来说值得我们去听。而好的演播者、大家能够让作品在文字的基础上散发出更大的光芒。这是我们单看文字所得不到的享受。看文字是一种享受，把文字变成声音是截然不同的享受，这种享受不可替代。

课题组：您觉得听众的反馈重要吗？

查　谦：肯定重要。

课题组：您一般通过什么渠道获取听众的反馈？

查　谦：我播《绿肥红瘦》的时候，先是频道有审听，听完之后他们就会说：你这部书播得很好，有几个地方真的特别打动人。也有人打电话给我说：我有一次在电台里听到你播的那部书了，很喜欢。其实也就是这些渠道，和网络上的渠道是不一样的。网络上直接留言、点评或开骂，我就没听到过骂的声音。

课题组：您觉得这些反馈中最重要的是哪些方面？

查　谦：我特别喜欢跟别人探讨人物，他们听完作品之后觉得人物是什么样子的，跟我想象的有哪些地方不一样，我没有想到，但是他们听到了。

课题组：如果有机会让您策划一部有声读物，你会从哪些方面考虑它？

查　谦：有朋友听了我跟女儿录的诗以后，就建议我做一个妈妈带着女儿一块儿读诗的作品，中间穿插一些浅显的、适合她这个年龄的文学解读，但是我没有认真去想过。

课题组：谢谢您接受我们的采访。

叶咏梅:演播艺术经典作品的创作与传承

专访嘉宾:叶咏梅

嘉宾简介:叶咏梅,中央人民广播电台《长篇连播》资深编辑,曾任文艺之声主任编辑。

访谈时间:2016年1月8日

访谈地点:北京人民广播电台

参与人员:曾志华、孙良、卢彬、李峻岭、胡子豪

叶咏梅:过去很多电台都转播中央人民广播电台(简称中央台)的节目,尤其是12点半的《小说连播》,有次说要改动播出时间,听众来信就跟雪片似的。大家非常关注这个节目。

课题组:您觉得播出时段的变更对于《小说连播》包括整个行业造成最直接的影响是什么?

叶咏梅:某种程度上会造成受众的分离。比如说,我们有一档节目中午12点半播出,晚上9点半重播。晚上9点半也很重要,中午听不到的晚上可以补听。全国有一批夜班族,正好晚上9点半重播的时候就听我的节目。我们很注重形式的创新,做过报告文学,还有报道剧什么的。

课题组:报道剧是什么?

叶咏梅:可以作为报道的剧情出现的一种文学样式,属于报道文学。以新闻为基础,以事实为依据,只不过用剧的形式来表现。我作为一个出访记者,在维也纳发来报道,这边是一个现场主持人进行报道,我让李野墨给我在那边当记者,王雪纯在这边做主持人,然后他们俩对话,把那边传送来节目编成8集故事。

1999年我去了金色大厅,回来就用40天写了一本20万字的《金色辉煌》,我又把它变成20集的音乐故事。我们几个人做得很投入,因为全是音乐节目,很好听。这20集的音乐故事,一下子就形成气候。后来的听众来信中,水平最高的是这批,因为只有懂音乐、懂民乐的人才会懂这个节目。这些听众的信写得相当漂

亮,一篇一篇都跟小论文似的。后来我把这些来信编成听众反馈。

课题组:感觉您很像“星探”,不仅是导演,还从文本到演员都要花心思进行挖掘。您在选择演员的时候,有没有遇到过不同的意见?

叶咏梅:演员会很希望你选他。因为谁都愿意多录书,跟你打交道又觉得收获挺大,书播出后反响也很大。有些人播一次就出名了,像郑建初在配音上先出名,然后她又来做《小说连播》。她最早播的是《尘缘》,那是讲婚外恋的一本书,播完之后反响特别大。这个节目完了之后我又搞了一个热线,让大家来谈,一个星期后又做了一个专题,那个也火极了。在 20 世纪 90 年代,婚外恋正好是热点话题,电话都多到打不进来。把这些编完了之后再插播到节目里边,反正所有点子,你想搞好它,肯定得受累,可受累肯定有收获,有收获你肯定会悟到好多东西。人家说你怎么能把节目想到这么做那么做,说白了,都是受众启发的。刚开始我也不知道,听众就说你能不能每次播这部书前先给我们介绍作者,他们怎么写这本书。我为什么能留下路遥的声音,其实当时我没法先访问他,在他送第三部书来的时候,我把他安排在后边,想到要留作者的声音。但是现在特别可惜,其实每个作家的声音我都留了。那时候留了也叫临时节目,就是原作品的原生节目是编号的,你访问作者也好,座谈也好,都叫临时号。临时号播完就让你自己取走,时间长了,带子又很紧张,就在带子上录了别的声音。

我留节目是留两类:一类是作品好,一类是演播好。最后反馈结果好,就把这个节目保留下来。那时候听众特别爱写信,你就会对比,这信那么多,那这本书需要留,过几年可能还会重播,所以我给中央台留了好多经典节目。我们几个台说,你给我们留了好多非物质文化遗产,就是经典节目。因为像获茅盾文学奖、诺贝尔文学奖的作品隔上三五年,你重播一次就很好。听众虽然听过,你重播的时候,一茬一茬的听众需要接受,他们也会觉得挺新鲜。

课题组:不单是给他们留下一批非物质文化遗产,我觉得您这种编导的敬业和执着,还有自己独特的鉴赏力,也很珍贵。

叶咏梅:后来人家说这个节目,怎么一听就能让人家安静。现在的节目播得很噪,而你的节目一下子就能让人听进去,于是就说起《穆斯林的葬礼》。那年评节目编辑奖的时候,我是第一名,和第二名拉了 20 多分。他们最后打分出来之后说,你把你的节目开头再让我们听一下,你怎么想起用阿訇吟诵,我说这不是讲穆斯林嘛,我就用穆斯林的音乐和这个吟诵把大家带进节目里,就会有一种我现在要听《穆斯林的葬礼》的仪式感。你要是上来就讲,什么铺垫也没有,或者音乐不搭,听众就进入不了这个状态。前面一嗓子阿訇的吟诵出来之后,听众一下子就进入那个氛围了。

后来霍达说,你怎么想到要弄这个?我说因为您作品写的是这样,我用了标题音乐进行时空转换,因为它是两个故事,现在时和过去时。一会儿讲玉的故事,一会儿讲小提琴的故事。我又用了西洋乐和民乐两种音乐来转换时空。当时我也不知道怎么想的,可能因为自己创作有感悟,觉得这样人家听节目的时候,一听到民乐,也许就知道是讲老一代的玉的故事,一听到现代的小提琴,就知道讲现代的故事。就不用“话说当年,再说现在……”。

课题组:刚才您提到当时留节目,有两个判断标准,一个是作品好,一个是演播好。30 多年来,您留下的这些好的作品、好的演播当中,你有没有发现什么变化?

叶咏梅:对,150 多部。在我自己看来,现在这个标准依然可用,而且在某种意义上作为职业广播媒体人,我觉得这个标准不应是随意可变的。这就跟做人一样,评判人好坏有几个标准,像这个人活得很真实,这人心眼很好、很善良,这人很热情、乐于助人,通过这样的标准把这人定下来。你绝不会因为时代变化就要学会善变。某种人吃香,可是在你心目中你不会去学这种人,你还是坚持原来的标准,因为那样做人才扎实,才是人。如果你善变,就不是大写的人。这是我自己的判断。

这在演播方面较容易,因为艺术的美是相比较而言的,在对比中来凸显哪个更好。我们听作品就行了,以作品来定,以演播来定。

我从部队退伍之后调到北京,从自己看的东西、听的东西中去体悟。那时候我喜欢看电影、话剧、舞台演出,对声音比较敏感。声音的创造性很大,而且这个创造性完全在于个人。你的修养有多大,你的本事有多大,你就能创造多大的世界。所以那时候王刚他们为什么特别对路?因为他们就是希望一个人创造一个世界,不愿意跟人对播。王刚跟谁对播过?没有,就他自己一个人播。你看他的演播,他的整个断句、语气,跟书写的标点符号是不一样的。

张家声的作品是没法边看书边听的,你看书时会比对,他怎么这么念,怎么全都是错的,但是你放下书听,他是可听的。李野墨聪明到什么程度?他其实念的是他刚才已经看过的,跟你读时,他的眼睛已经瞟到底下。比如说倒装句(国外的行文就是倒装句),他马上就调整过来。因为你在行文的时候没问题,但是你要那样说话,就很别扭,人家就不容易听懂。

然后还有把戏集中。每个人在开脸的时候都要介绍,你才能出你的声音造型,他出他的声音造型,然后在大家抢着争论问题的时候,就没必要介绍这是他说的什么,那是他说的什么了。不然容易打断戏,角色语言准确后,可以直接呈现精彩的内容。其实他稍微一修正就很漂亮,像我们现在做的《爱在上海诺亚方舟》是徐涛和黎春播的,我们叙述的全是音乐、音效、画面,进入人物对话全是用对白,把它集中起来,你听完很舒服,我们给它定位为广播小说剧。

课题组:不是广播剧,又不是小说剧?

叶咏梅:它的叙述部分保留了文学的好些东西,又把人物的戏相对集中,没有像平常演播小说那样的程序,而是完全进入人物剧的戏的对白,这就需要编辑、导演和演播有相当的功力。在念人物对白的时候,你扮演的是两个或者三个女生,他扮演两个或者三个男生,可是你们在交流过程中,它不是线性的,不按时间走。要是一个人的话肯定要走时间,你不可能同时自己配两人,而两人可以完成这个效果。这边可以喘着气演妈妈咳嗽,那边就会学儿童:“妈,你怎么了?”这边男声再说:“我来给你看看吧……”它完全是一个立体的。这个表现手法受到很好的评价。

现在的理论和实践,要么只有实践没有理论,要么理论就是空对空,只是借用一下实践的代名词或者什么,也没深入研究。那些老播音员,我觉得有时候有点过时。因为他们声音好,贡献也大,所以我们尊重他们,但是我们也应该与时俱进。

课题组:您觉得什么观念在目前的小说演播上有点过时?

叶咏梅:那种在播音中太死板,太字正腔圆的。为什么我有时候不太爱用播音员,播音员如果做报道剧、纪实剧之类的内容,他的识读能力肯定比演员要强得多,很省事。但是他演播能力未必就好,因为他的生活积累少,人物体验积累少,可是现在的演播内容能离开人吗?你若还是那么刻板地去说,那不是人话,那是播音腔。

比如说新闻类,你就得按新闻专业走;文艺类,就得按文艺专业走,不能都混杂了。现在的播音员主持人和演播,都不一样。光拿主持来说,你主持什么节目,用什么基调,用什么形态,用什么语速都是有讲究的。你肯定不能吵着别人声嘶力竭,快节奏,那肯定让别人不舒服。那个场合、那个场景、那个时间段应该什么样,就是什么样。做任何节目都要明确你在做什么,你给谁做,你应该做成什么样,这才是你要考虑的,不能千篇一律。现在所有的播音在某种意义上语速必须稍微提一点,你还按过去那个慢条斯理肯定就没法听了。即便是播那些缓慢的、悲伤的或者是柔情的、亲情的故事,现在的节奏和过去的节奏也不一样。比如说过去是30分钟完成的,现在你必须25分钟完成,否则你就肯定慢了,让人家听了觉得拖沓了,和时代的节奏也不搭。但如果你现在用20分钟就把30分钟的内容都播完,快了,浮躁了,都没吃透什么东西,也不行,这都是毛病。最根本的还是要明确你自己要做什么,给谁做,你怎么去做好。

课题组:刚才您在说到选择演播者的时候,好像很自然地运用了“演员”这个说法,为什么您会用“演员”,而不是演播者或者播音员、主持人等其他称呼?

叶咏梅:还是应该用“演播”这两个字,它是最准确的。因为这个不完全是播音,它不是新闻,不是主持;也不完全是演员,又不是舞台腔,不是电影,不是他本身的角色,他要“演播”。他要具备所有这些能力,具备的元素越多,能力越强,演播出来就越生动。

2006年,我做过一年的《王刚三十年经典作品回放》,他的古今中外作品都有。

你就可以听出来完全不是一个味，他播《牛虻》是《牛虻》的味，他播《夜幕下的哈尔滨》是《夜幕下的哈尔滨》的味，他还播过《武松演义》，他播评书的味比评书演员好听多了，因为他声音好。评书演员都憋着嘶哑的嗓子，他不是，他播得很好听。你把他这些风格在同一个时间段里让大家回放享受，体验就不一样。还有李野墨，他播《静静的顿河》以及播《天高地厚》和播“领袖系列”的味道都不一样。

课题组：您觉得现在的小说演播跟以前相比在选人方面有什么不同？

叶咏梅：刚才咱们提到了著作权法，我1990年就开始跟人家签约了。我在任何时候都不落伍，我做的节目都是超前运作。我们是中央台，好多演员都到这来竞争，你就会挑选，去培养。有好的作品，各大出版社都会提供，再加上你自己的鉴赏和你自己的选择，这几个方面加在一起，力量就很大。你在最高的平台上，用最好的作品让演员来实践，所以培养了一批大家，我觉得这是我的幸运。

我直到退休也没降低标准。比如说我们台里的主持人，我也会用这样的方式培养和提升他们。因为主持人会犯主持人的毛病。比如说他在话筒前的应用，因为他是主持，他对着话筒说就行了。但是演播不是这样，我就教他们怎么用话筒。像我给王刚录《寻找回来的世界》里边有一场，最后从大礼堂里传出来《黄河大合唱》，我让他站在后面唱。他唱歌也很好，我最后给他叠在后头，他站在那远远听到传出来的《黄河大合唱》，然后用内心独白，离话筒很近，因为心声得用气声，你肯定要对着话筒很近，然后唱的时候又在那后头很远，这个时空，我自己做了一下合成，那一节气氛特别好，我自己就愿意玩声音，就像你说的以分轨刺激。那个时候我自己录作品，我有自己得天独厚的条件，自己可以编，自己可以导，自己选演员，自己选书。

课题组：那时候录音合成技术还没有现在这么完美，现在您要再做的话，肯定更好。

叶咏梅：后来有两部书20年以后重新制作，都是我个人完成的。《穆斯林的葬礼》，全是我自己合成的。我把穆斯林的音乐跟小提琴的音乐、民乐都分成类，再编辑好，看是什么情绪，都在那个音频工作站做上小括弧、小标题，这是什么情绪得多少秒，该哪个配合，做得如鱼得水，那是一种享受。自己合成，没人打扰，自己把音乐都换好了自己玩。今天玩高兴了，晚上晚点回家，然后早点来。我那时候上班早起都是6点半就到单位，可以先去选机房。

课题组：我们感觉被您选中的小说就有可能成为茅盾文学奖的候选者，被您选中的演播者，基本上几年之后就被冠以演播艺术家名号。感觉您独具慧眼！

叶咏梅：不是有慧眼。别人说我敢大胆用演员。其实我们很默契，大家是在共同创作，我跟作者相处得也很好，所以有的作者一部、两部、三部都与我合作。像写《周总理，你在哪里》的柯岩老师，已经去世了。她的《寻找回来的世界》我用完了，她的《他乡明月》，我既播小说又改成广播剧，然后又在我们的小说研究会无偿地让大家使用。因为她的东西特别上口，就跟她的《周总理，你在哪里》一样，她是一位具有儿童诗人气质的作家，读她的东西特别舒服，而且我们两个感情也特别深，我们是忘年交。我跟他们都成了这么一种人生的朋友，你就会觉得生活挺幸福，挺有意义，虽然只干了一件事，但这件事连带多少人多少事。

课题组：您对网络平台了不了解？比如一些软件，像配音秀等？

叶咏梅：现在网络上的作品层次比较丰富，有演播大家的作品，也有爱好者的。现在传统媒体和新媒体在交战、融合，你说的这些爱好者也在摸索、探求。我爱人以前从来不听广播，退了休就离不开广播，而且他就爱听书。原来我的节目他根本不听，退休后听了一下《平凡的世界》《穆斯林的葬礼》，说你做得是好，我才发现你比别人累，别人就是照本宣科。感性的人欣赏声音，欣赏美感。因为他是理性的人，不是感性的人，他说谁讲不是一样吗，我只在意他讲的内容，我就听这个故事。我就不一样，我就特别在意播得好与不好，投入得对与不对。

我的一些朋友现在也有在网络上做演播的，自己在家录，发到网上去。好像在21世纪以后就开始这样做了，因为这样好办。有一大批这样的人。但是去年我担任《钱学森》《爱在上海诺亚方舟》这两部书的艺术指导和演播选人，我还是选的李野墨，还有徐涛和黎春。黎春也播了不少东西。这一次是一个大突破，她自己都讲了，跟高人做对手就是不一样。她自己完全是在一种运动状态中，其实演播室是在动的，而不是静止的。书面的字是静止的、平的，但是演播者必须让这个字活跃起来。她刚开始读得很流畅，准备得很充分，架不住我们中间那些调动和活跃起来的东西，比如说一些水词、一些场面的交接。比如主人公得病了，就得有一个咳嗽声垫过去，然后才有人出来，这些你都得反应特快。这个男孩播完了，又是老太太出声，你都得转换。她说这次对她来说是一个突破。她也演播16年了，2000年我选她播《智慧风暴》。我们那时候用男女对播是为了花色，听觉上要光一个男声、光一个女声很单调，男女对播让人家听觉会很有美感，我都是从这方面考虑的。比如《安娜·卡列尼娜》就是男女主人公两条线，那你就用男女对播。

课题组：现在互联网时代，那么多说书的、听书的网站，您怎么看待这个问题？

叶咏梅：我还真查了一些。因为上海的广播节让我接触了一下新媒体，还接触了比较火的几家，像喜马拉雅。它们也在竞争，它们也在抢版权，抢人力资源，其实跟过去中央台和地方台的竞争是一个道理。其实到头来大家竞争的就是人才和版权。谁抢到最好的作品，因为有版权你才能说属于你独有。这人才归你了，他才能去给你做这个事。这两点把握住了，将来的媒体不管是传统的还是新媒体，都有竞争力。

课题组：从演播的角度来讲，您觉得目前的水平怎么样？满意吗？

叶咏梅：我不满意，太混乱了。

课题组：可能也有一部分人只要听意思，用不着做得那么辛苦，您同意吗？

叶咏梅：不同意。我觉得如果不是作为小说演播作品，比如说它就是一个主持人发布信息，那你怎么发布都行。你既然是作品，那作品本身就是一种艺术。有声文学作品就有演绎得好与不好之分，你不能欣赏是因为你没有欣赏的细胞。

课题组：其实受众对有声文学作品的需求量还是挺大的。

叶咏梅：需求量很大。传统媒体都在下滑，只有广播还在反弹，为什么？就是因为有需求量。老人们、开车族都要用，还有就是现在的学生。它还是有比视频、报纸这些传统媒体有优势的地方。

我做事宁可自己什么都不算里边，也要把这事做得漂亮。所以我的合作伙伴都特别高兴，永远在状态中。有的导演为了自己省事，揣本子走，他才不给你看本子，然后到那里状态好，录得就好；状态不好，就不到位。我是连群众戏都要参加的，这时候没有一个人可以说话，都在戏里边，他们永远在状态中。原来他们说叶老师那么认真，她肯定占机房时间最长，又得耗资、耗时间，她又抠戏抠那么严，没想到我这种方法做节目最快，永远让大家在状态中，你干这件事情就要投入。剩下的时间是你的，你干什么都行，但是现在做这件事，大家就按照这件事做。

我录第二版的《穆斯林的葬礼》是选择徐涛和李慧敏两个人对播的，他爱人就是穆斯林，他对穆斯林的习俗了如指掌，演播得特别投入，我们用了10天录了100集，他没有一天迟到，而且还早起买了早点，还给李慧敏带。其实他跟我合作多了，我们那个《非法智慧》是校园生活的内容，我录到最后一集还差3分钟，我自己算时间，但是你不可能替作者写3分钟的内容，我就说你们俩多加一点水词儿，但不要有任何痕迹，你们要把戏演足了，要把这3分钟给填出来。他们就给填出来，填得特别特别好，俩人的默契也特别强。而且当时是同期配的音乐，我们是里外监控能够看到彼此，我这边备好音乐，手这么一停，他们在里边就不能出声了。我先推音乐，再给手势，这时候语言就可以进入。那时人的注意力得多集中啊，而且那个感觉，很认真。

我跟你们讲一个道理：你就得按你的标准去做人做事，让人家跟着这个标准去做人做事。因为我跟好多演员合作，人家都会说这人怎么样，然后会说那人怎么样，我就听听而已作为参考。在我这，我只认你跟我交往，只认你跟我的缘分，咱俩有缘咱把事情做好，其他的事我不管，而且在我这，对谁都是开放的、包容的。但是你在我这个节目上，在我这个录音上，要认真。我们录《爱在上海诺亚方舟》的时候正好在9月阅兵式，我们18号播出，我们要抢在这前面做，时间难定，机房难定，他们演出又密集，他飞回来踩早上的点。我说徐涛你这次演上帝，你上帝得说话算数，你说一个准点儿，我们按你的时间排机房、排时间。人家全排了，没有一个落的。最后，其实我们还应该转天来再录，可有三集的量当天就给录完了，强撑着录完了，录到过了晚上12点。这些都是感人的故事。

后来我就发现一个道理，你得建立你做事的威信，在你做事的时候按你的规矩办，他们也会遵守。

课题组：刚才您说了好多次内在节奏，这个内在节奏是什么？是速度、语气？

叶咏梅：不是，是对人物性格的认识。比如说这个人的性格什么样，他是什么职业，他的语速怎样，他是急脾气，还是慢脾气，还是暴躁的？都要通过他内心的东西向外表达。他的急脾气怎么显现呢？通过他发飙，我们才知道他是急脾气。他没发飙的时候你也不知道，因为人家都不出声的时候谁也不知道什么脾气，但只要声一出，人物形象造型就出来了。这个造型要通过他在不同事件、不同地点、不同场合的表现来把握，他不会在所有场合都是一样的。

导戏中要明确这一点，对于演员来说，你要说服他，在他演播的那个点他应该驾驭什么样的情绪、什么样的节奏、什么样的内心，其实也就跟他所处的故事情节的具体状态有关。怎么样更好说呢？拿作品给你形容会更具体。

还有就是表现力，有的人表现力特强，比如说他到墓地，也许有的是爆炸的一声“娘”，也许有的是很低缓、很深情的，都让你落泪，都让你起鸡皮疙瘩，那这个演员就“到家”了。他内心的节奏和内心的感受能够表现出来，但这不是你规定的。高喊一声的人没准是那种性格，低沉的又是另外一种性格。有些男同志会是一种表现，女同志又会是另一种；孩子是一种，老人又会是另一种，那就是不同身份、不同情节、不同内心的内涵。还有好些层级、境界，比如说像居里夫人，可能她当时就不会哭，她所有的悲痛都是默默的，潸然泪下，但她会在日久天长的时间里，一点点、一点点地释放。

我觉得我之所以能够跟演员彼此在演播中对位和交流，主要原因是我喜欢创作，我自认为还能够吃透作品，能够理解作家的作品。所以每当这个书播完，他们作者本人听完都说是一种享受，都会说这部书我制作花了很大的心血。其实每部书都一样。这次上海的于强，他说他听了，也经历了我们所有的过程，他说演播真好听，自己的作品一下子被这声音的魅力升华了。所以我喜欢声音的原因就在这儿，它可以使原来不动情的东西变得动情，原来这个很一般化的人物，会被声音深深地打上烙印，让你不忘掉。

演播中叙事语言分的种类更多。叙事有场景描写、情节描写、心理描写，有各种各样的描写，你要根据作品本身在叙述部分的表现来确定演员用什么方式。如果是内心独白的话，肯定不能像平常那样，你得离话筒很近，用气声，用内在的东西去表现。如果是情节，你肯定要根据情节的节奏走，不可能像客观的、场景的、环境的这样去叙述，那就没节奏了。如果环境是很优美的，春的、秋的那种都可以，但也有很沧桑的。有心情融进去描写这个景的时候，你可能对它的力度和张力都要大一些。就不像普通的手法来描写，它会带着人物的情绪和本身的气氛来写。比如说，今天是奇冷奇冷的，可是这奇冷是真实的奇冷，也有你失去亲人的冷，你会记住这一天。它就会跟这个作品全部联系起来，这就是叙述语言的变化。为什么有时候播音员的识读能力很强，但是情感投入就不如演员？因为演员是角色演出，他会投入自己的角色里，但是演员又通常识读能力很差，录音会费劲。主持人语速又会很快。我们的目标是跟着作品的风格走，不是你想怎么样就怎么样，而是作品要你怎么样，你就要把它展现得、演绎得最到位。

课题组：我们课题组中有人认为语言的流动，比如起伏、流畅、自然是外在层面的，而有人认为语流更重要的是内在的目的性、方向性，所有的外在的表现形式是服从于内在的需要而出现的。您怎么看？

叶咏梅：你们其实都抓住了各自的要点，都对。要是不流畅，再有内在有什么用？外在流畅是基本点，而内涵的情感爆发和驾驭感、掌控力是源动力。外在流动、流畅、自然，这些应该都是基本的。

课题组：好的演播、好的作品、好听的作品，这个“好听”我们怎么把它细化一下，就是什么样的演播可以算是“好”的演播，可以算是“好听”的演播？

叶咏梅：客观要做到外在流畅、自然，主观和内在要达到真挚、真诚。你必须要有目标，必须有内在的东西。如果单纯追求流畅，播音员主持人都可以做到，因为他的基本功就得达到这要求。你别断句断错了，你别不自然，磕磕巴巴，否则，你怎么主持呀？但是光做到这一点我觉得只能打及格分。要演播小说、演播文学作品，这样的要求就还没达到。

你选的声音也得好听。声音的好听，不是说千篇一律，因为声音的美就跟音乐的 do、re、mi、fa 一样，那么多的音符旋律，好听的声音每个人都不一样。有些人愿意听古典的，有些人愿意听现代的，有些人愿意听摇滚的，每个人的口味不一样。但有一个标准就是审美要健康，别稀奇古怪。咱们其实自古以来留存的经典的东西肯定是美的，要不就留存不下来，而且有些留存都靠人的生命代价、历史代价、历史鉴证才留存下来，那肯定都是经典的，是美的。现在你再弄，你能创造出那样的吗？不多吧。所以我觉得现在如果我们放弃了这种追求，弄成特乱的，说唱也好，选材上也好，肯定你将来留不住，这个时代过去你也就过去了。你有本事留住历史？留住历史，就是留住最经典的，可以人人传播下去的。即便人家暂时不认可它了或者它暂时被人遗忘了，到头来还是会被人们拾起留存。历史是螺旋式的，就跟民乐一样，有一度没有人去学民乐，后来民乐上了金色大厅，这些年又回归了。你要相信好的东西它是会留存下来的。

课题组：小说连播可不可以算是一件或者一类艺术品？如果它算的话，我们怎样带着一个没有涉足过这个行业的人去鉴赏它？刚才您一直在提鉴赏力这个词，我们应该如何鉴赏小说连播?

叶咏梅:我一直认为声音艺术是一项事业,而且我一直特别自豪。好些人觉得谁都可以做长篇连播,后来我觉得不是。要做出你的东西来,要做出你的作品来,要留存住你的作品,那才是真正把它做成了艺术品。通过你的职业、专业、敬业,由你制作完成的作品能成为历史经典留存下来,这是我自己说的价值,这是人生的价值、人生的意义,能做到这个你就可以很自豪。他们20年后又来找我,为什么?就因为路遥这件事,其实这件事在历史上我觉得很自然、很平常。他们突然意识到当初谁录了路遥的声音,几年前,我和路遥共同的朋友叫白描,是后来鲁迅文学院的副院长。他、我、路遥三人都到《延河》文学编辑部办过刊物,我们那时候就结识了。他们老说得感谢一个人,是中央台的叶咏梅,功不可没。

课题组:您的作品一播出,给了路遥强有力的支持。

叶咏梅:对,陕西人都知道这个作品。当时他们都说,小叶你可帮了路遥一把。我跟陕西很有缘分,我以陕西为第二故乡。陕西文学积淀厚,它的整个文化都是那样的。

我刚开始还在中国广播文工团待了三年,跟陆天明在一个编导室里边。我有我自己独特的个性,只不过长篇连播正好挺适合我的这种综合能力。你要不搞创作,就不会对作家的作品这么理解,一般也就是看看书,送审。我每次都是投入的,对这个好与不好有自己的情感在里头,但是我的情感又不像别人,我都会按作品本身来判断,加上舞台对演员的理解。

有的编辑在半个小时里不知道让演员停机多少次,最后把人家演员弄得都不知道怎么播了。我从来不在录音间跟人家去谈这些问题,我先试播,咱们先定好基调,定好人物,你就照这个感觉走。我在录音间里,如果非停机不可,碰到那种读错的,理解错的,我会停完机之后说那个字你读白了,应该怎么怎么读,他就马上明白,不用再说了。我告诉他的同时,我已经把带子倒到他错的地方。因为他情绪全在他准备的状态里,我不破坏他的情绪。

课题组:您是给一个分析,而不是给一个提示。

叶咏梅:你说得特别对。导演不是演员。导演要去点悟,调动他所有的积累,找到他认为最好的声音,这样他才会如鱼得水。因为你是按书的分析去寻找人物造型,所以就要跟演员相辅相成,共同去完成作品。有的时候能听出来演员没有认真准备,我就会说不好意思,你是不是最近太忙了,我就说那咱们今天先不必这样勉强,要不录出来也肯定特别影响你的情绪。我会说你再做做准备,咱们下次再录。有过这一次,他就绝对不会再有第二次。为什么?因为这是演播,就像你们刚才说的,我们把它当艺术,这种不佳的状态下怎么能出来艺术品呢?

课题组:谢谢您接受我们的采访。

韩涛:优良的语言作品对儿童审美的形成与提升至关重要

专访嘉宾:韩涛

嘉宾简介:韩涛,曾任教于中国传媒大学播音主持艺术学院。儿童双语启蒙教育类媒体“Michael 钱儿频道”创始人,曾两次获得国家“五个一”工程奖、金鹰奖,同时获得中央电视台“台长特别奖”。自制声音 IP《超级西游记》,拥有百万儿童用户。

访谈时间:2016 年 1 月 12 日

访谈地点:中国传媒大学国际交流中心

参与人员:李峻岭、胡子豪、周思涵、胡津瑞、张馨予、王耀民

课题组:现在有很多业余爱好者在参与小说演播和一些其他作品的演绎,在各大平台上我们也能听到这样的作品。您觉得是否应该有一个管理体制和标准来进行规范?

韩　涛:这个问题我想了很长时间。我在喜马拉雅一直做主播,从给孩子讲故事开始,到现在有了许多听众,获得很大启发:讲儿童故事,尤其国外著名的像凯迪克金奖的绘本,比演播普通的成人小说更锻炼语言能力,因为它的阈限更大。我写了很多文章,录了很多给家长听的节目,都秉持一个理念:我决不会把孩子当孩子看,而是把他们看作和我一样的人,因为那些故事蕴含的哲理太深刻了。我录了上千本绘本,许多故事只有 10 分钟,最长的半小时,可这些故事中蕴含着丰富的人的情感、人生哲理。我不能轻易地去看待文字,更不敢轻易地去张嘴播文字,我要秉持着我跟孩子平等对话的态度来演播。演播对我的专业锻炼、历练非常大,阈限提升很大。

我听了很多主播的作品,许多所谓的“平民主播”不是学这个专业的,但有兴趣做有声读物,我觉得特别好。所有的主播都应该对自己的声音有深刻的了解,再去修正声音,语言基本功也要长时间地花大力气去练就,然后去适应不同的稿件、

不同的题材和体裁。

现在的问题在于,有很多作品是没法听的,尤其在儿童读物领域。我经常写些文章,呼吁父母们,请一定注意:在孩子的启蒙阶段,听什么东西对他的语言习惯、语言样态、待人接物、为人处世,都会产生影响。希望这个影响是方向正确的,审美高雅的,而不是让孩子去随便听。因为有声读物演播是个专业,是个职业,是个行业,它一定需要专业知识和专业功力的支撑。专业支撑,这是任何一个行业都不可能摆脱的因素,所以这个行业确实需要一定的门槛,确实需要一定的监管。从审美的角度来讲,从对整个社会风气的影响来讲,确实需要相关机构去做一定程度的监管。

从儿童声音市场角度来讲,我们也迫切地需要一个机构来进行审核和监管。从语言的标准、规范程度到给孩子呈现出来的态度,对孩子的影响,都非常重要。如果不加监管的话,就好像一间屋子没有门槛,进来之后才发现,原来楼梯在门里头,不是在门外头,进来之后你再爬楼梯。至于你能爬到什么程度,很多人不会想这些。他就觉得声音不错,我给孩子听一听。事实上这样会对孩子的语言习惯、审美发育产生多样化的影响,也有负面影响。

课题组:现在有很多新媒体,您知道哪些关于有声语言的 App?

韩　涛:荔枝、蜻蜓 FM,还有很多。手机上的 App 发展很快,而且每一个平台都有一系列的签约主播。这些签约主播本身的素质参差不齐,审美也令人担忧。作为新媒体,建立平台的人一般是技术出身,他可能更关心如何导入粉丝和如何导入流量。他可能对于一些噱头,一些所谓制造的、炒作的因素更在乎,因为能带来很多流量。你让他从语言的角度、从专业的角度评审,他没有发言权,他可能关注点也不在这个地方。所以,做技术出身的来做品牌,就是有这种矛盾。

课题组:如果让您选择一家平台去合作的话,更青睐于哪一家?

韩　涛:我一直在喜马拉雅做,没有其他的媒体平台。

课题组:您觉得喜马拉雅能够一直吸引您的优势是什么?

韩　涛:喜马拉雅的优势在于它不小众,它很大众,它的包容性非常强。我最早的时候,也想搬到荔枝去。荔枝界面很小资,给人感觉人性化得多,而且审美也更好,尤其听起来质量也好得多。然后喜马拉雅说你别搬家,你可以在别的平台做。我说你这个界面土,而且听起来清晰度也差。他说你不了解,中国很多地方,在田间地头上,很多老百姓,他们需要这种低流量的、能听见人声、能听见内容,不用 3G,不用 4G,用 2G 就能听的平台。他还说我们希望能让大多数有这种需求的人,都能够用手机听上他们需要的音频。

我挺感动的,一是他主动找我来沟通,他很尊重作为一个声音传播者的价值。二是他给我的理由很充分,因为我本身做这个就是本着给孩子讲故事的理念。开始给自己孩子讲,他很喜欢听,然后我就到网上办,让更多小朋友听。后来听故事的小朋友越来越多,觉得挺好听的,比别人讲得好。我想晚上很多小朋友是由我的声音伴着入睡的,我觉得很欣慰,很自豪。还有什么其他的诉求呢?没有了。所以就还在这个平台上做。

课题组:从您录制第一部作品,到现在有10多年了,您会有倾向地选择作品吗?

韩　涛:现在会有一些。比如说,前阵子录中央电视台的纪录片《美国商业大亨传奇》,讲美国历史上的建造者,像洛克菲勒、摩根等。那个纪录片有非常好的制作、非常好的人物刻画,词写得也非常好。那么我会放下其他工作,先全力来做这个,因为我觉得它是有意义的。就像以前李易老师,我们一块儿配纪录片,他解说一部有关二战的纪录片。他说这片子行文流畅、画面连贯,音乐搭配各方面都非常棒。录完了之后,他说我过瘾,听众、观众更过瘾。这是一个双赢的,一加一绝对大于二的效果。那我会主动地把精力放到这样的一些片子上来。

比如说前两天中央电视台播了迪士尼制作的《熊世界》,说的是一只母熊带着两只刚出生的小熊。制作者从冬眠出窝就开始拍它们,到它们跋涉去寻找食物……配音时还要角色扮演,要扮演两只小熊,还要扮演妈妈,在纪录片当中由一个人来做这很少见。迪士尼做的片子非常精细,非常有社会责任感。但同时,又会让人很容易进入它营造的氛围,特别好。我当时也有些别的工作,但我先顾这个片子,希望能把它录好。还是那句话,你自己不动心,你指望别人动心是不可能的。你动5分心,指望你的观众动10分心,动8分心,那是痴心妄想。你动10分心,尽12分的力,你的观众可能动五六分心,觉得眼前一亮,可以听一听,已经很不错了。

课题组:很多人录了不少片子,但是他可能一直在重复自己。您觉得怎么样避免这种对自己的重复?

韩　涛:我觉得是理念不对。就像我每次拿到一篇稿件,我首先会想,我为什么要播它,它哪个地方能打动我,哪个地方真正让我借着我的人生经历来跟它产生共鸣,继而产生强烈的播讲愿望。我如果没有很强烈的表述欲望,不能跟这个片子建立质的联系的话,那我不会张嘴。但是这个很难,也就是说你要首先逼迫自己跟它建立联系。你要不断地去重复,就跟你不断地练基本功一样。每次拿到一部片子,你脑子当中想的是什么?这个是绝对不一样的。

有了很强烈的播讲冲动之后,我会想一想我的观众现在在干什么?我的听众他们在干什么?他们会怎样看待我即将出口的这篇文章。我应该跟他们的距离是怎样的?我怎么跟他们说话?是悄声的、自信满满的,还是委婉的?我永远把听众放在心里面。最后我才想,在表达技巧上面,我能不能做一些雕刻和修饰,在具体播出当中,哪些地方我可能多留意一些,我的分寸感、火候应该怎么去调整一下。

一个人,站得多高能看得多远,看得多远能走得多远。你如果走的路不正确的话,与行业、与专业、与成功背道而驰,那就永远是原地踏步。

当你真正明白我是干什么的,明白我与谁同在,明白我为什么要这么做,明白我的声音到底是干什么用的,我练基本功到底是干什么用的,才能转变思想,才能踏实。

没有量变到质变的过程,你就体会不到做一个有声语言工作者的快感、成就感、满足感。你想论剑,但你只有一把大锤,你用舞剑的套路抡大锤是不行的,所以你永远舞大锤。你的储备库、兵器库里就没有剑,所以你只能拿一把大锤一天到晚到处抡。对所有的稿件,对所有的体裁都用一个模式,你觉得可行吗?

在国际上有一个"一万小时定律",就是说,无论掌握哪一项专业技能,比如说钢琴、小提琴,还是哪个专业领域的工作,都要经过一万个小时心无旁骛的有效练习。你测算一下,差不多三年时间。这样你才能一一贯通,对这个行业,对这个职业,产生一个全新的认识。换句话说,台上一分钟,台下十年功,这是什么意思?就是下意识,就是你把那些正确的语言习惯,停连也好,重音也好,情景再现也好,把它变成一种下意识。就是不用你动脑子思考,你只需要把所有的功夫、所有的精力都放在你的内心当中去,表达你内心的感受就可以。但是这需要一个非常强大的基本功做支撑。当你有了基本功做支撑之后,你就指哪儿打哪儿。

课题组:在您从事配音的十年中,发生的变化也特别多。网络时代、新媒体时代给小说演播者、纪录片配音员会造成什么影响?是冲击还是机遇?

韩　涛:我真的觉得挑战和机遇是并存的。挑战是大多数情况下都有的,机遇是需要你自己去探寻的,每一个从业人员都应该有这份危机感。比如说咱们这个专业和咱们这个学校,真的不再是从象牙塔里出来的所谓正规军了。举个例子,以前咱们去大的门户网站做视频主持人、音频主持人,觉得总是离我们所谓真正的"大一线"——中央人民广播电台、北京人民广播电台、中央电视台、北京电视台有点远,总是觉得我学了这么长时间的专业,到网站上跟很多不是学这个专业的人在一块儿做直播,觉得发挥不出我真正的专业技能来。但是你不得不承认这样一个现实:乐视、腾讯视频,大量的自媒体、微信公众号,不用借助任何的平台,自己就可以发音视频。网络时代已经切切实实地走到每一个人,尤其是每一个从业人员的身边了,使你不得不正视它。

课题组:您在演播前、演播中,都会想到观众、听众。在演播后,您会再听一下观众、听众的反馈吗?有什么途径?

韩　涛:一篇稿件,你播得怎么样,自己心里面基本是有数的。你首先问自己,你尽了多少力?再者,你觉得自己对这篇稿件完成得如何?是否诚意十足?你播完了之后,自己觉得来不来劲?如果你自己觉得别扭、纠结,甚至掌控不了,那你的观众是什么反馈？即便他再说你好，那我觉得你自己心里面也知道。语言艺术真的是一个缺憾的艺术。每次你播完了之后，回想一下分寸、火候，觉得再强调点就好了，再去拖得稍微长一点点就好了。就是这样，不断地去推翻，建立，再推翻，再建立。你推翻一次，建得就高一点；你再推翻一次，建得就再高一点。

课题组：您从事过小说演播、纪录片解说、影视配音，它们有不同的创作方式，您怎么来定位自己？

韩　涛：我觉得我就是一个普通的有声语言艺术领域的小学生和工作者，真的就是这样。每次你播得越多，你就越觉得差距越大，觉得战战兢兢、如履薄冰，而且越着急。有时候我希望跟家长普及一下，你怎么看待孩子语言习惯的养成，你怎么从娃娃抓起，一个好的语言习惯对这个孩子会产生什么有益于终身的影响？你要跟他讲清楚这个很难。他们总会问，你这个好声音是天生的吗？你这个声音多醇厚啊。我说我可以变啊，你想要什么样的声音我都可以变。但他就会把所有的注意力都集中在你呈现出来的外在表现的声音上。至于其他，他完全不理解、不了解。所以你着急啊，这个普及工作需要有人做。我就跟家长说，在国外，家长是非常重视孩子从小在公开场合演讲的表现力和感受的，从小就会一以贯之地去铺垫，去有目的、有意识地教授他们。所以，美国人在这个领域比咱们中国人要重视得多。

课题组：好的，谢谢您接受我们的采访。

吕鲁波:有声读物要照亮人心

专访嘉宾:吕鲁波

嘉宾简介:吕鲁波,毕业于首都师范大学中文系,现任北京文艺广播《小说连播》栏目编辑。

访谈时间:2016年4月27日

访谈地点:北京文艺广播

参与人员:阎亮、孙良

课题组:一部小说的录制周期大概多长?

吕鲁波:这要根据书的长短。20万字以上的长篇最少也要录二三十讲,差不多需要一个月的时间。最长的像《大清帝国》有上百万字,我们就签了第一部的合同,两本加起来大概也有六七十万字,一共录了180讲,听完的话需要半年。还有的像《明朝那些事儿》,300多讲的也有。

课题组:请您介绍一下《小说连播》这个栏目。

吕鲁波:20世纪60年代就有这个栏目了。在广播电台里生命最长的栏目除了新闻节目,就是《小说连播》了,编辑、演播者都有好几代了。我1998年进入电台,做一些文学节目的编辑,到2007年接《小说连播》,到现在也8年多了。前面那几任编辑都干了十几年。还有像曹灿、张筠英都是老演播者了。

课题组:现在北京台的各个频道,是不是都有一些类似于《小说连播》的节目?

吕鲁波:对,我们现在好几个台都有。像文艺台、交通台、故事台、新闻台四个频率都有。

课题组:北京文艺台的《小说连播》有什么特点?

吕鲁波:我们播出的时段主要在中午半个小时,与评书节目连在一起,可以一边吃饭一边收听,而且有固定的听众群体。选书类型上要主流一些的,避免太偏、太类型化。另外,故事性要强一些,如果还能兼顾北京这个地方的特色就更好。还有一些获奖的作品,茅盾奖、老舍奖的,如果适合也会播出。

课题组:好的作品应该是怎样的呢?

吕鲁波:首先这部作品自己要喜爱,要有感动,要有收获,绝不能一味地跟着市场上流行的风潮、书潮。我们有常年合作的出版社编辑,有了好书也会推荐过来。还有一些自己平常积累的某些作家的作品,他们的书笔法很传统,善于描写人物、刻画性格、写故事。一部小说有人物、有心理、有环境,这才能让听者享受。

20 世纪八九十年代有的小说非常好。《小说连播》栏目依托的就是书,就是作品。这方面跟影视剧创作不一样,我们不能随便乱改。我们基本上是从头到尾全用,个别需要改动的就是它的语言方式,改成更口语化的表达。这种改动要少,也要跟作家沟通好,作家同意了才可以改动。

课题组:电台的制作与网络平台比如喜马拉雅、蜻蜓 FM 有什么不同?

吕鲁波:网络平台中个人爱好者比较多。个人爱好者多,随意性就强了。有许多业余的演播者水平还不够高,作品的选择也很随意。比如,有个爱好者在网络中播了一部《沙僧日记》,他自己播得很过瘾,但拿到《小说连播》这样的节目中是不可能播出的。

网络平台有时候直接把我们的节目录下来搬到网上去,比如《海外剩女》,网络上就比我们晚一周,我们刚播出 10 集,一下子就有 9 家网络媒体在播。我们也无法追究其法律责任,一是个人没精力,二是有的网络公司老板还与我认识。

网络上的小说演播有很大的随意性,许多作品播了一半就不播了,换别的作品。而广播电台,作品是完整的,而且一听,在作品选择上确实有门槛,这就是一种权威性。

演播者也需要专业的。好的演播家会用声音表现形象,把人物形象塑造得活灵活现。差一些的,只凭着一股热情,只能听出一种真诚,录一段时间就没气了。好的艺术家像翟万臣酷爱演播小说,他本身也是话剧演员,声音条件各方面都好。他说他演戏顶多演一个角色,配音顶多配三个,最多再弄个群众角色什么的,但演播小说,一部小说都是他一个人,他说太过瘾了。

我们北京人民广播电台的一个播音员晏积瑄,她本身很喜欢读书,又知道听众要什么,比如这个地方必须加戏,或者那个地方不能减分,这是一种创作欲望和手段。

许多好的演播者是做配音、做表演出身的。包括中国传媒大学的李立宏老师,对声音有要求,经过科班训练,能一口气录 10 集,声音不会因为疲劳而沙哑;田洪涛老师 66 岁,已经退休了,气息仍然特别稳,连录 12 集都没问题。他们这些艺术家对声音要求特别高,对作品要求也精益求精,这些都是从前辈那里继承来的。

我们台有个叫左小群的喜欢小说演播,她就比较肯钻研这个。她演播时走心,不止用一种声音模式,所以出来的效果就不一样。她讲故事的语言感觉特别好。

课题组:我们这个课题是关于新媒体环境下有声读物的播读评价体系研究的,您怎么看建立评价体系?

吕鲁波:从作品出发,评价体系比较容易建立。作品首先要有一个相对完整的情节,总的来说是现实主义的东西比较适合。像什么《虎妈猫爸》那样的书我们还不能选,有时候它会引起强烈的争议。还有一本书叫《小别离》,是作家出版社出的,刚播完。作者是鲁引弓,南方报业集团的一个副总,他有特别多的素材。作品背景是比较富裕的南方小城市,主要讲小孩从初中毕业上高中,父母就琢磨着怎么运作孩子出国的故事。这部小说是晏积瑄演播的,那么短的书市场占有率达到30%以上,这几乎是没有过的。

课题组:刚才您谈到了作品,演播者是不是也应该有标准?

吕鲁波:有标准,比如必须具备语言能力,这是最基本的要求。要能驾驭角色,不论是演好人还是演坏人,都应该绘声绘色。遇到长的描写、描述、记叙、心理等,也应该能驾驭。缺乏这方面的专业训练,是不容易演播出好作品的。

课题组:您觉得编导跟演播者是一种什么样的关系?

吕鲁波:其实编导对演播者的指导性并不大,因为演播者都是很成熟的,有经验的。我们更多的就是给他们服务,只是有时候某个人物塑造得不太好,或者速度快慢不合适,我们适当提醒一下。

课题组:现在网上很多都市、爱情类的小说特别受欢迎,您怎么看?

吕鲁波:对,特别受欢迎。所以我们现在连播的类型化小说也有,有推理、悬疑的,有都市爱情、武林、历史的。这就要求《小说连播》也要突破,也要想办法,因为受众在变。我们的编辑可能岁数大了,思维固定在这儿是不行的,听众都有各自的需求,不能把内容弄得太窄。

课题组:您对这个节目主要的收听群众的年龄段、职业背景、收入、教育程度进行过调查吗?

吕鲁波:有个调查,300 个样本,最后统计出来的数据给我们。比如《圈子圈套》那个书,是讲职场的,收听率明显掉下来了。一般文艺台这个节目的收听率都在20%以上,它掉到平均18%和19%,这就需要对数据进行分析了。后来我们又把听众细分,发现年轻人群的收听率是高的,而年老观众的收听率下来了。通过数据我们大概就知道节目收听率的起起落落。

课题组:您觉得要做小说连播,一个好编辑应该有哪些基本的素质?

吕鲁波:也还是从两方面来看。一方面是作品,小说它属于虚构类,不是那种纪实的、历史的东西,它的根本属性还是文学性,它要有文学的审美价值。那些听者,包括读者,要对文学作品有一些感悟。一部好的作品,不仅要震撼人心,还要照亮人心。要达到这种震撼,对作品、对自己要有爱、有追求,而且还要有辨别的能力。

课题组:能读得进去,能被感动,最后还有一些价值观被影响。

吕鲁波:对。作品是一个方面。那演员这方面呢,其实更多我们也不可控,就是想控制,也比作品差得多,因为好的演播者不多。

赵岭算比较成熟的,播过作家出版社的《原罪》,讲的是法律系统腐败的故事。还播过方方写的一个非常好的中篇,叫《涂自强的个人悲伤》。其实这本书写的不是个人悲伤,是指这一代年轻人的悲伤,讲的是农村大学生涂自强,大学毕业留在城市里工作,他这一路没有一个明显的坏人迫害他,都是热心人帮他,老师也帮他,同学都尽可能帮他,最后还是死路一条。方方写得很绝。赵岭演播的时候他自己都感动极了,他说我念了那么多东西,念这么一本我就觉得够了。他说写得太好了,有社会价值。所以演播者自己的价值观很重要,这个价值观不光是人生观,也包括他认为什么样的文学作品是好作品,还包括他可能已经形成的自己的欣赏趣味。

课题组:好的,谢谢您接受我们的采访。

Be My Guest“为你读诗”:营造诗意生活给灵魂片刻自由

专访嘉宾: Be My Guest“为你读诗”潘杰客、张炫、李琳

嘉宾简介:潘杰客,Be My Guest“为你读诗”创始人、美国哈佛大学 HKS 中国校友会创会主席,毕业于美国哈佛大学肯尼迪政府学院,曾先后任中国国家建设部机关党委宣传部副部长,美国中美文化交流基金会主席,德国奥迪汽车集团大中华区营销总监,梅赛德斯-奔驰(北京)中心执行董事、总经理,香港凤凰卫视资讯台首席财经评论员兼主持人。

张炫,Be My Guest 合伙人、总执行人、高级定制活动设计师,毕业于北京师范大学中文系,长期从事以音乐、诗歌、艺术为主题的晚宴、音乐会、沙龙设计工作。

李琳,Be My Guest“为你读诗”高级责任编辑。

访谈时间:2016 年 6 月 21 日

访谈地点: Be My Guest“为你读诗”总部

参与人员:曾志华、潘洁、孙良、赖冬阳、卢彬、胡子豪、周思涵、胡津瑞、张馨予

课题组:我们今天来是带着问题来的,第一是为什么一个 App 现在的粉丝量能达到几百万,第二是把“读”和“诗”怎么能够完美结合,我们觉得有太多值得探究的。首先还是请潘先生给我们介绍一下“为你读诗”吧。

潘杰客:不知道大家都看过我们这个“为你读诗”的宣传片吗?

(放视频)

潘杰客:“为你读诗”的名字,最初的创意是张炫提出来的。

张　炫:对。我们是 2013 年 6 月 1 日诞生的。它诞生之前有一个背景,推出的平台叫 Be My Guest,这个平台是潘先生创立的。在十多年前,我们就一直想做一件事情,想为中国和海外的精英创造一个非商业的社交平台,就是大家在一块儿

不要老谈生意,而是做一点有关文化艺术的事。所以我们在过去的十年里就做了一件事情,每次只邀请大概三四十位各行各业里非常卓越的人聚集在一起,每次聚集必然会有一个主题,必然会有一个全部由嘉宾参与的小型音乐会。这里面我们曾经做过歌剧,做过很多西方器乐的演奏,包括一些中国艺术方面的东西。

后来我们发现一个很有意思的现象,就是只有在做诗会的时候,大家参与度最高,因为其他的艺术门类门槛都很高,只有读诗这件事情是人人可参与的。而且,哪怕他以前从来没有接触过诗歌,只要他一参与,他的感受、他在现场给别人的感受和互动的感受都不一样。由此,我们想能不能不要仅局限于我们三十个人才能感受到的一种氛围,能不能让更多的人参与进来。就在有这个想法的时候,微信公众号出现了,所以我们算是比较早的一批借用微信公众号来做的人,我们酝酿的时间并不长,大概一两个月,有了这个想法立即就做了。所以从 2013 年 6 月 1 日起就开始了。我们当时主要考虑的是能不能通过跨行业的人的参与,让诗歌成为不只有主持人、朗诵家、诗人参与的一种文学体裁。

再有,我们希望通过"多艺术方式的表达",使更多艺术的东西能够通过潜移默化的方式传给大家。因为"为你读诗"它想传递的是诗意,所以一开始的时候,我们节目的形态就是一首诗。首先,它需要一个人来读,同时它需要有一幅画,我们最开始的画都偏向于经典的,以油画为主,后来才有多样的、其他的画的形态介入。其次,要有一首非常好的音乐,这个音乐一定是能起到烘托作用的。据我们了解,之前的配乐朗诵,音乐形态比较少,所以在我们开始做的时候,大量地从全世界"淘音乐"。我们通常不叫背景音乐,而叫作读诗音乐,我们希望音乐和诗是相和的。所以每一次必然要对音乐作品做介绍,它的配器,甚至哪个作曲家、哪个演奏者、出自哪张专辑都是要介绍的。我们的想法是,播出一首诗,同时让我们的用户了解到绘画、了解到音乐、了解到一个人、了解到声音。最后,我们还有一套主张,就是通过跨媒体的方式传达诗意,而不仅仅通过舞台表现,新媒体是其中一种手段,所以我们从诞生到现在一直在尝试用更多的媒体方式来传播。我们希望大家不仅仅通过广播电台、FM 的平台、"为你读诗"的微信、"为你读诗"App 接触到诗歌,未来包括航空公司、滴滴,我们都想合作,甚至我们考虑过跟星巴克合作,我们想象中一切只要可以通向人的渠道,都希望能让大家与这些诗意的东西邂逅。就是这样的想法,支撑我们从 2013 年 6 月 1 日到现在,每天一首。

最早的时候也有人问过我,你们为什么不两天播一首,或者是每周播三首,为什么要给自己这么大的压力?我们觉得读诗是一个仪式,每天我只给你三分钟的时间,也不会太长,三到五分钟之内这个节目肯定会结束的。但是每天晚上十点我有一个仪式,这个仪式让大家在此刻,晚上十点和你自己的世界有一点距离,你在此刻可以回到内心的世界。基于这样一个想法,无论如何我们一定要每天都做,每天宣告我们的存在。结果很有意思,我们发现:从一开始,有很多跨界的人参与。到后来,越来越多完全和诗不搭界的人开始参与到读诗里面去。大家发现原来读诗是可以成为生活中的一件事情的。那么多的读诗人,他们并没有名人的标签,其实就在干读诗这样一件事。

我们读诗已经三年了,我们在过去的两年里,都没有主动地去曝光,完全是让它处在一个自然生长的状态。所以在过去两年时间里,我们都不对外做主动传播,都是被动传播的。也因为这样,使得它有了一个比较好的生长基因,它不是打药催熟的,它是通过一个自然的状态发展到现在的。

前两天我们做用户运营的同事给我发了一个我们的用户肖像,他用了一句话总结:有华人的地方,有网络的地方,就有"为你读诗"。因为我们发现,可能在毛里求斯还有一个人在听"为你读诗",所以这是让我们去做这件事情的动力。现在加入"为你读诗"的嘉宾,也几乎是跨越了各个行业,至少有五六百位以上的嘉宾。所以"为你读诗"有一个定位:以诗歌为纽带,连接人和人的一个国际文化艺术交流平台和诗意生活方式的分享平台。这个人可以是任何人,所以我们大家有时候会关心说,"为你读诗"关注的是谁,如果大言不惭地说,我们关心的就是人。我们觉得他可以跨越他的职业,他的年龄,他的财富,或者受教育程度,只要拥有一颗柔软的心,都有可能有一天成为我们的用户。所以,基于这么一个比较大和夸张的想法,我们就做到今天。

我们的听众也非常广泛,年龄跨度也大。八九十岁的老人在听,三岁孩子也会跟父母一起听,受教育程度非常高的人在听,甚至可能有国家级、部级领导也在听,他们都对我们的节目如数家珍。也有在家里种果树的农民,或许他的生活里面曾经埋过这样一颗种子,可能由于什么原因终止了,但是他还会来听"为你读诗"。所以我们很高兴,说明我们关注人的这个概念还是对的。当然,这些大量用户里面,肯定还是有一批核心用户的,这批核心用户会有一些共同的特点,现在我们也在研究,究竟什么样的用户是我们最核心的一批用户。

除了现在大家看到的"为你读诗"App、"为你读诗"微信号,我们从来不把自己定位为一个读诗的平台。刚刚说两个关键词,一个是国际文化艺术交流,另外一个是诗意生活方式的分享。关于国际文化艺术交流,我们做了很多的尝试,我们跟各个国家的大使馆、跟联合国教科文,未来还有更多的国际机构都在产生各种各样的联合。所以事实上,文学走向社会,它会关注社会、历史、未来的使命。另外,我们称为"诗意生活",因为我们认为读诗只是诗意生活的第一步,是我们可以迈开的小小的第一步。后面还有更多诗意生活的东西,我们希望大家可以迈开步子,有方法去享受,那么这就是后面"为你读诗"要去做的。

潘杰客:我们的微信有两百多万粉丝,App刚推出来,现在还不到两个月,已经将近30万的下载量了。不到两个月,没有做任何推广,30万的下载量对于一个新款的App来讲,是非常高的一个下载量,而且下载量还有一个转换率。转换率就是说下载之后,我要把它变成注册用户。这个注册转化率,从一开始的50%,一直到现在,都保持在20%到30%之间。我们这个App的转化率目前是在初期,确确实实很高,但是能够高到这种程度也说明我们的粉丝可能对于我们的黏性比较高。

我们另外一个平台就是全国的广播电台联盟体系,我们计划今年年底的时候,至少在全国一百家广播电台推出"为你读诗"的节目。我们现在已经在中央人民广播电台、中国国际广播电台,以及北京、天津一些地方都落地了,正在全面开花。

我们还联手网络电台,比如喜马拉雅、荔枝、蜻蜓、考拉等,在中国所有的FM全都落地了,而且都是它们的头部内容。

还有一种渠道就是我们线下的图书出版物。去年我们就做了"为你读诗"的第一本诗集,基本上是创造了诗集出版领域里的一个奇迹,我们在一个月单一渠道就销售了一万五千册。今年我们还将做第二本以及其他的图书,这是我们的出版业务。

张　炫:其实出版业务有一部分就是有声文学。

潘杰客:有声文学、有声读物。"为你读诗"要做很多的有声读物,比如儿童、老年人、残疾人,划分了不同的细分市场,然后再去做。

另外一块我们做得历史最长、自我感觉也比较好的就是我们的线下活动。线下活动是我们推广的一种方式,也是推广的一种渠道,我们做了十多年。我们从一开始的高端活动,到现在开始进入大众的活动、粉丝的活动。比如说刚刚过去的今年的世界诗歌日(3月21号),我们在3月20号进行了世界诗歌日的线下活动,北京的主场是天桥艺术中心,不到两千人的一个地方。但是在同一时间,我们在全国一百多个城市也举行了线下活动;在海外的一百多个城市,举行了线下的音乐诗会。这个事情我们都很惊讶,我们没有想到全国各地的粉丝自发地按照我们的号召,在那个时间、那个地点、按照我们的主题来进行线下的活动,这是我们非常感动的。所以说,我们现在把它以体系化、系统化、科学化的方式进行管理。这个就是"为你读诗"的传播渠道。

未来的发展就是要集中精力,进一步把品牌打造扎实,进一步塑造品牌的形象,扩大粉丝的队伍。过去我们在这方面做得太少了,一直是以内容取胜的,在推广、宣传、营销方面基本上没有做什么事情,都是守株待兔型的,都是被推广的。所以在未来,我们App、微信、活动、媒体等的推广要从零开始。"为你读诗"现在的几百万粉丝基本上是靠口耳相传获得的,我们没有花过一分钱,所以说我们用户的黏度特别高,这是值得骄傲的地方,但也是我们的弱点,我们应该加大我们的推广和宣传力度。2016年下半年,2017年一年,我们希望能够达到千万粉丝的量级,这是我们最核心的目标，也是我们最重要的事情。

在内容方面，“为你读诗”读的诗不仅仅是诗歌，更重要的是诗意，诗意的生活、诗意的情怀。所以将来在“为你读诗”这个平台上，能听到的远远不只是诗歌，而是诗意的各种各样的内容。这里头也包括散文、小说、电影片段、家书、对话，什么样的东西都有可能，但必须满足一点，就是它一定是有声的。

课题组：我们刚才听到一个词觉得特别好，就是邂逅。当下人们生活都比较急躁、焦虑，活着也的确不容易，所以偶尔有这么一些诗意的句子、音乐、画面闯入我们的眼中，这种邂逅真的会带来一种改变。“为你读诗”之前不主动去做广告，只是守株待兔，但是居然有那么多人过来，证明每个人的心里头都有这么一种渴望，说明这是一种便利，你便利给我了，我就拿到手了，也许我就接下去了。

潘杰客：我们其实不是不想推广，第一我们没有钱推广，第二我们没有渠道推广，第三我们不知道怎么样去推广，所以我们就没有推广，我们其实是非常想去推广的。

课题组：我们觉得“为你读诗”最早好像是被你们养在闺中的，能这么理解吗？那么现在要通过各种渠道，包括网站、App、微信号去推向大众，这里头有没有一个思路的转换？

张　炫：Be My Guest 它过去追求的是私密和定制，这两项核心的东西对于“为你读诗”的成长非常有意义，这是“为你读诗”与众不同的很重要的原因。虽然我们之前每一场活动服务的是三十个人，但是我们有一个非常核心的原则，就是利他。我们一定要让所有人感觉到非常舒服和自由，而且需要维护这种私密感。我们在做“为你读诗”的时候，会跟所有的嘉宾讲，在录诗的时候，一定要觉得你是录给一个人的，你按照夜晚十点录给一个人的感觉去读，你不要觉得你是站在一个大舞台上，你对着一万个人或一千个人在说话，你也不要觉得好像你现在这话一说出去有几百万人在听。所以我们在读诗的核心上来讲，它已经追求私密感了。

潘杰客：他是为你，你是一个个人，甚至是你自己，是独享的。

课题组：这也是充分地运用了手机这种新媒体的形式。

张　炫：我们做了非常多的舞台演出，其间有一个感受，就是舞台演出永远让我这个观众觉得我是和一千五百个人在一起，我觉得这种感受是不对的。我一定会让你觉得你坐在会场，只有剧情告诉你，此刻有很多人和你同在，你才感觉大家和你同在。我们认为这种引领的方式是更好的，所以我们线上的节目也好，线下的活动也好，做每一个微小的东西，始终追求一定要让对方觉得第一是惊喜，第二是订制，对象感非常强，他会有意想不到的小细节的收获。所以我们常常用一句话说 Be My Guest 或“为你读诗”俘获人心的方法，就是靠一些细致入微的小细节。

课题组：“为你读诗”请了很多社会知名人物来做嘉宾，除了他们的社会知名度之外，还有其他的考核标准吗？

张　炫：首先他得想读，这个很重要。他要不想读，他再有名我们也不要。比如说我们需要对方调到一个状态，这个事情他得认真去做，他不是单纯地读。最早的时候，因为“为你读诗”粉丝量不大，所以大多数来做的人就是想读的人，我们发现很多嘉宾愿意在这儿花一个小时，甚至是半天的时间，就弄那么几个作品，很放松。前两天陈数在这儿录制是盘着腿录的。

课题组：这里有录音间吗？

张　炫：就在这儿，一个比较简陋的地方，不是很专业的地方，但我们会给嘉宾制造一些气氛。我们发现邀请的时候嘉宾愿意花时间参与这件事情是最重要的，我们也发现很多嘉宾愿意一个小时就读一首诗。但是假如说这个嘉宾把它当成一个宣传平台，你们能不能在我拍戏的时候给我十分钟读书，那我会拒绝，你必须要拿出足够的时间和诚意来做这个事情。而且我们本身做得很专业，比如说我们给大家选诗，所有的诗不是随便从网上扒下来的，我都要核对文本，选完之后老师们也要提前看，我们的编辑还会标出可能会读错的字音，甚至还会提供背景资料。大家都要做很多的功课，我们的录制老师也要做很多功课。

课题组：不让嘉宾在拍戏现场录，这是一种敬畏心，就是对于这样一件事情，我要教导你要有敬畏心，而不是在拍戏现场，拿手机随便录。

潘杰客：手机我们也还是接受的，但是要在特别安静的地方，不仅是环境要好，重要的是他自己的心要静下来，他静不下来，是读不好的。

课题组：也就是说嘉宾朗读的作品一般是“为你读诗”提供的，而不是他们自己的，还是都有？

潘杰客：都有，双向沟通的结果。

张　炫：我们有一个专业的团队，可以为他们提供更多的可能性，其实每个人都希望邂逅新的东西。

课题组：刚才您提到读诗的那些嘉宾一般是来这里的录音间录，也会有在自己的空间里读的，但有一点就是必须要心静。如果他不是特别静的话，要用什么样的方式让他静下来？我们经常碰到一些问题，就是现在的嘉宾来源广，很多不同职业的人都会有浓厚的职业身份感。他来到这个地方以后，他还是带有他的职业身份感。比如说一个老总，他总觉得自个儿还是一个老总；比如说一个大腕，他总觉得自己还是一个大腕。我相信肯定会碰到这样的人吧。怎么让他抛掉职业身份感？你们是怎么做的？

李　琳：事实上，真正非常有意愿来参与读诗的人，他们就是一个诗意的人，他们有想要读诗的愿望，就会放下所谓的一些头衔、称谓，只是作为一个人，单纯爱好诗歌、喜欢朗诵的人参与到里面来。所以像刚才说到有两种类型的嘉宾，一种是到我们这里来录制,另外一种是他们自己录制。前一种,我们在跟嘉宾进行前期沟通的时候就明确说,如果您的通告特别赶,那我们这次就先算了;如果您能够抽出时间,我们建议至少一个小时、两个小时,咱们来录一首两首作品,您同意的话,我们就确定这次录制。如果是他们自己录的话,我们也是先给出一些温馨提示。

至于怎么能辨别他的心是否静下来了呢,我们觉得,如果专心投入到一件事情里面去,是可以通过声音、情绪感受到的。

张　炫:我们敢于说“不”,跟任何人说“不”。其实这是双向的。我觉得第一个问题,就是如何让嘉宾静。以前 Be My Guest 就有一套方法,让所有来到我们这儿的人忘记自己。这个工作方法延续到“为你读诗”了,我们通过一整套严谨的邀请方式,让嘉宾重视这个事情。比如说,我跟这个嘉宾再熟,也不会给他打一个电话说“你给我弄首诗吧”。这事不能干,我一定会跟他说:我们做了一个什么事情,是一个什么情况,我希望你能参与,包括后面有很多的要求。我们安排了很多接待的工作,当然我们接待他们也有很多细节的要求,比如说,每个老师一进来,突然发现这不是一个想象中的录音棚,我们可能会弄一些鲜花,做一个相框,上面写着他的名字,下面一句话就是他今天要读的那句诗。然后他一进去坐下来,我们也会主动给他介绍今天录制的老师是谁,这样他不会对我们录制的老师产生不尊重的心理,他不会觉得你就是一个录音的。

课题组:现在有 App,有微信,每一天、每一部作品有多少人点击肯定是一个波动的状态,那么这种点击量的数据,对以后选择作品和选择读诗的人会有影响吗?

李　琳:我觉得可以分两块,我们的微信和 App 本身定位是不一样的。我们对于用户要进行画像。微信方面,“路人转粉”这个过程起了很大的作用,我们主要的、深度的、互动的用户可能会转移到我们的 App 上来,所以微信里节目的数据变化,对于微信“路人转粉”有很大的借鉴意义。我们的编辑团队对整个内容的构思和改版,都是根据这个数据来进行的,这是一方面。另一方面,本身我们 App 内部的后台数据也有这么一个功用,但是我们可能聚焦点不一样,我们的聚焦点是在做深度的用户画像和粉丝使用,这个数据是起指导意义的。

课题组:微信和 App 的内容几乎每天是完全一样的吗?还是说它们的核心内容会有差异。

张　炫:核心内容是一样的。比如说,一首诗,这是一个传统,所以在 App 上面还是会继承,但是将来 App 上会增加更多的互动,让更多人可以参与进来。因为现在微信毕竟是单向的,App 里面会增加更多有意思的参与内容。刚刚提到说数据会不会对我们诗歌作品的选择和人的选择产生影响,我觉得也是要辩证地来看。因为我们一直认为,你是谁你就会吸引什么样的人,所以有时候我们会辩证地看这个问题,是这个东西不好,所以它的点击量低,还是什么别的原因,我们会来分析。

我们不会片面地说,OK,这个内容点击量高,我就拼命地上这一类内容,比如说爱情诗点击量高,一天到晚上爱情诗,人家也会崩溃。我们更愿意成为一个引导者,而不是简单地跟随数据去波动,然后随时改变自己。数据的变化是一种参考,是会看到一些问题,所以我们在分析数据的时候也是比较全面地来看,不能看单一的一条线。

潘杰客:我们肯定会参考数据,但是做任何事情有一个初始之心,所以说在初始之心这一块,我们这个团队把握起来还是比较恒定的,就是希望能够传播的是诗意的,传播的是柔软的、是安静的、是艺术的这些东西,而不是追寻那种大起大落的、今天是网红明天就销声匿迹的东西。我们身边聚集了这些人,我们现在要做的是要把更多的这样的人给挖掘出来,而不是把那些不符合这种气质的人团结在我们的周围,这就是我们的初衷。

张 炫:整个"为你读诗",我们原来用过一个词,就是很"克制"。这个克制体现在特别多的方面。因为这种克制,可能也赢得尊重。我们介绍嘉宾从来不用"著名"两个字。

课题组:您刚才说的是一种低调文化,我们能够感受到就是整个公司里头,包括你们呈现的作品,也都是一种低调的奢华。但是就像潘先生刚才说,接下来要做的是黏合更多的人,要聚合更多的粉丝,这其实就有一个营销和推广的工作要做。但是,营销和推广就必须要高调,那低调和高调怎么样融合?

潘杰客:是这样,我们基本上不用低调这个词来形容我们自己,因为低调本身就是觉得你有调子。我们就是我们自己,我们之所以过去一直没有大力地去推广,确确实实是我们没有找到这方面合适的人,没有这方面的预算,也不知道技术上怎样去做,但是我们比较幸运,现在有了比较多的粉丝。那么接下来,我们要去做推广,为什么要去推广?首先要想推广的目的,是要让这个社会上有更多的人有这种需求,我们要把这种需求送到这些人的生命当中。怀着不同的目的,做不同的推广,这是不一样的。一说推广就是高调,其实不是,推广就是说让需要的人能够找到他所需要的东西,这是我们的目的。

课题组:送给人需要的东西,那个需要就是诗意。

张 炫:对,就是诗歌、诗意、诗意生活。我们讲"为你读诗,给灵魂片刻自由",这个每年我们都会提。大家每天都说"生活不只是眼前的苟且,还有诗和远方",我们就先不提苟且和远方,就是告诉大家,生活里每个人都需要慢下来。"为你读诗"很希望通过在它成长的不同阶段,把它所倡导的一些东西让大家接触到,我们每天可以获得片刻的自由。那么对孩子来讲的话,可能他原来的生活里面,父母也不读诗,老师也不太读诗,只是教他语文课本上的诗歌,那我们通过什么样的方法,可以让孩子们爱上诗歌,我们甚至为此研发了一个诗歌音乐课。

课题组:诗歌音乐课?

张　炫:对。我们会做各种各样的考虑,我们团队的核心工作方式是从潘先生和Be My Guest继承下来的,就是我们一定会找出最根本的东西,我们想做什么,核心是什么。如果"为你读诗"现在想让中小学生有更多的机会接触诗歌,我们的下一个问题就是他如何会喜欢上,他为什么要听"为你读诗",他为什么要用"为你读诗"的App,他为什么要喜欢"为你读诗"的产品。

课题组:"为你读诗"毕竟有一个很专业、很庞大的团队,其实它运营起来是有很多成本的。

张　炫:我们也得以赚钱为目的,它是分不同的团队去做的,这个是需要我们在内部分工的时候考虑的问题。比如说创作团队、内容团队,它必须要有一个非常核心的理念,它要保持它的纯粹性和独立性。做运营的同事,有时候也要保持一个很高的觉悟,我们在对赞助商的要求上是苛刻到了极致,有时候赞助商都觉得自己是乙方,不是甲方。但是在这种情况下,赞助商发现跟"为你读诗"合作,能够达到令人完全想不到效果。所以我们的运营团队会有指标,比如说经济指标、用户指标,都会有很实际的东西。但是,好在我们这个团队这两样都融合得比较好。他们很清楚地知道,我们做这个事情,需要有运营的方式,但是我们不是不择手段去运营。

课题组:现在因为互联网技术的保证,做App或者做有声读物的,读诗、读小说、读故事的越来越多了。就在前天,上海文广的主持人做了一个叫"侧耳"的公众号。

潘杰客:非常好,我们希望别人来与我们竞争,因为这样我们才可以提高,我们才会有危机感,要不然我们会放松。其实"为你读诗"做的不是朗诵,做的是读,是妈妈在儿子睡觉的时候给他读,爸爸在女儿睡觉之前给她读,是一种读,一种读的心态。现在更多的平台是在朗诵,播读者可能是一对千,一对万的。他们恨不得在高高的平台上,然后大家都来倾听。我们的心态是读,而且我们读的是什么,读的不是诗,读的是诗意生活。

课题组:我们读的是一种诗意生活,如何来体现,如何来落实?怎样告诉他人,我读的是诗意方式、诗意生活,而不仅仅是一个内容、一个有声产品而已,咱们有补充的延伸的东西来让人们明白吗?

张　炫:很快就会有,这个在我们的App上会实现,在我们的升级版和接下来的工作中都会有体现。我们不希望把"为你读诗"变成一个标准化的产品,变成一个标准化的产品大家会听美文,听好听的声音了,情感的属性就太弱了。所以我们现在只是说有声的这一块,我们未来将更多地落地。我们不是想和别人与众不同,我们只是想把我们自己做得更好。

课题组：与众不同才可能赢得更多的粉丝，或者说你们应该拥有的那些粉丝。

潘杰客：或者说别人看到的我们，或者别人希望超越我们，或者是学我们，模仿我们。他们看到的是其中的一块，而那一部分是很容易看到的，但是我们真正要做的事情我们心里特别清楚，我们就坚持走自己的路。

张　炫：而且我们还是要做一个综合的平台，不只是做一个读诗的公众号，或者是读诗的 App。

课题组：也就是说，其实你们有你们的目标受众。

张　炫：对，我们有目标受众，而且我们从始至终没有把自己锁定在朗读和朗读加诗歌这么一件事情上。因为我们认为，如果只是朗读、读诗，只是一个人诗意生活的一件小事，它不是全部。所以我们更愿意开放，我们有特别核心的目标，诗意从哪来呢？必须从开放人的感官来，那我也不是只做了前面第一件事情，开放听的感官。除了开放听的感官，还有什么感官没有为你打开呢？后面这些想象都是我们整个团队需要去做的。

课题组：这是第一个产品。

张　炫：对，所以我们更看重如何让一个人成为一个更好的人，成为一个美好的人，他拥有对生活很多很有意思的想象力、好奇心、探索力、感知力。这个我们更看重，所以以后可以做非常多的事情，我们并不在意有一个《朗读者》出现，或者更多平台出现，我们现在的方式和方法也会更开放，我们 2016 年核心的策略就是要拥抱所有的合作者，我们不把任何人看成我们的竞争者。我们觉得凡是可以和大家联合共同做得更好的，我们都愿意去合作，包括像董卿老师的《朗读者》，她也会来我们这儿读。所以我们现在谈的最多的是，我们以什么样的一个平台拥抱所有的合作方，包括拥抱像中国传媒大学这么好的学校。我们如何处理和诗人、作家、大使馆、出版社、品牌、媒体的关系，才能让所有的关系可以有一个共同体，我们更在意的是后面建立共同体。

课题组：有声读物到了中国以后谁都可以做，只要是愿意的、喜欢的，都可以开一个公众号，建一个 App，或者是有一个网站，但这样导致作品良莠不齐，所以文化部也觉得作为国家机构应该出台相应的规范，如何来设定一个标准应是我们思考的。

潘杰客：其实我们“为你读诗”今年还有计划，就是把“为你读诗”推到全国的一百所大学、一百所中学、一百所小学。而且我们今年正在计划做一个全国网络，或者叫作全国 FM 主播的“为你读诗”大 PK，这样一 PK，就有标准了。比如我今天要读的是这首诗，这首诗我来 PK“为你读诗”第一千零五期节目，是王刚老师读的，我来 PK 他，这样既在传播我们，同时也在他自己的平台上传播他自己的节目，然后谁的节目在他的 FM 上得到的赞扬、鼓励、点赞最多，再拿到我们的综合平台上

PK,然后到最后,可能这个里头就有内容的选择,有声音,有标准了。

课题组:既然PK就要有标准。

潘杰客:对,有PK就要有标准,要不然你怎么PK出来呢?我们可以做全国性的活动,我们希望全国所有的FM平台都来参与。而且因为现在全国所有的FM都在播"为你读诗"的东西,这是很少有的,一个专一的节目在这么多平台上都成为头部内容。我们甚至可以和中国传媒大学或其他机构,有可能我们还可以联系到团中央、全国总工会,我们联合起来,一起把标准建立起来,再来推广这个标准。

课题组:"为你读诗"在诗歌挑选上有自己的理念,你们的标准是什么?

李　琳:首先一个标准就是适合读。因为有很多诗歌它适合阅读,但是不适合大家以声音的形式表达出来。适合读之后,怎么样让我们的粉丝听起来舒服,能跟他们感同身受,这也是一个标准。另外,我们在推荐诗歌的时候,也会考虑读诗嘉宾,他有哪些特点,比如说陈数,什么样的诗歌比较符合她那种端庄的形象;刘芳菲老师,她可能就会比较倾向于女性情怀、端庄大气风格的作品,我们一般会结合这些特点。

潘杰客:是这样的。前两天陈数来读诗之前,李琳就把那首诗给我发过来了,我说这些诗怎么看着没有感觉,然后李琳说陈数这个演员演的很多角色都是和民国相关的,那些诗是和她演的角色、和她当时进入的那种情境非常吻合的,她说她相信陈数老师会喜欢这个。然后我就说,你这样解释我觉得有道理,之后她就发过去了,结果陈数就选定了她推荐的这些。这是很难得的,因为这是很精准的。陈数是很挑剔的,她微信跟我说,我可能特别不好对付,我特别挑剔。我说,你越挑剔,我们的水平就可以越提高,结果这一个回合就给她搞定了,就做出了作品。

李　琳:当时我们给她做了四套方案,第一套就是那种民国怀旧风格的,几首民国时期的作品,卞之琳的;第二套方案,我发现她在微博上面推出一个话题叫"素食锦",在上面她会抛一些自己吃东西的和生活点滴相关的一些小细节,所以就给她推了一个"我爱朴素的生活"这样一个主题,推荐了费尔南多·佩索阿的《恋爱中的牧羊人》,充满爱意的两首诗;第三套方案,她比较关注公益,我从这个角度去推荐了一首余秀华的《礼物》;第四套,就是她跟家里面人,尤其是跟奶奶还是外婆关系特别好,所以又推荐了一首《外祖母的情书》。到最后除了《礼物》那一首诗被Pass掉,其他的全被选中了。

潘杰客:她全都读了,她工作做得特别仔细。你要真正深入地去了解,了解嘉宾,这是一个方面,最核心的还是我们,包括我和张炫,跟我们编辑部所有的人强调的一个最核心的,就是每一首诗必须要打动我们编辑自己。不能够打动你,也不可能打动嘉宾,嘉宾也不可能打动读者,你必须要感同身受,你自己都不感动的东西不要推荐给别人。所以说,这就是我们怎么去选诗的一个最核心的理念。

课题组：您是怎么样领导员工贯彻执行您的理念的？

潘杰客：不用领导，他们的工作都不用领导，他们都特别认真地工作。像李琳，一年多以前还是个实习生呢，92年的，到现在一年半的时间，现在是我们的高级责任编辑。

张　炫：在前两天，在编辑部内部交流的时候李琳有一句话说得特别好，她说只要把"为你读诗"当成自己的家，没有什么事是你做不好的。这就是出发点，她想把这个事情做好，她就要想尽一切办法去做，所以不需要领导。

课题组：李琳，你为什么会把这儿当成家？是什么让你把这儿当成家？

李　琳：我在上学的时候，就是"为你读诗"的粉丝，我当时觉得它在做一件非常有价值的事情。当我来了之后，慢慢地熟悉了工作内容，发现确实自己做的事情，不仅自己觉得有价值，别人也觉得是非常珍惜的一个东西，所以就越做越积极。

课题组：好的，感谢三位接受我们的专访。

王明军:守住底线,追求上限,让听众的耳朵说话

专访嘉宾:王明军

嘉宾简介:王明军,中国传媒大学播音主持艺术学院副教授,著名配音演员,北京市语言协会朗诵研究会理事、副秘书长。1991 年开始从事影视配音艺术创作,曾在多部译制片及电视连续剧中为男主角配音,参与创作影视配音作品数千部(集)。曾获政府"华表奖",四次获得"飞天奖"优秀译制片奖。

访谈时间:2016 年 6 月 30 日

访谈地点:王明军阁亮声音工作室

参与人员:孙良、胡子豪、周思涵、张馨予

课题组:有人说现在很少有人听广播电台,都在听移动电台,您怎么看?

王明军:传统广播媒体的受众群其实是很明确的,比如说以前的听众中军人、学生和司机比较多。我们当年上大学的时候就在宿舍里用收音机听《今晚八点半》《午间半小时》,还有流行音乐频道,那是唯一的娱乐生活。一到晚上听节目我们就很激动。

其实每个时代都有它的传播形态。现在移动终端的改变只是转移了(传播形态),比如说转移成车载。有声媒体的移动受众群体还是有的,但是它们定位不一样,比如喜马拉雅、懒人听书。最早,懒人听书实际上就是从 PGC 开始做的,所以它的用户忠诚度高。另外它打的是专业牌,所以它黏度比较高。当然现在很多平台都在走相互融合的道路,既要有 UGC,又要有 PGC。像蜻蜓 FM,最早做的是 PUGC 的东西,它是电台直播流;还有考拉 FM,是以车载为主的;企鹅 FM 依托腾讯,现在在做直播,我估计这很有可能成为一个新的引领。

课题组:移动收听终端是否存在一些共通性的问题?

王明军:我觉得首先是运营成本和版权问题。

刚才提到的这些平台能做大,就是因为它们越来越重视版权的问题,它们花了

大量的钱去买版权。现在咱们国家越来越重视知识产权。以前有些平台因为版权打官司,现在各个出版社和作者的版权意识也强了。像喜马拉雅在融资之后,就买了好多版权,这个成本非常高:要做大才能融到资,融到资才能做版权。

还有一个就是怎么控制流量的成本。另外还有盈利模式。盈利模式逐渐在进行分类和整合。有些平台的盈利模式还不是很清楚,巩固客户黏度的模式还在不断改变。再就是过度依赖第三方、自身创新能力不足。对第三方的依赖,导致它们老是处在一种流动的状态下,所以才要去改变,去做自己 PUGC 的东西。做互联网平台的人,技术出身,所以一般他们骨子里是轻视内容制作的,认为内容可以买,不太肯花钱做内容。

课题组:但是低价买到的往往是水平相对较低的东西,真正的精品,人家不会很便宜地卖给你。

王明军:现在的问题是,最早进入这个市场的,往往水平比较低。因为实际上专业的内容生产者,一开始没有人看得上移动端,而更加认可传统媒体,比如中央人民广播电台、北京人民广播电台等。那时候作品被放在移动端上,甚至觉得是在“被盗版”。现在大家比较认同移动平台了,现在一些版权是归个人的,个人就可以和移动端合作,可以收费。这是一种新的尝试。

为什么那些移动平台的人看不起内容制作方?是因为他们没有看到、听到制作者专业而辛苦的制作,认为不过是随便“巴拉巴拉”说两句话而已。不过,他们对内容的轻视态度正在改变,这里面发挥很大作用的是《罗辑思维》,《罗辑思维》的做法就是:我给你知识,但是要收费。

课题组:随着新媒体行业的变化,传统节目也有很多新的形式。现在到了移动端,它的时长、创作技巧方面会不会有所变化?

王明军:会,但实际上它不是一个对立的、简单的变化,应该说在新形势下,所有的终端、制作方都在相应改变,传统媒体也在变化。但它们的变化不是因为新媒体的兴起才开始的,而是在时代的发展过程中,因人的收听、接受习惯、接受方式的改变而作出相应的改变。换句话来说,中央人民广播电台的《小说连播》,它的改变绝不是因为喜马拉雅的出现,而是因为受众需要在改变、投资方在改变,它也必须改变。最大的变化是从适合收听的规律上来选择作品,要适合听。受众的听觉习惯在重新养成。以前电台播出的《小说连播》节目是这样的:现在是《小说连播》节目……是谁播出的这次节目,明天请您继续收听。播一个开头、一个结尾就完了。现在是中间不停地要有片花,然后有导言,有下集预告、上集回顾。反正就是想方设法吸引受众的注意。

课题组:现在加了大量片花和各种音效进去,“演”的成分越来越多,“播”的成分不如以前多,同时刺激人的左右大脑,产生更大的黏性,拉着你进去,你就得跟着我听。

王明军:现在的孩子从小口味就已经很重了,你再给他淡的,他受不了。他从小就玩游戏、看片子,游戏里面那些所有感官的刺激,听觉、嗅觉、视觉……所有的刺激在一块多过瘾,他再听这东西就会觉得太没料了,太不过瘾了。

课题组:您对新媒体音频平台的前景怎么看?

王明军:很多平台上更多的是草根爱好者,参与的人挺多,人气不小,一般靠融投资支撑运转。有些平台本身不收钱,玩的人都不交钱,它们不培养用户为自己的爱好去付费的习惯,这也是个问题。但是我觉得国内这个状况正在好转,人们意识到我要为这个付出,才会珍惜。

课题组:您自己也演播作品,您对这些网络上的演播者有什么样的要求和评价呢?

王明军:我觉得我不能对别人有什么要求,我只能对自己有要求。我们认为不一样的部分,就放在这儿,大家来评判、来比较,看出人家的优点和我们的优点分别是什么。所以首先应该要整体理解一个作品。

我觉得这东西只能有底线,不能有上限。另外,还是要努力去区分,我认为咱们在业务上最大的能力是区分的能力。比方有人说,你一播音,就知道是中国传媒大学学播音的,你们就是有播音腔。我就经常跟一线的人抬杠,我说什么叫播音腔,就是字正腔圆?我说那叫宣读式,该哪种方式的时候就得用哪种方式。比如说,现在播外交部声明,你还在那胡聊乱侃,那是不行的,就得用宣读式才行。我们播音专业的核心竞争能力,或者说我们业务上真正的核心能力,是建立语言观之后,培养区分的能力,而不是学会某一种样式的能力。

要想区分,就必须要有一个本事,就是要有驾驭所有语言样式的基本能力。你的吐字、气息、感受都要准确,这些是咱们最基本的能力。有这个能力之后,接下来才是去区分。在有些场合需要规范地吐字,在有些场景里面就需要不那么规范地吐字。比如说在一些小说里面,我们要用方言来区分性格,比如这个人有大舌头,这个人特别傻、打磕巴,说话带有方言色彩的时候,咬字的整个状态都要改变,这都是区分的能力。

我觉得还有很重要的一点,就是在具体创作时,至少要区分叙述性语言和人物语言。现在很多人脑海当中有,但是区分不了,播的都是一道汤,连人物转换都转不出来。另外,你是“一个人一台戏”,还得学会区分不同的人物语言,甚至还有男、女、老、幼的差别,要在一瞬间准确体现每个人的形象定位,我觉得这是一个好的演播者非常重要的能力。

还有一个就是整体架构。每一部小说要有每一部小说的气质,每一个作品要有每一个作品的气质。播这个是这样的,换一个就得是那样的。我在播《刀锋救赎》之前,刚播完北京人民广播电台的《耶路撒冷》,那个小说写得非常好,但特别难播,不适合播。《耶路撒冷》用了很多形式,写一个人物的叙事,加一个专栏,又写一个人物的叙事。它的结构像《水浒传》,密密斜织地形成一个跨越70年、跨越运河生存的社会风貌,写得厚重至极,但确实不适合播。我播它的时候,一瞬间就会觉得特别安静,也经常很感动,不过那种感动不流泪。但是播《刀锋上的救赎》我就急,语速比较快,因为小说就是那个气质,主人公是个刑警。播《活着再见》的时候,我是流泪的,它里面有特别回肠荡气的东西:一个人可以为国家付出那么多,还有兄弟情、战友情……所以我觉得每一个作品都有它不同的气质,我们在把握的时候,应该有不同的味儿。

课题组:目前从事演播的都有哪些人员?

王明军:以前中央人民广播电台的《小说连播》,最早都是话剧、影视剧的演员演播的,李野墨就是中国电视剧中心的导演,他是学编导的。像牟云、刘继红,他们都是总政话剧团的演员,他们的先天优势就是懂得表达。还有就是一些播音员来播,像关山老师等。现在更丰富了,现在互联网时代门槛低了,你喜欢就能播,只要合适就有人播。现在也有专门从业者,就是专业的演播人员。

课题组:这些演播者有什么各自的特点吗?

王明军:他们有的是学表演出身,有的不是,有的是生活中自己比较喜欢,磨炼出来的。各有特长,未必规范,也未必是我们这个路子的,但是说实话,听着也能接受。大家播不同的书、不同的作品,其实就是个区分能力的问题。你学表演的,就不能叙事了吗?学播音的人通过配音、演出、戏剧训练,学会人物语言,也能将角色语言处理得很好。我们的优势特别大,因为我们先天性地能把话说清楚,我们的先天能力就是识读能力强。我在配音的时候,经常一遍就能过。还有一种情况,别人经常会问:"王老师,这个字念什么?"他不是不认识,是拿不准音。他们有时候会对我们有这样一个标签——"中国传媒大学老师",认为我们应该就是规范。语言塑造能力增强了之后,对我们的帮助非常大。所以我们播音的学生如果能有这方面的训练的话,会如虎添翼,真的有好处,是有后劲的。

课题组:现在的市场对于专业的演播者有没有什么专业的准入机制?您觉得准入机制应该由哪些构成?

王明军:我觉得还是需要的。但是目前并没有一个比如说行业工会、委员会来做这件事。这好像不是我能考虑的问题,因为它很复杂,除了业务层面的问题,还有更多管理层面的,但是我想说确实应该有。中国只有审查机制,没有准入机制。作为传媒,要有一个引领大家的机制。最好的筛选应该是听众的耳朵。受众认为你不行了,你就去提高;认为你不对,你就被淘汰。这样也许才是一个正确的准入机制:让市场说话,让听众的耳朵说话。

互联网移动终端的意义就在于人人都能成为传播者。如果要有一个准入机制，那就从创作经历、受众评价再加上专业评价吧，形成一个专业委员会才可以。

课题组：您有没有特别欣赏的演播者？

王明军：当然有，比如说李野墨，是我年轻的时候特别喜欢的，他的那种松弛的状态对我影响很大。我学播音出身，一开始不松弛。咱们学播音的都经历过一个不松弛的阶段，因为觉得松弛就不控制，不控制就不专业。其实，往上走容易，拎起来谁都会，装模作样谁都会，只是谁装得时间长的问题。简单装一下谁都可以，但是放下来才是真的难。我当年也经历过这个，当时就听李野墨，我觉得他很松很松。赵忠祥老师对我们影响也很大，《动物世界》能那样放着说，也非常好。其实到现在最佩服的是袁阔成，听听他的转换，一瞬间可以把诸葛亮、张飞马上转换成关羽，包括他的叙述，他已经把这些处理得浑然天成了。我在车里没事就听袁阔成的《三国演义》，太好了，太好了，真的是太好了！他播讲现代的《烈火金刚》《平原游击队》也都特别好，所以我觉得袁阔成是老一代演播者的优秀代表。

目前演播小说的都各有特点，比如李立宏、艾宝良。艾宝良的演播"神出鬼没"，他是学京剧的武生的，所以有时候会有那个范儿。他的《午夜拍案惊奇》挺吸引人的，听得人毛骨悚然。艾宝良老师在网上也有一批忠实的听众。那天，我说："艾老师，您这神出鬼没的，我还真是不会。"他说："我也不会像你这样说话。"所以说各有特点。我觉得小曾老师在女声当中是很有代表性的，因为现在特别缺女的。我们班杨晨也很好。廖菁老师也播过，也不错。徐涛也好，他的条件好，很深沉。他播的三本那么厚的《约翰·克利斯朵夫》，播得不错。徐涛朗诵时，他会想办法用各种方式让自己朗诵得跟别人不一样，他对这个追求非常严格。我们参加朗诵会，他听了但凡有一点新的地方，就会主动找你问。他很在意、很爱琢磨，特别想做得有特点一些，跟别人不一样。比如当年朗诵《再别康桥》，他一定要处理成"徐志摩反正是被开除了，朗诵者凭什么那么高兴"？所以就成了很忧郁的韵味。他朗诵李白的诗"相约邀银汉"，他要读，还要唱。他在朗诵上特别用心。

课题组：您觉得对有声读物的评价是否应该有一个标准？

王明军：其实应该有一个标准。但是我们不能要求所有人都达到这个标准，这个标准要分层级。

课题组：如果要评价的话，可以从哪些方面考虑？

王明军：如果建立一个标准进行评价，除了政治标准外，时代标准、时代背景、对作品的理解程度、受众在听的时候能不能被你感动、播读者的表达、能不能让听众忘掉播读者的存在，这些因素都应该包含在内。但是"一刀切"的行业标准会限制行业发展。标准是做引领，而引领是就作品而言的，比如这个作品为什么引起轰动，我们要去探讨，无论是学院、学会，还是研究者、从业者，让人认识到它的价值在哪，但并不是要求所有人都一定要播成这样。

课题组：当前，什么类型的小说演播更受欢迎呢？

王明军：实际上也有不同的受众群，比如蓝领。他们有时间，没有其他更多的约束，他们追求简单、相似生活的共鸣和对自己梦想生活的激励。比如说职场小说等，就很受欢迎。《侯卫东官场笔记》听的人特别多；还有一个叫《红颜》，办公室红颜的内容；还有梦想生活的这种，比如警匪类内容，像《活着再见》那种英雄主义的东西，也比较多。

什么样的小说更受欢迎，其实源于受众群体的不同，比如说白领在收听小说时最大的特点是碎片化，他们也花钱，他们是价值主要群体。蓝领忠实度高，但是他们不花钱，他们是靠流量。凯叔讲故事，他也讲很多内容，那是给小孩子的父母群体讲的。我觉得以后恐怕还是会越来越细分化。

现在广播电视台已经有专门的故事频道，故事频道现在也开始细分。中央人民广播电台的娱乐之声里面也分母婴教育、武侠风云、社会热点等，那个故事频道的栏目化已经分得这么细，每一个栏目里面讲的小说，受众群体都是不同的。我们自己都在变，所以不能说哪个作品是最流行和适合所有人的，每类小说都有各自的受众群体。

课题组：那您播过的作品中有哪几部是最喜欢的？

王明军：我自己喜欢的作品，其实是打动我的，比如我播的《陆犯焉识》。这个真的是让我“疼”的。那个作品在播的时候，我经常会哭一会儿，有点读不下去，就是因为时代命运把人欺负成那样，尤其是知识分子，我能感受到人家那种命运的疼痛；《活着再见》是我录的一个关于警察的命运的故事，我们都可能有一点英雄主义的情怀，那个更让我有不一样的感觉；《侯卫东官场笔记》播了九本，人生百态；《失控》让我觉得真是毛骨悚然。

课题组：影视剧和小说演播对于人物的塑造有什么不同呢？

王明军：这里面的本质不同是非常明显的。影视剧可以说“我就是”，你就得是这个人。播小说的感觉就是你绘声绘色跟别人说你生活中的事，在进行人物转换的时候，主要抓“神”、抓“核心”就行了。在影视配音的时候，你只是里面的一个，你就是这个人，配音还受表演的制约，你不同意他那么演，也得照他们演的配音，这个过程其实更不自由。影视剧也是创作，得“还魂”。

课题组：好的，谢谢您接受我们的采访。

关田:我们倾向"新知"与"省时"

专访嘉宾:关田

嘉宾简介:关田,喜马拉雅大客户部制作人,主要负责梳理并挖掘各垂直细分领域的"大V",与其建立战略合作。同时与各视频网站、直播平台等建立异业合作,打造音频生态创新形式,达成为平台增量增值的目的。

访谈时间:2016年6月30日

访谈地点:北京高和蓝峰大厦22层

参与人员:阎亮、孙良

课题组:喜马拉雅对于有声读物的发展,大概有什么样的估计、判断?

关　田:喜马拉雅本来就是做有声书起家的,在建立平台之初,就购买了大量出版社的书的有声版权。有声书也是我们平台点击量、点播量最高的板块,所以我们十分重视。但的确有良莠不齐的现象。我们很重视版权,最起码我们会先确定版权,才允许播出。我们有一个专门征集主播的有声化平台,也是面向所有人的一个公共、开放的平台,不限于播音专业的老师、学生或者广播电台的主持人。只要对自己的声音有自信并且喜爱朗读,我们就去征集,竞价排名。选出来最优秀的主播,然后给予相应的报酬。通过这种方式吸引大量的对自己声音、对播读感兴趣的人。退一步来讲,我们希望能选出来一些在播读方面有天赋的人。至于我们的有声书项目,是在建立这个软件之初就有的。除此之外,我们与盛大文学、阅文等都有合作。

课题组:站在平台方的角度,你们觉得应不应该有一个秩序?如果有的话,这个秩序应该是怎样的?你们希望这个标准体系起到一个什么样的作用?

关　田:我们平台比重最大的是有声书,最近刚刚建立付费频道,可是有声书付费标准的量级很低,出版社都不是很乐意合作,书到有声平台就会被过低地估价。

课题组:为什么过低?比如说一本小说市价卖到30块钱,那么给有声书的价格是多少?

关　田:我们按集卖,平均一集是三毛钱。收入三家分,给出版社一部分,给主播一部分,还有我们一部分。有一些古典文学、现代文学、儿童读物,也有很多人感兴趣,愿意读,但是专业能力不够高。昨天刚见了一位老师,说儿童读物很影响孩子学习语言的阅读体验。有很多主播确实热心,他们喜欢孩子,愿意给孩子讲故事,讲得也很生动,但是普通话或多或少有一定问题。这对于语言体系还没有完全建立的孩子来说,确实很有影响。但是我不得不承认,在我们平台里,有一些来自传统媒体的、普通话特别标准的、又获过奖项的人,他们的点击量未必比自媒体人的点击量高。首先,因为"草根们"在平台建立之初,就抢占了先机,所有的量会导入到他们那儿。其次,由于"草根文化"的影响力。比如,有一些来自传统媒体的播读者在读儿童故事的时候,虽然讲得很好,声音好听,但是他们没有给孩子一种共鸣感,孩子在听的时候更多地感觉是一个故事机在讲故事。但是这些所谓的"草根",会跟孩子沟通,孩子会觉得这是一个活生生的人在讲故事。所以说这些"草根们"有自己的魅力。如今,我确实觉得如果不建立标准,这一代孩子的语言体系有可能会受影响。

课题组:我能这样理解吗,就是说至少从儿童读物这个小领域来讲,这个标准体系是有必要的?

关　田:很有必要。但是我们又没办法衡量,因为我们还是重视粉丝、用户对主播的喜爱度,也就是流量。我们曾经重点推过一些来自传统电台的老师,但是他们的粉丝黏性不够强。

课题组:那是什么原因呢,这些人论水平应该也不低啊?

关　田:我不了解孩子的喜爱度,但我自己会更喜欢"草根"的播讲方式。现在,受众的心态发生了变化,过去那种传统电台的播讲方式,有的人已经听不进去了。过去的广播电视属于精英文化,主播可能是演播艺术家,总是给人一种要端着、要标准、要合格的感觉。可如果有一个跟你一样的"草根",会让听众觉得与自己相似,有一种平等的感觉,并且有亲切感。小孩子在听的时候也可能有这个心理。比如说,我们平台有一个"丸子妈妈",感觉就像我们身边的一个阿姨。她不是单纯地给我讲道理、讲故事,通过声音,我会对她有一个人格化的想象。我可能想象这个阿姨是一个围着围裙的、天天做饭的人,也可能是一个爱笑的人,或者是一个胖胖的人。但是来自传统电台的人,经过体系化的训练,他的声音和语言总是"硬"的。对孩子来说,只会感觉这个声音很好听、语言很标准,但对这个人不会产生想象。

课题组:过去的重点可能是UGC,因为刚才您也提到了付费频道。我发现《奇葩说》的马东带领一干人等已经在喜马拉雅入驻了，而且他们的产品是需要付费收听的。那么，他们是第一波付费的主播吗？

关　田：对，是第一波，也是我们重点打造、重点推送的一个项目，推广好久了，效果特别好。第一天的销售额就近600万。

课题组：那也能看出来现在喜马拉雅主要的用户还是年轻人，80后、90后？还是其他的群体？

关　田：对，80后是最主导的。从25岁到35岁，甚至再大一点到38岁，这个年龄段的人是最需要通过碎片化时间来获取信息的。因为再小一点的人，有可能现在对碎片化的时间没有概念，但也是会随着时间慢慢培养的。因为工作以后，时间紧张，在车上、地铁上，甚至是睡前的时间都需要放松，通过声音来获取信息比较合适，而不是过强的娱乐方式。有时候，太强的娱乐方式会让人觉得疲惫。

课题组：我们能不能做这样的一个判断，喜马拉雅开始上线付费的精品栏目，意味着中国用户为声音付费的时代开始了。

关　田：对，我们很认可这个项目。以前，无论是声音还是其他方面，大家没有付费习惯，现在正在逐渐养成付费的习惯。我觉得今年是"声音付费"的一个风口吧。其他平台比如分答，也是这样的声音付费方式，但是它是针对具体的问题，一对一的形式。而我们的平台相当于卖课程的专辑，或者是好的讲座。我们也希望做精品，因为以前我们对免费的产品限制不多。UGC有自己的个性化设计，自由度高，有一些内容有价值，但是我们不会特意重点推广。

如果现在有一定的标准、规范，然后再付费，可以保证出精品，也让大家有一定的经济来源。有一个老评论员说过，声音也是一个手艺活儿，但是现在越来越不受重视，比如以前你是哪个频道声，或者是给某企业、某品牌的广告配音的，例如说五粮液、茅台等，声音价值很高。可现在越来越走下坡路，因为有一些企业一年做不了几条广告。还有一部分配音演员的声音现在已经很少能听到了。但是我觉得，比如说一些频道声的价值本来是很高的，但是没有贴近生活，大家对于这样的声音是喜爱的，但是声音的价值没有被完全开发出来。喜马拉雅看重的是：除了声音本来的音色价值，还有内容。

课题组：过去大家特别在乎声音本身，所谓的声音外壳的价值已经被挖掘得差不多了。但现在新的互联网平台对声音外壳的价值挖掘好像很难，而且关于声音本身，现在大家似乎也不太认可了，而传统的广播电视还是在意的。现在我们不太在意这个人声音好不好，我们更希望他故事讲得好。

关　田：我们很多UGC的大主播，点击量、粉丝量超高，他们是用方言播讲的。其中有西安人、东北人等。比如说《糗事播报》，它是一档栏目，有好几个专门讲段子的主播，非常幽默。他们的粉丝量很高，因为他们并不介意用方言讲，尤其讲段子,用普通话讲就没有那种效果了。还有一些讲科技、讲创业的人,他们说的也不是很标准的普通话,也没有标准的播音腔,但是会有一种很诚实的感觉。比如罗振宇,大家很熟悉了,他也不会很标准的普通话,但是大家会感觉这是我身边的一个人在给我讲事,他跟我们自己一样,也不是很专业。但是他通过看完这本书,再给我解答,我很高兴。大家希望听到这种更亲民的东西。

课题组:太漂亮的声音容易产生距离。

关　田:对,再加上我对声音是有一种想象的。这一代人从小是学普通话长大的,他们的普通话相对标准,所以反而他们对普通话的要求没有那么高。所以用户更想听到的是你告诉我哪个笑话了,或者是你告诉我哪个知识了,我听完了能够获得新知,这才是用户关切的。

课题组:那你们一般有哪些付费栏目是用户更加愿意付费的?

关　田:我们倾向于两个方向:一个是"新知",一个是"省时间"。

"新知",就是让你获得新的知识,这个范围比较大,罗振宇做的属于"新知"。像马东做的也是让人获得新的知识,或者帮用户巩固那些"自以为明白但实际上有点模糊不清的"知识点。还有,我们有一个自媒体大号"卓老板聊科技"。卓老板本是一个技术男,但他通过诚恳的语言来解答一些很复杂的东西,使大家能够马上了解科技是什么,所以也属于"新知"。

另外一个就是"省时间",类似于"樊登读书会",它能够把一本书读薄,所以有声书实际上也是"省时间"。大家看一本书很耗时,听会比较快,理解起来会更容易一些。最开始我们没有这方面的付费,但现在付费里开始有"樊登"这个项目。开始我们也愿意给所有用户一个平台,让用户自己做导流。但是现在做 App 很难了,不像前两年(那么容易)。我们公司的技术和产品虽然不是最牛的,但真的是很认真地在完成很多项目,而且老板每天都在攻克各种产品技术难关。一个做内容的人,如果想从零开始做一个技术产品,是比较难的。但是我们是平台,重视做内容。所以包括罗振宇做的"得到",樊登自己做 App,我们可以给他们做导流,最终的结果是:把内容放到我们这,更有效益。因为我们为它提供一个大的平台、大的用户量,同时我们提供一个更加开放的平台,涉及各种各样的层次和风格的用户。

课题组:喜马拉雅运营了这么多年,是否感觉到自己的粉丝有变化?

关　田:我的感觉是越来越趋向年轻化,一开始做有声书,愿意听有声书的人有很多,而现在更趋向于年轻化。因为这一代年轻人也慢慢步入职场了,大家的生活需要碎片化的时间来填充。还有比如马东的"好好说话"这种培训类的产品,使你获得新知,这些是原来通过书籍不能马上获得的,而且大家看书的接受程度是不同的。有的人看一本书,消化不了、读不下去,或者没有大量的时间去读。但是对于声音,大家都能消化,再加上主播帮你解读,就会吸收、消化得更快。

课题组:除了文本内容,对于播读者的播读水平有没有要求?还是无所谓,只要能让大家听明白就行?

关　田:如果是付费精品,我们肯定会有要求。喜马拉雅原来是一个开放平台,只要注册账号,满足我们的要求,我们都可以提供申请加密,只要不侵权,就可以分享自己的东西。比如说我的一个朋友,他用我们的客户端,不是想让自己的声音被更多的人听到,他只是觉得离家远,想跟父母说点话,但有可能下班的时候都晚上12点了,通过录音,通过软件平台,定期做一档给父母的节目,就比较便利。或者是记录自己的心理感受,也更受年轻人喜欢,因为有时他想表达但不知道通过什么方式表达,文字的门槛会有点高,但说一段话就很容易,而且在走路的时候就能完成,伴随式的操作比较方便。类似于这种吧,起初我们不设置门槛,但是对于付费精品,最起码我们会要求音质,声音要清晰,普通话也尽量保证标准。比如说《红楼梦》,我们现在做付费,有人会说一开始我们是免费听的,但现在为什么付费?因为一开始的声音杂音特别多,我们做了一些优化处理,再加上它的内容是值得大家花钱的,所以我们从免费转到了付费。

课题组:免费到付费也是一个引导吧,因为之前很多年一直做免费的。就中国人总体来讲,大家刚刚开始有付费这个意识,你们是否担心因为付费会流失掉用户?

关　田:付费这部分我们只做精品。这完全取决于用户自己的意愿,如果不愿意,我们平台还提供很多免费的内容。我们在付费频道上也会进行挑选,最开始就做了三个频道,现在有所拓展,像有声书、教育培训、外语、儿童、历史、人文,这些会做付费。但是音乐、娱乐这两个部分我们没有做付费,就是由于用户的习惯:一般愿意通过花钱获得知识,但是通过花钱来娱乐,目前还没有这个趋势。

课题组:今后音频市场会怎样发展,有没有一个预判?

关　田:我们的想法是做成一个音频的生态圈。因为我觉得如果保证好生态,就能得到有效的循环,一个好的产品就能把音频生态维持下去。比如说我们现在收购了一个智能硬件团队,有线上的,有线下的,让它循环起来,形成一个闭环生态圈。

课题组:我能不能理解成类似贾跃亭的乐视一样,首先是购买大量的版权,然后硬件、软件结合,大家的消费就完全在它的范围里。

关　田:对,都跟声音有关,最起码要形成闭环,就比较容易自我循环地维持下去。

课题组:我看到你们的车载随身听很漂亮。

关　田:对,还有耳机,我们一直有一个做智能硬件的想法,不只是大家平常见到的这几个,我们想做人工智能的硬件,和科大讯飞有合作。比如说有很多主妇需要听,可以在冰箱上或者马桶上植入一个硬件,有的时候做饭时也想听一段相声,但手机没处摆,又怕被水溅到,如果是在冰箱附近植入一个硬件就很方便。它有一个使用场景:做菜的时候可以有人直接指导怎样做,用声音传递。之前我看过有的妈妈直接在旁边放置一个 iPad,边看电视剧边做,很危险。在智能化这方面,最好再加上语音互动,这功能存在,只是目前没有普及。通过语音互动,比如:“我现在需要做一个……,你能教我吗?”然后就像 Siri 那样直接语音指导。还有“马桶时间”也是大家需要打发时间的一个场景。我们主要是想根据场景做软件、硬件结合。我们现在已经铺好内容了,App 产品也做好了,接下来线下的这些东西,要有相应的配套产品,才能循环起来,然后再产生、再循环。

课题组:那有没有想过以后在这个平台上设计一些和视频或图片有关的内容,还是打算只做音频?

关　田:视频方面,我们考虑过跟直播平台合作,之前也有过短暂的合作。我觉得视频是一个导流的事,视频和音频呈现给人的方式是不一样的。所以我们通常是做彼此的互补,而并非要去开发尝试。

课题组:我总觉得有些内容,像小说就比较适合听,因为大家需要想象的空间。但是关于科技的,我觉得光靠语言来引导,让大家了解几乎是不太可能的。单纯靠语言,其实只能说一些特别简单的东西。

关　田:对。图片方面,我们现在至少每个专辑能配 4 张图,如果想要更多的图,可以开发图片,很容易。比如说有的课程讲座,视频下面可以配 PPT 图片以供翻阅。而旅游场景也是我们要开发的一个场景,如果我们和所有旅游景点合作,景点有二维码,扫了就可以直接用手机听,就很方便。

课题组:这个其实挺方便的,它就相当于你们立足于自己的音频市场,可以把所有用眼睛看的、与图片有关的结合在一起,也是一个挺大的市场,因为大家需要这样一种全方位地了解信息的方式。

关　田:对,图片这个功能确实是有的,但需要开发。关于视频,我们还没有考虑过,如果开发视频了,视频的差异性在哪儿,还不清楚。

课题组:视频网站,它本身是包括音频的。它不可能光有画面,它也是有声音的。但是作为音频网站,如果要加入视频的话,就要单独看待视频的价值,从某种程度上,是在放大它的独立价值。

关　田:对。比如罗振宇这个节目,我们跟优酷的合作关系就比较尴尬,优酷花了那么多的成本来制作一档视频节目,大家最开始确实是从优酷上看的,最后全到喜马拉雅上去听了,这就是音频的独立价值的体现。但是反过来,如果没有优酷这个大体量、大推广的一个综艺节目,就没有这么大的吸引力了。

课题组:谢谢您接受我们的采访。

醇色电台:用诵读装点生活

专访嘉宾:麦恬、李阿文

嘉宾简介:麦恬,醇色电台创始人,四川外国语大学新闻传播学院教授,国家一级导演,2016年度"重庆十大全民阅读推广大使";李阿文,广告配音员,职业音乐人,醇色电台制作总监。

访谈时间:2016年7月8日

访谈地点:重庆醇色电台

参与人员:曾志华、卢彬、胡子豪

课题组:二位最早和朗读、朗诵结缘,是在什么时候?

李阿文:就是学生时代,可能是嗓音好的缘故,当时我被选到录音这么一个兴趣小组,我们语文老师把课文给我们练习,我们课文有些片段是话剧片段,我扮演一个角色,我们兴趣小组就这样录音。我是有兴趣,平常我看报纸是用读的。

课题组:不是看的?

李阿文:我就要读,都是这样。我可能是有点自恋,这样的声音听起来很舒服。后来重庆成立了音乐台,麦恬老师就推荐我去主持一档节目。

课题组:看来麦恬还是您的伯乐。

李阿文:对,她就是我的老师。因为当时要去电台,我的语言不行,单个的字发音没问题,连起来一句话就太难了。然后麦恬就来给我上课,要去做节目,她就带了一本教材,让我这样读。因为她当时也很忙,那个时候我接受比较快,有时候有一些读不过去的句子,我就会问她。朗诵接触得晚,主要是很喜欢读,但是其实也读得不好。

课题组:其实还是有天赋,自己又喜欢这样的天赋,所以才开始喜欢有声语言,然后碰上伯乐。几个元素恰好碰在了一起。

李阿文:是的,我非常感谢麦恬。如果我没遇到麦恬,我现在不可能配广告。我觉得也是后来进入醇色以后,因为朗诵的东西多了。当时读《雨巷》,我真的读不过去，麦恬还帮我读了一遍，我才能慢慢体会一首诗到底应该怎么去处理。

课题组：我觉得几个元素都必不可少。麦恬的情况我们比较清楚，她自己做了十几年。

麦　恬：我也是从小朗诵。

课题组：今天的朗诵会还有一个特点，这些题材除了几个经典的，很多是我之前没有听过的。我们的学生不是这样，齐越节上的作品，他们恨不得一首诗给你听个五六遍。

麦　恬：学校就是有这个问题。

课题组：对，所以作家做你们的顾问，有这样一种便利，他们给你们提供多样的素材。

李阿文：对，我们的这些文稿真的太多了。有很多作家做我们的顾问，一下子发很多作品过来。

课题组：你们接下来可以做这种衍生产品。醇色电台目前的粉丝有多少？

李阿文：有 12,000 多。

课题组：辐射的区域，有广东省的？男性女性各多少？

李阿文：重庆的还不是第一，广东是第一。

课题组：作为醇色的管理层，对这些粉丝的习惯，比如说他们对于听的习惯以及他们对于自己诵读的习惯，了解吗？

李阿文：我们只是看发表的这些音频文件的点击率，目前最高的就是龙应台的《目送》。一发上去，第一天基本上就有 1,000 多了。现在最高的是70,000多，而且很难得的是，我们从来没在喜马拉雅的首页上出现过。其实首页推一天都可以上几万，但我们没跟它合作。

课题组：上去有什么条件吗？

李阿文：我觉得应该是要么跟它合作，比如每一个节目肯定要说“本节目由喜马拉雅和醇色电台联合播出”。我认为首先要这样，这个我可以跟它主动地谈。还有一个可能就是它肯定要推，因为现在喜马拉雅推的全部是名人的东西，还有一些脱口秀，就是让大众喜欢的节目，这些的确比较多。你看前段时间《北京欢迎你》的作曲家，就是《将爱情进行到底》的作曲家，他随便读一首诗，点击率就很高。

课题组：小柯？

李阿文：对，小柯。你是有影响力的人，平台了解以后马上就推你，而我们的确是一个无名氏，就是一个重庆地区的声音组织。我们做到第二年的时候，点击量也就2,000多。就在第二年，突然一下，每天 200 多的粉丝，我不知道怎么来的，坚持了可能有 10 多天降到 50，稳了半年，每天 50 个新的粉丝，就全国来说，这个我觉得也很难得,我们又没宣传。

后来有个学堂叫喜马拉雅大学,讲怎么提高你的电台点击量、影响力。主要两点:第一,节目的质量一定要好;第二,要发得很勤。后来我们每天基本上有个新的节目,过去是一周一个新的,也就是说一个月才四期节目。你每天上的话,人家感觉作为这个电台的粉丝每天都有新东西,所以又要精,量也要大,这样我们就找到这个窍门。听众每天增加 30 到 50 也不错,这样累积起来,我们从 4,000 开始很快到 10,000 了。

课题组:喜马拉雅属于新媒体。那跟传统媒体有合作吗?

麦　恬:我们没有跟传统媒体合作,就跟那个"书香重庆"合作了,叫"醇色书香"。那个公众号主要是推重庆文化、重庆作家的作品,但是一周就安排一个音频,我们为它去献献声音,它出文稿。它就是一个公众号,景娅她们是顾问。重庆的诗人写的情诗,每天一首。他们那个群体我们本来是不熟悉的,但是我们读了他们的诗,他们要去分享,那么他们的粉丝就会扩展到我们没有的那个群体,我们增加粉丝也有这些原因。

李阿文:对,其实是双赢。因为我们在节目当中也会提到他们。

课题组:接触这些有影响力的人,那我们的影响也可以依托他们再去扩大。那二位觉得以朗读或者朗诵或者是小说演播这样以形式为主的有声读物市场,前景会是怎样?未来的发展方向又会在哪?

李阿文:听书肯定是完全压倒性的,数据上来看的话,毕竟这种方式要进步。

课题组:您经常听吗?

李阿文:我其实过去只看专业性的书。因为我自学音乐方面的知识,我只看这些东西,文艺类的我真的没想过去看。我做醇色的节目就很乐观,他们说太辛苦了,每天一个,我就是乐此不疲。我是发自内心以这种方式看书,因为他们读的都是精选的文章,我做的这个过程就是看了这篇文章,并且我反复地听,我以这种方式看书。

麦　恬:我个人还是喜欢看,其实我听书听得很少。但是我喜欢一些文艺作品、小说,我觉得看的过程,内心窃喜,或者说自己悄悄地在起伏跌宕。我很少听别人读东西,所以我从来不模仿。我以前语言很差劲的时候,就不是一个合格的主持人的时候,我都不模仿。因为我觉得我模仿能力不是很强。真的,这不像他们,他们要学什么,一听马上就能够感觉出来,我其实不是这样的。我觉得我喜欢走心,我觉得看书能够走心。

李阿文:她说的我其实很理解。我听节目,像喜马拉雅的,首先内容不是第一,我是听他的技巧,主要听声音,还有配乐,包括我看电影、电视剧,剧情不好都没什么关系,我就听演员的台词,我一直喜欢跟着一块说台词。

麦　恬:我喜欢去欣赏文字词句的那种优美,所以我喜欢看。

课题组:二位其实是做着这么一个集合大家,赠人玫瑰,手留余香的事,就是在播读给别人听了之后,自己其实也有很多的喜悦,有很多的收获,有满足感、成就感。那在二位的心目当中,怎么评判播读的专业水平?您刚才其实已经说到很注意音色、台词、配乐。

李阿文:播读方面,首先是基本功,因为我们本身都被这种声音包围,每天看电视新闻,看电视剧,看电影,听什么都是着重语言这个部分。我觉得首先他要打动我,就是他读的和文字很贴切、很契合,让我觉得很舒服。实际上我也并不追求嗓音第一,而是追求那种技巧,其实有很多大家的作品听不出技巧,就是舒服。过去我喜欢中央台的李易,喜欢《再说长江》,他很轻描淡写,我就在网上下了他很多的台词来读。读完之后我再听一下他读的,找差距。我其实这么练了很长一段时间,过去读不快,因为广告读多了以后,每个字都读得很饱满,后来就慢慢摸索那种纪录片的感觉。轻描淡写这是他本身具备的东西,我就想去找为什么他可以出来这种感觉?这要去悟。

课题组:其实我觉得您说的技巧里更多的还是一种内在的东西,融在技巧里头的那种内心的活动。

麦　恬:我在台里工作的时候,做主持人,后来做管理,经常要评节目,我们更多的是考虑音色、语音、表达技巧。但是我做醇色之后,恰恰不太愿意再用这种眼光来评判一个作品的好与不好了。可能你的音色很好,语音也很好,技巧也很好,但可能你没有打动我。

课题组:那怎么样能够打动你?

麦　恬:让我觉得我的内心都随着你呈现的内容有了画面感,在动了。或者说我真的就像你说的,有点自持不住了;或者觉得很叩击自己的心灵,让我联想起过往的很多很多东西,不一定非要潸然泪下,反正就是怦然心动,就在那一刻觉得内心好像是在平静的湖水下的一种翻涌,这种东西让我特别珍惜和珍爱。如果不是这样的作品,我只会承认它专业方面的素养不错,但是不会觉得它能够打动我。其实现在"为你读诗"我经常也听,一般听一半或者几句,就可以判断我能不能继续听。当然我这种做法也很粗暴。如果我听了一半,觉得没有被打动,可能就不会听了。除非我想知道这首诗的内容,可以耐着性子听完。而且我自己对语言的判断是很敏感的,我不敢去评判大家,但是对有声语言工作者的话,一般他一出声我一听,马上就能够知道他大体的情况是怎么样的,尽管我自己可能做不到。

课题组:醇色也做了很多线上线下的活动。在选择成员来做这些活动的时候,有没有考虑他们的知名度?还是像今天一样,有一些人有知名度,但是有一些人可以说没有知名度,类似工程师。因为这个就不像“为你读诗”,“为你读诗”很多都是名人,当然点击率就很高了。

麦　恬:其实做醇色的初衷,我不是想醇色有多出名。诵读对我内心有那么多滋养,我希望有更多的人能得到这份滋养。我选择的这些合作伙伴,都是实实在在做事情的人。

课题组:但是现实的问题是这样,比如说我们弄一个线下的活动,一场朗诵会,我也希望很多的观众来,但是因为我的这个成员不太有名,那我靠什么让这些观众今天晚上都到我这来?

麦　恬:开始的时候我们做活动,没有下面的这些成员,就是我们的专业成员,那一场演出全都是电台、电视台和大学的人,可以呈现一定的品质。后来就有了爱好者进入,他们很想进入。我就发现爱好者当中也有不错的,我就慢慢地、有意识地放了几个爱好者,大部分是电台、电视台的。我每个月几乎都有一次活动,就如同上次做的精油的活动,星座和诵读全是那方面的爱好者。

课题组:这是她的一个创意,精油、星座、诵读。

麦　恬:我每个周末都做,但一个月也只能做四次。因此就说到后来,我每个月就会起码邀请一次这些人员,他们能玩的就上舞台,哪怕差一点。

课题组:这是有意在培养。

麦　恬:对。我就是要让他们有这种爱好之后,有展示、提高的平台。只有这样,我们这个队伍才能不断壮大。增多的不仅是能够诵读的人,能够出声的人,而且他们会影响更多的人,成为我们的听众和粉丝,然后这个社会就有更多的人关注诵读。因为我热爱,那我就去付出,我觉得付出很幸福,那我就去做,对吧?所以我还有点想法,就是醇色是不是该走市场,其实顶层设计过,想好了,但是迟迟没有做,是因为我担心找不到一个很好的CEO。然后就是说如果做成这种市场平台之后,公益这一块我肯定还要坚持,但是它们之间怎样调和,还有粉丝对我可能就不那么单纯了。包括我的演员们,今天来的这些专业演员可能就觉得你是在做市场,在做公司,你肯定赚了很多的钱。现在我们除了培训,还要去找市场,但是因为我们做得少,两年了才做十二期,你说那个能赚到多少钱呢?我要看这个节目的档次和来的人,比如说我要请一些所谓的名流,或者说一些政府官员,是肯定有的。但是我平时的演出,我会有几个专业的人员来带这些非专业的人员。

课题组:这就是一种培养。每一次醇色的这些活动,成员的这些稿件是他们自己选,还是你们选?

麦　恬:都是我选,全是我自己,我旁边有几个策划人,主题是我定。就是一旦有大的活动的时候,我就把他们召集来做策划。但是小的都是我自己。

课题组:那你一般从哪去选稿?选稿会不会量身定制?

麦　恬:我先选稿,选完了之后我再来分,分给每个人。

课题组:那你的工作量有多大?

麦　恬:我觉得我很纯粹,很享受这个过程,但是有时候真的很累。

课题组:那你们各自欣赏的播读者、演播者都有哪些?

李阿文:大家都知道的,徐涛老师,因为我觉得他在台上能进入一种无我的境界,他不管你怎么样,他就是他的节奏。我觉得他已经可以自由地说,可以控制全场了。

麦　恬:我比较喜欢方明,那天我听了他的一段录音,晚上我就立马冲到自己棚里去录了。我觉得我不管他是大家,我是小家,或者小家都算不上,但是我要录,因为我觉得这首诗很打动我,他读得很好。

课题组:那你自己录作品的时候,你选择作品有哪些标准?

麦　恬:打动我的、我喜欢的、有人生阅历感的东西,当然还有一点就是要上口的。

课题组:再回到刚才那个话题,就是你们喜欢的演播家有哪些?比如说刚才已经提到的几位,还有吗?

李阿文:比如说王凯,我觉得他的语言也是很舒服的那种。

麦　恬:像敬一丹、白岩松这些就是随口对一些东西的一种散文式的诉说,我觉得还蛮有意思的。就那种正儿八经的朗诵的话,我觉得真的是要听到大家的那种感觉才能够打动我。

李阿文:所以我其实喜欢他们那种既有诵的感觉,但是不会过,就让人觉得舒服。我希望他有艺术感,希望他对比很强烈,就是感觉是真的是把稿件打造成一个艺术作品。

课题组:那受众的反馈重要吗?

李阿文:肯定重要,因为是读给他们听的。过去认为自己完全胜任不了的东西,也想去尝试。既希望有自己的东西,也希望它能够跟听众产生共鸣,这是肯定的。其实现在对我们这个读的这方面最麻烦的,就是技术性的意见,粉丝听友一般给不出这种专业性的点评。

课题组:受众在你们的公众号,还有醇色电台,反馈有渠道吗?可以打赏吗?

李阿文:有,都看得到。后台可以留言,可以私信。但是我觉得我们现在不可能有打赏。我们本来粉丝应该更多,但是为什么(现在没有预计的多)呢,因为现在都是用手机听,他可以不用注册,不用App,直接给他一个页面就可以了。

麦　恬:现在也可以把我们的音频放进公众号,但说实话这是有工作量的。

课题组:所以还是那句话,一帮对于声音、对于艺术有追求的志同道合的人结合到了一起。

麦　恬:所以为什么我现在用年轻人,因为很多年轻人想来做。

课题组:我们祝愿醇色越来越好,最后二位对于我们的课题有什么建议?

麦　恬:我觉得从有声读物的评判体系来说,首先要解决的是文字,就是内容。内容首先要健康,要有美感,要打动人。他说很喜欢听你的声音,但我其实很清楚我的声音,我的声音并不好,我只是因为用心去读了。然后我能够比较真实,或者说对文字有立体再现而已。如果这个文字不好,我声音再好,其实出来不能够真正打动人,就像绣花枕头,就是那个意思。纯粹去欣赏你的声音,那没意义,它入不了心。我觉得国家应该有一个底线,哪些东西是禁止的,哪些东西是可以录的,然后我再去选择我认为真正很美的东西,然后作为声音的评判。

课题组:谢谢二位接受我们的采访。

李野墨:“一家独大”不如“百花齐放”

专访嘉宾:李野墨

嘉宾简介:李野墨,中央电视台中国电视剧制作中心导演、演播艺术家。代表作品有长篇小说演播《新星》《平凡的世界》《猎神》《毛泽东的故事》《白鹿原》《北京人在纽约》《幻灭》《神厨传奇》《早年周恩来》《补天裂》《中国金融黑洞》《天高地厚》《Ca 俱乐部》《八月桂花遍地开》《活着》等。1991 年荣获“全国听众喜爱的演播艺术家”称号。

访谈时间:2017 年 6 月 13 日

访谈地点:李野墨工作室

参与人员:汪海燕、刘超

课题组:您觉得一部成功的有声读物作品,应该包括哪些因素?

李野墨:我觉得成功这个词,用得极其暧昧,因为成功在很多人心目当中是不一样的。你比如说,现在有些网络播读者,他拥有的听众上千万,你说他不成功吗?但是作品的文学性、艺术性、教育性等都是一无可取的。但是他有那么多的拥护者,而且人家挣到钱了。我觉得不要用成功这个词,因为说实在的,大家对成功看法不一样。我觉得我挺成功的,我都快 60 岁了,基本上过得挺快乐的,高高兴兴的。我觉得一个人能按照自己希望的样子去生活,并且真的能过上希望过的那种日子,就已经很成功了。

课题组:您觉得需要具备什么样的条件、什么样的资格,才能做演播者?

李野墨:我对这点可能跟你们想法完全不一样。因为有网络在,我觉得干这个行业可以不设门槛。比如说我是一个菜市场卖菜的,但我就喜欢这个,然后我去找一本书,我自己录了,也不侵害任何人的版权,我自己再弄一个平台播放,哪怕只有一个人听,我也觉得受到关注了。如果我们要设一个槛,说这样的人就不许播,恐怕也做不到。

课题组:这种平台我们是不是可以规范起来,起到示范作用?

李野墨：依然不行，我播《人民的名义》的时候就碰到这样的事。我录的时候，编辑突然叫停，然后说李老师刚才这段再来一遍。我说："为什么？我读错字了吗？""不是，我觉得这段情况挺紧急的，您应该说得快一点。"我当场拍案而起，就跟他们急了。你要是在录广播剧，我是演员你是导演，你随便指导我；现在我在录书，是我在创作。

课题组：我们希望在这个大范围的传播平台上播出的作品，能够起到一定的引导作用。

李野墨：这个好，引领示范这个比较好。那你可以建立一个奖励制度，或者是评奖。比方说，不管你点击率是多少，可能我们这个评价体系你是一级演播者、二级演播者。我建议，一定要把这个评价体系变成两部分，就是专家评价和受众评价。我觉得不要把专家和受众对立起来，就像金鸡奖、百花奖那个感觉，挺好的。因为确实好多孩子挺投入、挺认真的，但是得不到一个具体的鼓励，我觉得挺遗憾的。

课题组：您觉得对平台应该有哪些标准和要求？

李野墨：对演播者这方面，我倒没觉得有什么要求，比方他愿意做，没人听他就撤了，他赔本嘛。但能不能建立一个机制，像各电视台那样，你的录音的水准、信噪比、失真程度等，你要达不到我的技术标准就不行。

课题组：那您觉得在网络上哪些有声读物作品是值得推广的？

李野墨：目前还没有。你看看我播过的书的单子，还都是传统意义上的文学作品吧，起码你得有文学性。你比方说老舍的作品，你一看他那东西就带着一个味道，你就必须得照着那个大方向去，它就不可能是《白鹿原》的味道，一说就得是那种齐老太爷，就得上北京味。但你像沈从文的东西、汪曾祺的东西等，他们的语言都是很有特色的。咱们现在的很多获奖作品，你把人名挡上，全篇只有一个人在说话，就是作者。我觉得这就谈不上文学性，没有人物，也没有人物性格。我们在评价一部作品好坏的时候，可以更加强调一下作品的文学性。当然，这个文学性和文学奖评出来的文学性不一样，我们更注重它的语言，不光是人物语言，应该是整个作品的语言。比方说业界推崇备至的傅雷的翻译，是很难播的。这么大段一个句号，全是长句子。各种各样的非生活状态的语言，那种你阅读的快感和你诵读或者聆听之间，还是有很大差别的。比方说《约翰·克利斯朵夫》这样的书，本身写得就够沉闷的了。

课题组：那您觉得哪些作品比较适合诵读呢？

李野墨：比如《四世同堂》《骆驼祥子》，你去看老舍的作品，他的语言确实是好。我近些年来读的东西，都很少去考虑理解作者意图，现在拿来一本书，我先看我能"借"这本书说什么话，我要是觉得有话可说，我再一字一字念书。我觉得有的我就愿意读,不见得这本书非得多完美。比方说《慈悲》,小书不厚,就那么小小的一本,我觉得它的语言很朴实,也没有什么太多的评论。看完了以后我才明白,为什么书名叫《慈悲》,我想它在讲一种人与人之间的人生大爱。所谓大爱不仅仅是爱的程度,还有爱的范畴。它写了那么多的人,没有对一个人是持完全的批判态度的,只是讲了生活中各种各样的人。我给这本书做了一点处理,因为它讲的是离上海不远的这么一个地方,所有的对话都是有上海味道的。

课题组:您在播读的过程当中,除了挑作品之外,是不是更加看中自己再创作的这个过程?

李野墨:我特别爱跟学生说一个字,就是你"在"。最重要的是你在现在的这个时候,你在跟这个书的关系里,你在这个书的情境里,你在现在的创作状态中。现在如果是没录过的、没读过的书,我会仔细地看前十页左右吧,这个书大概的味道你就会找到。如果是比较熟悉的书,比方说像《人民的名义》这样的书,因为电视剧我看了十几集了,干脆就一点不要往后看。这样你录的时候就有一种新鲜感,你也不知道谁是好人,谁是坏人,你也不知道事情向哪儿发展。所以每次录的时候,你也就跟看电影似的,因为你不知道结局。那个状态会让你更有新鲜感。如果里边出现的人物比较多,我会把人物都摘出来,对这个人心里有个数。就等于每天都在拍电影,而不是在演舞台剧,因为拍电影每天都是新的内容,舞台剧总是演过的。

课题组:您觉得从听众的角度上来说,看电视剧和听小说,它们各自的优势是什么?

李野墨:这就跟有人喜欢喝乌龙茶,有人喜欢喝普洱茶一样。有的人即便是看过这个电视剧,他也想再听听。这个区别有点像听戏,有人爱听梅老板的,有人就爱听程老板的,因为各有各的韵味。所以我现在就很喜欢韵味这个感觉。

韵味里有好多东西。你要想产生韵味,第一条你得把字面的意思读对吧。第二条,它字面背后有好多东西。比如沈从文说:"这个人走了,也许明天回来,也许就不回来了。"其实这些所谓的味道都是讲的那个境界,王国维讲的意境。我们中文还有一个(特点),就是最有音乐感,因为它的节奏感最强。全世界只有这一种语言是一个字一个音,所以我们有七绝、五绝、五律,有长短句,它本身强调的就是节奏。"床前明月光"算是好诗,但是它其他都不讲究。"无可奈何花落去,似曾相识燕归来。"它所有的都讲究。所以我觉得最牛的就是既讲究了,又让人觉得信手拈来。

课题组:我们评价一个好的作品时,您觉得它的演播者是不是也要具备综合素质?

李野墨:我觉得可以作为评价他的一个参考标准,但是不能作为他的一个资格。萝卜青菜各有所爱,有的时候可能作品很好,让人忽略了演播的东西;有些可能演播得很好,让人觉得作品也没那么不好。比如说你是一个很高水平的演播者,但是你读的是一个很差的作品,最后你把一个三流作品变成一个二流的,和你把一个一流的作品读成一个二流的,效果其实是一样的,都是二流,不管你读的作品的好坏。你最后听起来是一流的感觉,它一定得是读和原作都是一流的,才能让你觉得它是一流的。

课题组:那您认为一流的演播者是什么样的,他应该具备什么样的素质?

李野墨:我觉得第一条应该是个性吧,演播者必须极具个性,而且这种个性不是毛病。很多年,我都努力地消除自己语言当中的标志性的瑕疵。谁都难免会有,自己意识到了就赶紧把它去掉。不止一次有人要我谈读书的问题,我觉得读书是一件很个人的事情,你比如让我跟大家推荐书,我说去读《史记》,但是很多人会觉得你装。其实读书是为了干什么呢?不是为了增加知识,而是为了从书里发现你自己。你要能够从古今中外的书里面去找人的影子,再拿那个人的影子和你自己的存在去比较,你可能会更实在地得到一种自我的存在感。把这个自己表述出来,把这个个性表现出来,我觉得这就已经是艺术的全部了吧。

课题组:您对演播者还有什么要求?

李野墨:相比较个性,还要考量他的共性问题。就是说,你有个性了,但是没人能接受,那个性就没意义了。个性永远是跟共性相辅相成的,你必须得有那些大众都能接受的东西,然后在这基础上来凸显自己的个性。

课题组:有没有您比较欣赏的播读者?

李野墨:这么说吧,虽然是一个很冠冕堂皇的话,但也是我的真心话,就是每个人都有值得你学习的长处,包括我自己也有需要改进的地方。所以你必须得把你自己放在这群人中间,但是你又不能甘心只做这些人中间的一个人。学习别人长处的同时,不能忘了自己优势。

课题组:您觉得我们这样一个艺术创作,是不是应该有准入机制呢?

李野墨:我觉得咱们可以有评价机制,有鼓励机制,但是应该不设门槛,我觉得参与者多多益善,因为这个东西最根本的是个性。我真的觉得这是个特别好的事,就是有声小说、长篇连播这些东西都快"死"了,然后它现在突然火了,我就觉得这是很好的一件事。假设是在以前,只要你会蒸包子你就可以来卖,但终究还是狗不理最出名。我觉得一家独大没意思,一定是百花齐放才好。大家都玩,都开心,让听的人有选择的余地。

课题组:您是怎么对于作品进行综合评价的呢?

李野墨:我觉得是这样,一个是原著的选择,这个作品本身文本的优劣,它与你的契合度。这里不光是作品品位,还要考虑到和你自己个人特色的融合程度,适合你扬长避短。另外呢,就是语言的生动程度吧。如果从技术角度考虑,唯一可以挑的就是错字率。其他的就没法量化。比如说:“这一切都发生在1942年,那个时候州立监狱还在冷山。”这个停顿,停多长,这个东西没法量化,还是得在语言技术上想办法。所以我就讲生动程度,让我听了以后觉得他讲的我就爱听。但是这也是仁者见仁,智者见智的事。如果建立准入机制的话,可以在录音技术方面有个准入机制,你的录音技术水平达不到我这标准,你就不能做了,这个现在很好做到。

课题组:您对我们还有什么建议?

李野墨:现在有声读物的制作形式方兴未艾,在这个形势面前,真的不要想办法怎么收它、怎么管它。应该再想想办法给它添点火,让更多的人来关注这个事,喜欢这个事。增加一些参与的形式,让大家都能够参与其中。

课题组:但是什么样的能做,什么样的不能做,我们是不是能建立一个准入机制?

李野墨:这个我觉得太需要了,但这种东西它又非常矛盾。比方说,美术作品,西方任何一个国家至少都有一个国家级的画廊或者美术馆,一定有一个长设展。我们中国没有一个美术馆有。人家是可以带着小学生去看的,这都是世界名画,这是国家的骄傲,从小人家就知道。像英国的国家画廊给画家办的画展,我给你办一个展览,不是你花钱,我可能还要给你钱。对于你这个画家来说,是终生的荣誉。

我拿它来打个比方,可不可以参照一下。准入,不能点击率高的你就能上殿堂吧,我们有村、有城,然后可以有紫禁城,还可以有殿堂级别。我相信《鬼吹灯》可能点击率最高,但是点击率高,未必它的观众评选就最高。但是专家评出来的今年最好的有声作品,哪怕不分名次呢,也是很好的东西。简单点儿说,就是有专家评选的,也有大众评选的,这本身就是一种引导。

课题组:谢谢您接受我们的采访。

王刚:建立有引导性的有声读物评价标准

专访嘉宾:王刚

嘉宾简介:王刚,国家一级演员、表演艺术家、演播艺术家。原中央电视台播音指导,中国传媒大学教授。曾任中央电视台、北京电视台节目主持人。1991年,因演播长篇小说《夜幕下的哈尔滨》被中国广播电视学会评选为"全国听众喜爱的演播艺术家"。

访谈时间:2017年6月28日

访谈地点:王刚工作室

参与人员:曾志华、汪海燕、卢彬、胡津瑞

课题组:您觉得像有声读物这类作品,我们有没有必要对它建立一个评价体系?

王　刚:我这人比较感性,好设身处地为别人想。比如我是一个爱好者,我正做得风生水起,忽然要来条条框框限制我了,恐怕我心里就有点抵触。但是如果抽出这种身份,客观地去观照这件事情,我觉得要带有引导性,这点非常必要。首先方兴未艾的时候,从技术手段上讲,普通话就是对主持人播音员的要求;在选材上,我觉得其实有一个标准是非常非常切合的,那就是我跟你说八百条道理,可能你都容易反感,但是有一条,当你自己播的时候,你愿意让你未成年的孩子听吗?

课题组:大多数家长也是希望自己的孩子听一点美的音乐、美的人声。那我们如何创造更规范的大环境,来提升整体国民的美感教育呢?

王　刚:我们可以去提倡,去引导,但是作为一个标准,比如什么叫美啊?这很难拿捏,最后弄不好我们会作茧自缚。随着时代发展,我们不能不说广播学院也好,传媒大学也好,从整个有声语言的教学、学习或者进修等这个体系来讲,有些东西也需要改变,或者需要拓宽我们的眼界、我们的视野。比如在给我的片子做后期配音的时候,现在我会拼命打破自己原来的播音腔,尽量贴近生活,像聊天讲话

那样。

不管是对给予者还是接受者都是如此,这是一个互动的关系,也就是我们要帮助引导,想怎么能够往我们认为好的那个方向去推动?它有一个基本的标准和路径:不要站在对立面,否则会适得其反。

课题组:就是允许互联网有自我提升的过程?

王　刚:因为你不允许也不可能啊。现在"小鲜肉"这么高的劳务费你怎么看?这是一个市场行为,不是他自己要那么高,是市场允许他要那么高。既然是一个市场行为,你就要从市场规范去查,这个市场不能完全靠着道德去约束。

课题组:这是您从理性的角度来分析的,如果从感性的角度来分析呢?

王　刚:感性的角度也是如此啊。那东西卖那么多钱,我不去买就完了,我不去看就完了。我也很好奇啊,我曾经跟张铁林说,你拍那个《还珠格格》,当时那么高的收视率,我得弄明白到底是为什么,我一定要耐着性子看一集。可不瞒你们说,我看了15分钟,还是看不下去,但是有人能看得下去。那就是各取所需。

课题组:对于现在的这些小说演播艺术家,您听过谁的、喜欢谁的或者了解谁吗?

王　刚:听过李野墨和徐涛的,有一些是旁白。比如说《潜伏》《悬崖》,我非常喜欢。

我是20世纪70年代末开始小说演播的,整个80年代甚至延续到90年代,连续不断地在中央、地方、各台演播小说,尤其是长篇小说。坐在话筒前时,我想,我要让听众通过我的描述、声音的化装、模拟不同的人物对白、大量的心理独白,从而产生强烈的画面感。只是这也带来了另外一面的不适应,就是已经有了画面了,我仅作为解说或者旁白,这个时候我就要收敛自己。所以后来离开广播上电视,开始对着画面来进行旁白解说的时候,我意识到这跟我在广播台完全不同。我没有更多地进行分析探讨,但是我很直观、很感性地认识到这一点。还有一点就是当有画面的时候,声音运用我必须要扁平化一些。怎么讲呢?当我单独对着话筒,低沉的时候,人们未必听得清楚,但是由于有情绪的贯穿,他猜也知道我说的是什么,具体的两三个字已经不那么重要了,重要的是你的情绪和声音本身的感染力。可是在旁白时就不行了,就应该扁平化。

我这不一定科学准确啊。所谓扁平化,就是起伏跌宕稍平一点,因为不是一个人在说,有画面呢,语言只能是一种辅助。

课题组:对,旁白是以画面为主,自己隐身在背后。

王　刚:比如徐涛,在《人民的名义》里就做得非常到位。《人民的名义》我全看了,好多年以来没这么完整看过一部电视剧。当然所谓难得,更多的是这个题材好。

课题组:您特别看中选材。那除了选材之外,您还看中些什么?

王　刚:还有时效吧,就是现在人们关注的社会热点,当然这种关注是有层次的。浅层次的就是一些热点话题,深层次的就是能抓到人们的一些心理症结。我们意识到了,又该怎么去疏解,而且是不留痕迹地疏解呢?

课题组:如果让您选择作品来播,您会选择什么样的?

王　刚:现在吸引我的是历史。

课题组:您对现在的演播者有什么建议?

王　刚:我说说我自己吧。走到今天,我总在琢磨我哪方面落伍了,哪方面欠缺了,一直在不断地自省。因为我是舞台演员出身,年轻时要直面观众,这个效果的反馈我非常清楚:我这句话是不是打动人了;是不是场子里谁偶然一支笔掉了大家都会意识到;是不是我认为设计的一个笑点,大家都哄堂大笑了;我讲了一个道理,大家是不是认真倾听了,等等。我是非常敏感的,从现场观众眼神中的反馈我就可以知道。所以有时候尽管隔着摄像机的镜头,对着话筒,我心里还有这个东西。

比如拍电视连续剧。从表演的连贯性和准确性来讲,对电视剧演员要求特别高,因为有的时候特别要求效应。像我拍过的《铁齿铜牙纪晓岚》《宰相刘罗锅》,都是剧情一出,先走一遍位置,大致明白了,再开始演。好与不好,效果怎么样,现场这几十个工作人员他们的反应就可以非常准确地捕捉到了。播出的时候这种连贯性,这种无形中的交流都暗含其中。我们很多场戏都到这种程度,最后一场戏演完了,全场响起掌声。另外,演员之间也需要互相交流刺激,如果你自己跟不上,你会非常难受。

课题组:那您在小说演播的时候呢?

王　刚:当然也是。给我一本书让我演播,我先会像在休假一样,拿起这本书浏览,自然而然,大量的镜头、心理镜头会在我脑子里闪现。然后第二遍再细读,细读就是把我刚才认真看过的和我没注意的,看看有没有必要留着它。或者我用三五句话把它概括了。记得我录周而复的《上海的早晨》的时候,我把农村土改的这条线基本都抹掉了,本来小说的篇幅也太长。

你要说读书可以自己去琢磨,但是怎么通过声音传达呢?就这么30分钟,你播得有一个地方人家不爱听了,后面就完了。那我就得想办法组织语言或用声音强调,或者说我告诉你我是很认真的。我很喜欢这样引导我的声音,就是这种客观、主观互相穿插。但前提是我很照顾客观,比如说作为一个范文、一个教学,那必须一字不差,尤其是五四前后白话文刚兴起,文字特别晦涩,晦涩成为它的一个特点了。总而言之,不管是从文字改编上,还是你自己在有声语言的处理上,不能完全照着(编辑说的)去做,不然要你何用。

课题组:刚才听您说无论是演播也好,演戏也好,您都非常用心,所以才有这样的成就。可现在在有声读物上,有的人在选材上就比较庸俗、低俗、媚俗,什么都播,但是他拿了大价钱。还有一些演员演技很差,但是他也能拿那么多钱。这些现象,您从心里头会不会有点不服?

王　刚:没有不服,我不较这个劲。当你往深层次看的时候,这些都无所谓。用不着我们去干预,更何况现在也在不断地治理调整。吃过山珍海味的人,忽然有一天让他啃窝头了,他会很难受的。

课题组:那您觉得从演播者这个角度来说,应该具备一些什么样的素质?

王　刚:首先基本的文化素养应该有吧,还有演播者有一点不同于别的,你做的是大众传播,影响大,你就有义务不断地充实自己,丰富自己;不断地意识到自己的短处、不足等,这是最基本的。

再有就是技巧了。比如说作为我们传媒大学,永远要坚持说普通话,说标准的普通话。我有机会就跟人家讲普通话的重要性。

课题组:其实现在的小说演播中,有一类是带点方言来演播,您同意吗?

王　刚:我同意,但不认可,有时候又很欣赏,呵呵。关键这是需要你有功力啊。就像我当时推荐《高山下的花环》的时候,雷军长那段大声的、斥责的独白,铿锵有力,用的是北方方言,能听懂。我觉得效果特别好。

课题组:王老师您有一个观点,给我们特别大的启发。您说作品好坏的一个依据就是看看现在的这些年轻人,这些受众,他们接受吗?他们欢迎吗?有道理。其实语言是有天赋的,民间也有高手,有的人播得也挺好。

王　刚:是的。我建议如果我们今后要搞一个标准、规范,重在引导。我告诉你应该怎么弄,让你做到更好。现在大家积极性这么高,这么多人参与到演播当中来,这真是天大的好事。每人都想表达自己,通过一部文学作品,通过一篇文字来展示自己的理念、情感,那么,你想做得更好吗?你想让更多的人接受你吗?让更多人喜欢你吗?那么,我给你出一个主意,供你参考。

课题组:人工智能语言合成的这种方法,您赞同吗?

王　刚:我觉得这个没有非黑即白,作为一种科学的探索可以,尤其是跟人结合起来,但是在我所感知的这个时间里,它是代替不了人的。

课题组:如果有机构想采录你的声音,您愿意吗?

王　刚:我不愿意,因为我掌控不了,拿我的声音读什么,读成什么样。这个需要法律去约束。

人工智能代替不了的,第一个是有资本的人,第二个是做手工活儿的人,还有文体明星。谁也没法代替 C 罗去踢球,谁也不可能再复制一个乔丹去打篮球,他们将愈加显得珍贵。其实这些对我们这个专业的学生来说应该是挺受鼓舞的一件事情。

课题组:您接到一个作品的时候,是怎么去设想、设计具体表达层面的?

王　刚:首先有两个层次,第一是对这部作品的题材熟悉了解,主角里面有几个人物、人物的年龄段等。第二在技术处理上,要注意声音(的设计),少年儿童声音要年轻一些,到我这个年龄段声音都浑厚、沧桑,恐怕中老年观众更容易接受一些。

课题组:刚才您说自己作品的时候,我们没有想到您竟然说自己的《夜幕下的哈尔滨》现在不是很适合听了,但是我们还一直认为那是一个经典,是您的演播生涯中不得不提的一个代表作呢。

王　刚:时代变了。我自己从审美、声音的感觉上也有了变化。当时录制的技术手段也有限,声音没有完全还原,我声音没那么飘的。所以现在都不敢听了。

课题组:最后希望您就对网络有声读物的这些主播,说一句寄语,有什么期望?

王　刚:网络有声语言节目如雨后春笋般都出来了,有那么多的作品可以供选择,还有那么多人去选择,这无疑是一件好事。但同时我想能不能让更多的朋友,更多的受众喜欢听、爱听?我希望把这件事情做得更长远一些。所以不管是从选材,还是演播技巧上,都需要我们作出更多的努力,这样才有更美好、更长远的前景。

课题组:好的,谢谢王老师接受我们的采访。

王波:新媒体需要承担传承的责任

专访嘉宾:王波

嘉宾简介:王波,黑龙江广播电视台专职编委、国家一级导演、演播艺术家。毕业于中央戏剧学院导演系,从事专业艺术创作30余年。导演、主演的广播影视作品,朗诵、播讲的文学作品共获各类奖项200余项,其中国家级奖100余项。1995年获得"全国听众喜爱的十大小说演播艺术家"称号。

访谈时间:2017年7月20日

访谈地点:黑龙江人民广播电台

参与人员:李子龙、李金衡

课题组:您现在还有收听小说的习惯吗?

王　波:以前是在收音机里面听,像中央台、黑龙江台、哈尔滨台;现在也会通过网络来收听,因为传播介质不一样了,在网上可以听到更多前卫风格的作品。

课题组:智能手机普及之后,您对网络有声读物平台了解吗?比如懒人听书、喜马拉雅等。有没有在相关网络平台发布作品?

王　波:收听过,但没有发布过。

课题组:网络上的作品与您发布的作品有什么不同?

王　波:网络上的作品更时尚、更符合潮流,而且更迎合网民的趣味,因为网民大多都很年轻,所以跳跃性更强。

课题组:您在演播时会不会考虑播出平台,更加偏好哪种平台?是传统的广播,还是手机音频的App?

王　波:我播小说已经有三四十年了,那时候没有选择,只能在电台播。现在年纪稍大了一些,但我对新生事物不拒绝,网络也给生活带来很大便利,改变了人类的生活。对于这个舞台,老一辈的艺术工作者应该去了解、去适应。我前些年播的一些小说已经在网络上传播了,虽然没有经过我授权,但我也不去责怪他们。

课题组:您认为播出平台对有声小说的播出和传播有什么影响?

王　波:有很大影响,过去没有选择,只能在广播电台听。现在播出的门槛降低了,什么人都可以录小说,所以小说的风格样式多元化了。虽然良莠不齐、鱼目混珠,但参与度和卷入度比当年大很多。记得我上中学的时候,在广播里听小说,觉得播小说的人特别高大上,视小说演播者为偶像。后来我自己也做了这一行,觉得很自豪。现在是自媒体时代,每个人都可以播小说了。

课题组:您在演播的时候,编导对您提出了哪些要求?

王　波:电台里有职业编辑,负责选作品、改编、把握风格和表达样态。有的编辑会提出具体的要求,有的完全尊重演播者的个人感受,不像现在一个人弄一个简单的设备就可以播出。当年我们还有审听,重点段落主任还要审听。

课题组:作为演播者,您从哪些方面要求自己?

王　波:作为小说演播者,特别是当你有一定的高度时,你会对自己提出更高的要求。比如,在播了20部以上的作品后,你对播讲的状态就会有提升或者调整。调整的过程实际上就是提高的过程。我20多岁时,在播一部小说之前,要前前后后看三遍,总体看一遍,某些段落要看两遍,然后把字音、情节、人物形象都设计好。

课题组:如果您作为《小说连播》的编导,您会从哪几个方面对演播者进行要求和评价?

王　波:首先要根据书的风格、样式以及文化厚度来选择演播者。就像影视剧选演员一样,演员选对了,就成功了一半。同时要同演播者进行交流,把我的意图、理念告诉他,然后通过他的身、心、嘴,来传播我所理解中的作者的理念。

课题组:现在有很多网络主播从事小说演播的工作,您是怎样看待他们的工作呢?

王　波:总体来说这应该是个好事。但是演播小说有一定的专业性,不是所有的网络主播都可以播小说。就像广播电台、电视台的播音员主持人一样,不是所有人都能驾驭小说演播的。所以,网络主播们播小说我不反对,但是在播之前要认真做功课,要进入这个行当才行。

课题组:网络时代,人人都可以成为演播者,您认为需要对演播者建立准入机制吗?如果需要,这个机制应该由哪些基本要件构成?

王　波:现在网络自媒体很难控制,但是质量评估应该有细致的要求。现在小说演播没有质量评估,鱼目混珠,很多人能力不足,仍然在从事小说演播工作。如果一个演播者播完了小说,读者仍然选择去看,而不是去听,那么这就是对作者巨大的不尊重,也是对自己的不尊重。这些都需要引导好,让大家把它当作一种艺术。所以应该有一个科学的、具体的评价机制,让人们知道什么是好的东西,什么是不好的东西。

课题组:您认为是否需要对演播人员进行专业的培养?比如语音、表达、表演等,由谁来组织比较好?

王　波:培养是至关重要的。专业这一块,好像没有人去做。目前社会上的培训还不够系统,小说演播很具有专业性。我建议,职业学校或广播电台、电视台,包括已经有所成就的艺术家都能投入引导、培训工作中,这样才能让声音的艺术更加专业。

课题组:老一辈的艺术家和专业院校怎样培养适应时代要求的演播者呢?

王　波:演播不可避免地具有时代烙印。因此,一方面,老艺术家应该克服代沟,争取主动积极地融入当代社会,不断学习。另一方面,新媒体也应该传承传统艺术的文化内涵。因为原来的小说演播只是形式上落后了,但文化内涵、艺术内涵并没有丢失。因此二者要融合,传统的演播需要改进技术,而新媒体需要承担传承的责任。

课题组:演播艺术家应该如何适应新的媒体环境?

王　波:过去的电影是老老实实讲故事,今天的电影是用尽十八般武艺营造氛围,取悦观众。过去播小说,注重人物像不像;现在的网络小说,更注重讲故事。观众通过故事感受人物,感受到了就可以了。关键是人物语言的张力,而不仅仅是像不像。所以从创作方法上要与时俱进。

课题组:当年您演播的作品是由编辑选择的吗?如果让您自己选择您会演播怎样的作品?

王　波:当年多数都是编辑选择,就像制片人一样。个人选择的比较少,偶尔有建议。如果自己选择的话,我会选名著,写人物心灵历程的、文化感悟的小说,比如《四世同堂》这样的文化底蕴深厚的小说;都市言情也想演播。最近播了一部《我的前半生》,作为都市言情小说,写得比较深刻,教人们如何对待人生。

课题组:您在演播作品时,会从哪些层面对其进行评价?

王　波:第一是作品,作品要写得好。有些作品在细节上有些粗糙,会影响作品的成功。第二,演播者要与时俱进,要用现在大多数人喜闻乐见的形式来诠释演绎作品。

课题组:优秀的作品应该具备怎样的特点?

王　波:文化底蕴深厚,思想情感浓烈,人物性格鲜活,沉重中不失轻松、悲伤中不失幽默。比如《四世同堂》《水浒》《红与黑》。但现在的人们太忙,很难坐下来去欣赏好作品。

课题组:播读评价的标准有哪几个层面?

王　波:第一,要判断播得是否符合原作的文学属性。长篇小说播出了散文的状态、播出了诗歌的感觉都不准确。现在网络上有的小说作品播得像朗诵,那不行。讲故事的基础是语言是否生动,人们能否接受。语言要随着环境和目的变化。

第二,语言要准确、流畅,要有意境,可以借鉴表演、台词、朗诵、播音等语言艺术。

课题组:在移动互联收听的环境下,小说演播在哪些方面需要作出调整?

王　波:这是两个媒体之间沟通交流的问题了。电台的小说是半小时一个单元,互联网对时间没有严格要求。电台会在结尾留个悬念,网络小说由于收听的自主性,很少这么做。广播电台的小说放到网络上,以怎样的形式最合适呢?网络小说能否放到电台播出呢?这些都应该有人研究。

课题组:您从哪些方面了解听众的反馈?您认为反馈中哪些方面比较重要?

王　波:以前没有互联网的时候,只能通过书信了解听众的反馈。有一次,我播出一个作品后,听众来信有一麻袋,我绝大部分都看了。听众很包容,令人感动。现在沟通方便多了,反而找不到最精准的渠道。现在生活更加多元,人们对文化需求的选择更加多样化,愿意与演播人员交流的人变少了。

课题组:现在有的网络节目已经开始收费了,这无疑对节目的质量、可听性和演播者的水平提出了更高的要求,您觉得这种要求具体体现在哪些方面?

王　波:如果我们要进行商业运作,就要有准人了。不能让听众花了买人参的钱,买来了白菜。这个要求应该在受众里做调查、做问卷,应该有个规矩。

课题组:移动互联时代的传播方式与传播效果与广播时代有哪些不同?

王　波:广播时代是给你听什么,你就听什么;让你什么时候听,你就什么时候听。现在拿着手机,何时何地都可以听,想听什么就听什么。变化是巨大的。所以,如何在瞬间抓住受众,应该成为每一个传播者思考的问题,一刻不放松地让听众坚守这是一个难题。

课题组:如何增强小说连播的传播力和影响力?

王　波:还是作品,作品要有思想性、与时俱进、有生存的理想,体现多元的生活方式,从不同角度探讨人生真谛。作品要有艺术性,一定要打动人,如今80%都是垃圾信息。如果一个作品没有艺术影响,就没有关注度。

课题组:谢谢您接受我们的采访。

懒人听书:阅读新方式,“读书”给你听 *

20世纪90年代,有声书籍在我国开始真正发行,但多年来出版数量、质量与民众的普遍认同度均相对较低。

近年来,随着移动互联网在我国蓬勃发展,智能终端快速普及,有声阅读逐渐进入大众生活,成为人们喜爱的新兴阅读方式。尤其最近两年,用户习惯逐渐养成,用户数量快速增长。随着有声阅读用户基数的不断扩大,有声市场的规模也在迅速扩张。2016年,全国有声阅读市场规模为22亿元人民币,到2018年达到46.3亿元人民币,2019年市场规模有望增至63.6亿元人民币。

一、有声阅读概况

(一)有声阅读的定义

有声阅读是指录音带、光盘制作、网页或客户端等技术,基于智能手机、平板电脑、PC、车载等阅读载体,为组织或个人提供有声读物的录制、收听和分享等阅读服务,内容涵盖小说、电台广播、相声评书、影视原音、广播剧、百科知识、教育培训、新闻资讯等。

(二)有声阅读的特点

区别于传统的文字阅读,有声阅读以声音为载体,呈现出诸多优势特点:

1.伴随性,使用收听随时随地

众所周知,声音具有天然的优势,具有伴随性的特点。有声阅读作为可以“移动的声音”,将这种伴随属性发挥到最大。在移动互联网时代,碎片化时间越来越多,移动音频可以在多种场景中伴随用户,集合碎片时间,随时随地提供信息内容,

---

* 本文为懒人听书有声阅读发展概况,由懒人听书供稿。

如上下班途中、开车、做家务、运动健身等场景中，人们用听来获取信息会更加舒适和方便。

2.无限性，内容类型丰富多彩

有声阅读内容丰富，满足互联网时代用户对海量、多样、娱乐化内容的需求。其内容类型不局限于传统广播的有声小说、评书等音频节目，还包括经管人文、少儿教育、相声评书、文艺情感、搞笑段子以及更加细化、个性化的内容类型。

3.内容制作“网络化”

除广播电台、电视台等传统音频录制、剪辑方式外，有声阅读遵循新媒体传播规律，在内容制作上推陈出新，采用播客征集、用户意见征集等模式让用户参与到内容制作中。

4.内容演播“多样化”

有声阅读内容生产的UGC模式，决定了内容演播风格的去广播化，呈现时尚、清新、亲切、接地气、口语化等演播特征。

有声阅读内容生产的PGC模式，由专业有声内容制作团队，从编审、录制、后期合成到成品层层审核，制作专业的有声作品。

（三）有声阅读用户群体特征

近两年，各大有声阅读平台用户规模不断扩增。易观智库调查分析，有声阅读的用户呈现以下特征：男性用户为主要收听人群，30岁以下用户占半数以上；用户主要分布在以地级市、省会城市为代表的二、三线城市，乡镇农村的收听群体也在逐渐扩大；另外，用户中工人和自由职业者是主要收听人群，白领和学生的用户比例也较高，85后、90后群体是有声阅读的主力群体，未来用户将呈现年轻化趋势。①

二、懒人听书介绍

有声阅读蓬勃发展，涌现出一大批类似懒人听书App的优秀阅读平台。作为有声阅读行业的开拓者，懒人听书于2012年成立，一直专注了移动互联网有声阅读领域，致力于为用户提供所需的书籍节目以及有声数字交流服务等高品质内容。

经过七年多精心运作，用户规模超3亿，活跃用户常年居于易观智库App排行榜100强之列，并形成多项行业优势，已然成为有声阅读行业的领军品牌。

① 易观智库.2016年中国有声阅读市场专题研究报告[R/OL].(2016-03-22)[2018-07-03].http://www.useit.com.cn/thread-11708-1-1.html.

(一)懒人听书的功能与服务

1.海量内容随时随地收听

懒人听书现有文学名著、网络小说、诗词歌赋等超万部有声书籍音频作品。除此之外,还拥有电台节目、脱口秀、相声评书、综艺娱乐、少儿天地、百科知识等近20类正版有声节目,涵盖文学、社科、教育等主流内容题材,总节目时长超100万小时。海量的有声阅读资源、丰富的节目内容,满足了各年龄层、各类别收听人群的“全内容收听需求”。

2.创新模式

懒人听书注重模式创新,设置“主播电台”版块。在PGC内容模式提供的基础上,增加UGC和PUGC模式,形成三大模式并存的多渠道开放平台。目前,懒人听书拥有“1万+”优质主播、“10万+”个节目,内容丰富多彩,形成了良好的节目品牌。懒人听书已从最初单一的听书工具发展成为集合主播培养、商业服务、社区互动的综合性有声阅读交流平台。

3.听友会

为提高用户体验,加强与用户互动,懒人听书为3亿用户打造了妙趣横生的听友会专区,包括精彩的节目和话题、有趣的主播和听友、丰富的活动和奖品,用户可根据自己的兴趣加入不同的听友会,与全国听友随时互动。

4.懒人看书

为了更好地服务用户,满足更多用户的需求,懒人听书于2016年推出了“懒人看书”频道,打通了听书时的视觉壁垒。用户在听书的同时,可以实现同步阅读。

目前,懒人看书频道已上线4万册电子版图书,涵盖玄幻、仙侠、武侠、职场、言情、历史、灵异、耽美等全部热门分类。

5.创声工厂,专业音频生产

创声工厂是懒人听书着重打造的播音人才培养基地,由一流的播音导师、专业的音频制作团队及先进的音频工作室组成,进行有声读物的研发和市场运作,致力于为用户提供优质的听书资源。

未来,创声工厂不仅为懒人听书平台提供源源不断的内容输入,同时也将成为其他平台或行业优质内容的提供商。

6.丰富完整的会员体系

懒人听书现已建立一套丰富完整的会员体制,会员享有的优势权益包括:专有的会员书库、每月赠送听读券、新书抢先收听、折扣购买、限免听书、限免读书、免广告等。

同时,新增听读券、懒人币、积分等多种虚拟货币或券,用以购买付费内容,充分满足用户的收听及阅读的需求。"做任务,换积分"体系使用户可通过完成每日签到、发表评论、分享音频等一系列任务增加个人积分,一定量的积分可用来兑换听读券与会员身份。用户还可转赠购买书籍、听读券等给他人使用,整套用户体制的搭建让产品的交互功能与用户体验更加全面。

7.成熟的知识付费模式,支持付费打赏

2016年,懒人听书开始尝试精品书籍付费模式,推出《大咖育儿课》《又又三字经》《人类简史》《阿里铁军内训销售课》《聪明女人心理学》《青音365天入睡训练》等一系列内容丰富的节目,凭借强大的内容生产能力、优质的有声内容和优质的精英主播,获得了可观的收听量和用户付费。

懒人听书现已形成较为成熟的付费听书模式,打通了传统出版社、音频生产机构、传统故事广播电台、音像出版社等渠道,根据不同渠道特点实现版权采购、内容制作、发行等不同业务模式的合作。

(二)懒人听书的优势

1.人性化的用户体验

操作简单:懒人听书各平台终端的产品功能设计简洁、重点突出,不同年龄、不同背景的用户都可以快速方便地操作使用。

免费离线下载:懒人听书平台上全部书籍均可选择单章或批量免费下载,并支持断点续传,方便用户对已下载和下载任务中的书籍进行批量管理。

系统平台全面覆盖:懒人听书注重用户需求,积极开发多种版本,实现Android、iOS、智能TV、汽车车载智能硬件等系统平台全覆盖。

2.500多家出版社合作资源

懒人听书已与中信出版社、长江文艺出版社、接力出版社、人民文学出版社等500多家出版社取得长期合作关系,拥有数万部正版书籍资源,且每年持续投入数千万资金用于采购正版书籍。海量的正版资源为懒人听书未来的发展保驾护航。

3.与阅文集团战略合作

2015年,懒人听书跟阅文集团达成战略合作协议,懒人听书成为其海量文学资源的最大音频出口。本次合作不仅使懒人听书拥有覆盖国内85%的原创文学内容的有声改版权,而且保证了懒人听书有声书籍资源的丰富性与持续性,进一步扩大了懒人听书在有声阅读领域的优势。

4.用户数量庞大,各项指标领跑行业

2017年懒人听书在线活跃用户突破3亿,排名行业第一;与国内其他移动有声阅读音频App相比,懒人听书的用户渗透率、用户启用频次、用户使用时长等各项指标都遥遥领先,并稳居易观智库发布的国内App排名榜单Top100之列。

三、懒人听书积极倡导推广有声阅读

懒人听书作为有声阅读的开拓者和领导者,一直以来致力于推进并培养这种新颖的学习阅读习惯,并举办了一系列高质量的活动让用户体验有声阅读的乐趣。

(一)有声阅读与深圳读书月诗文朗诵会

图1 2015年 懒人听书"向梦想致敬"经典诗文朗诵大赛决赛现场

图2 2016年 懒人听书"一城一事"百姓诗文朗诵大会现场

近年来,懒人听书积极参与经典诗文朗诵会这一深圳读书月品牌子活动,充分体现"互联网+阅读"的理念,拓展多个城市赛区,通过线上线下相结合、传统媒体与新媒体相结合、互联网与全民阅读相结合的方式,在全国范围内推广有声阅读,使全民阅读精神深入人心。

2015年,深圳读书月的主题是"互联网+阅读",懒人听书带着与生俱来的"互联网+"元素深度参与读书月活动,承办"向梦想致敬"经典诗文朗诵大赛,在全国开设了北京、上海、杭州、海口、深圳五大赛区及懒人听书线上赛区,使全国各地的朗诵爱好者能够打破空间限制参与其中,也将读书月的优质阅读活动推及全国其他城市。各赛区的优胜者登上读书月经典诗文朗诵会的舞台,与张家声、康庄、严晓频等国内著名朗诵艺术家同台演出，将“全民阅读，百姓参与”的办赛理念发挥到极致。

2016 年，懒人听书围绕读书月主题“创新之城，读具匠心”，将诗文朗诵大赛的主题定为“一城一事”，并进一步扩大赛事规模。在 2015 年的基础上增设南京、长沙、西安、沈阳、济南五大赛区，将比赛范围拓展到全国十个特色城市。各赛区的优胜者来到读书月诗文朗诵会，把自己生活的城、城中难忘的事写出来、读出来，在这个面向全国的舞台介绍自己所爱的城市，抒发内心的城市感悟。本次系列活动共计吸引海内外近万人参与，累计影响超过亿人。

（二）参展深圳文博会，推广有声阅读

2016 年 5 月 12 日至 16 日，由文化部、商务部、国家新闻出版广电总局等联合主办的第 12 届中国（深圳）国际文化产业博览交易会在深圳会展中心举行。懒人听书作为“科技+文化”的代表首次参加深圳文博会，为参展的市民群众展示了“可以听的文化”，同时推广普及了有声阅读。

在展会现场，懒人听书专门搭设试听体验区，放置手机与耳机等试听设备，供参展的市民与展商体验听书。新颖的阅读方式和展位设计引起了 CCTV2、深圳商报、晶报、广州日报等多家媒体的关注与报道。

（三）参展北京图博会，倡导有声阅读

2016 年 8 月 24 日至 28 日，懒人听书赴京参加第 23 届北京国际图书博览会。懒人听书为此次图博会精心设计的试听体验区呈现为一列双面的“耳机书橱”，现场读者戴上耳机，拿起手机就可以随心挑选想听的书籍内容，享受有声阅读的乐趣。

图 3　文博会现场　懒人听书接受 CCTV2 采访报道

5 天时间的展示不仅向更多的新用户介绍了有声阅读方式，也迎来了很多有声阅读爱好者。同时，懒人听书获得了众多出版商的青睐，现场达成的版权合作意向的机构近 100 家。

（四）创新推出“好书留声”系列活动，设立线下有声图书馆

2016 年，懒人听书联合深圳读书月组委会办公室创新推出“好书留声——聆听读书月好书”项目。从历届“十大好书”和“十大童书”中分别精选 10 本图书，由专业演播人员改编为音频，并在深圳中心书城、宝安书城、南山书城及深圳图书馆开辟听书体验专区，向热爱阅读的市民群众展示有声阅读这一新兴阅读方式，也为热爱声音艺术的人们提供这项免费福利。该项目获得了中信出版社、中华书局、接力出版社等几十家一线出版社的版权资源支持。由此，依托移动互联网迅猛发展的有声阅读再度回归线下，作为文字阅读的重要补充形式走进人们的视线与生活，为市民群众提供一种更为便携的阅读选择。

图 4　诵读经典文化之美暨《全民经典朗读范本》深圳签售会

2017 年 11 月，懒人听书与中共中央宣传部学习出版社联合举办“诵读经典文化之美暨《全民经典朗读范本》深圳签售会”，邀请著名朗诵艺术家瞿弦和、虹云、张筠英、刘纪宏出席活动并现场朗诵经典文化作品。4 位朗诵艺术家还亲自指导现场朗诵爱好者，现场听众反响热烈，活动大受好评，获得深圳新闻网、搜狐新闻网、深圳商报等多家媒体报道。

（五）发布首个有声阅读行业排行榜

2016 年 1 月，懒人听书发布有声阅读行业的首个盘点榜单“2015 华语有声小说畅听榜”。经过 1 个月的评选，懒人听书通过采集书籍播放量、下载量、用户关注度、话题度等多维度的考核数据，并由 2 亿多用户参与投票，最终评选出榜单排行。

“2015 华语有声小说畅听榜”中，顾漫原著作品，由杜丽丽、李振演播的《何以笙箫默》夺得“最受欢迎出版小说”冠军，“最受欢迎网络小说”前三名由全小全演播的《庶女有毒》，朱宇演播的《仙逆》以及大灰狼演播的《凡人修仙传》三部长篇小说获得；“最受欢迎小说主播”由有声刘忙、周建龙（散仙建龙）、全小全三位优秀的主播获得。

“长青 Top10”前三位的累计播放量均超过 1.5 亿，第一名《仙逆》更是高达 2.85 亿。“神秘 kook”播讲的《最后一个阴阳师》日均播放量超过 30 万，位居“飞跃 Top10”榜单第一。

榜单为有声阅读行业首份盘点报告，评选方式多样，数据结果真实，对于华语有声小说热度行情、用户偏好、市场状况等均具有一定的参考意义。不仅为今后市场创作方向及内容形式等提供数据支持，也对今后有声阅读领域的 IP 合作、资源采集等都极具参考价值。

（六）参与首届全媒体有声读物互联网应用高峰论坛

2017年12月，懒人听书联合北京人民广播电台、中国传媒大学联合主办首届全媒体有声读物互联网应用高峰论坛，为推动有声读物播读评价体系建设，整合各方优质资源渠道，促进有声读物应用研究建言献策。懒人听书CEO宋斌现场分享有声读物付费发展趋势观点，获CCTV、凤凰网、搜狐网等数十家媒体报道。

图5　首届全媒体有声读物互联网应用高峰论坛

四、懒人听书未来发展

国内有声阅读虽为新兴之物，但亦面临诸多现实问题：一方面，各家企业竞争激烈，IP时代下版权之争无疑将愈演愈烈；另一方面，用户群体较为窄小，收听阅读习惯仍未形成稳定，市场拓展空间大，挑战也大。作为行业中的重要成员，懒人听书一直为有声阅读在国内的发展进行探索与努力，以下是一些已经实施的措施及未来计划：

（一）内容精品化路线

图6　懒人听书CEO宋斌

有声阅读内容制作的网络化特点，使其音频内容的质量良莠不齐。随着用户对有声阅读需求的逐渐增加，高质量的音频内容将成为人们未来的追求。专业化的制作与精品化的内容路线必定成为满足用户需求、不断规范产业生产与制作的必经之路。懒人听书经过长期规划，已于2016年10月正式开始对精品内容进行探索。目前平台拥有精品书籍近万部，并成立专业团队负责“IP选择与授权——演播者选定——录制与后期——宣传及上线”全过程的精品内容制作。

(二)精品收费与打赏

对于行业商业模式依靠广告营收,过于单一化的弊病,懒人听书瞄准"内容为王"的切入点,发展知识经济的特点,将内容作为收费点,将精品内容的收听模式从全部免费改为"前××集免费试听+部分收费"的模式。同时打破内容提供者完全依靠平台版权费用的局限,开通打赏功能,让好的内容和内容制作者直接从欣赏他们的用户处收到赏金,此举既是对创作者的鼓励与尊重,也打通了创作者与用户之间的壁垒,创造了更加便捷流畅的通道。

在未来"内容为王"的市场发展趋势下,懒人听书将会继续专注有声阅读领域,加大投入资源,扩充平台内容,完善内容生产、平台服务、用户消费等每一个环节,将懒人听书打造成为国内领先的综合有声阅读平台。

作为有声阅读的领军企业,懒人听书将继续以倡导有声阅读为己任,积极培养推广这一新的阅读方式,助力早日实现全民有声阅读。

图书在版编目(CIP)数据

声领其境:全媒体有声读物研究综论 / 曾志华主编 . -- 北京:中国传媒大学出版社,2019. 7(2024.7 重印)
ISBN 978-7-5657-2482-4

Ⅰ. ①声… Ⅱ. ①曾… Ⅲ. ①电子出版物—研究—中国 Ⅳ. ①G237. 6

中国版本图书馆 CIP 数据核字(2019)第 091785 号

声领其境——全媒体有声读物研究综论

SHENGLING QIJING——QUANMEITI YOUSHENG DUWU YANJIU ZONGLUN

主　　编　曾志华
副 主 编　卢　彬
策划编辑　赵　欣
责任编辑　张　笛　赵　欣
特约编辑　高卓毓
封面设计　拓美设计
责任印制　李志鹏

出版发行　中国传媒大学出版社
社　　址　北京市朝阳区定福庄东街 1 号　　邮　　编　100024
电　　话　86-10-65450528　65450532　　传　　真　65779405
网　　址　http://cucp.cuc.edu.cn
经　　销　全国新华书店

印　　刷　北京中科印刷有限公司
开　　本　710mm×1000mm　1/16
印　　张　17. 5
字　　数　343 千字
版　　次　2019 年 7 月第 1 版
印　　次　2024 年 7 月第 3 次印刷

书　　号　ISBN 978-7-5657-2482-4/G · 2482　　定　　价　78. 00 元

本社法律顾问:北京嘉润律师事务所　郭建平